日韓佛教史略

聖嚴法師——著

編者序

聖嚴法師《印度佛教史》、《西藏佛教史》、《日韓佛教史略》等三冊大作，原本為一合訂精裝鉅著，書名《世界佛教通史》（上），由法鼓文化的前身，東初出版社於一九六九年發行問世。

由於聖嚴法師精嚴的學術背景，厚實的修證工夫，廣博的教育理念，與深切的菩提悲願，成就了本書的涵蓋面與獨特性。其內容深入淺出，史料完整豐富，考證精確詳實，文筆優美流暢，普遍受到教內外大眾的喜歡，並且也深獲學術界的重視好評，在同類著作中，誠為相當稀有難得。因之本書也多次再版，並於一九九三年收錄於《法鼓全集》當中。

《通史》原書嚴謹有序，條理井然，即使分章閱讀，也可視為三本結構完整的著作。法鼓文化一方面因應眾多讀者的熱烈回響，另方面也鑑於時代的變遷以及閱讀的方便，於是將之重新整理編訂，依地區分為三冊，以平裝本的面貌與大眾見面，務求滿足讀者閱讀上的多元需求。

聖嚴法師曾說，要想對這個源遠流長又博大精深的宗教做宏觀性的了解，從歷史的角度切入是最好不過了。佛教發源於兩千多年前的印度，在因緣的變化流轉中，有部派佛教的分裂、大乘佛教的開展，有與各個不同民族文化結合後所呈現出的特色。這不僅只是一個宗教的發展過程，它真正的意義在於這是人類文化、思想史上的里程碑。

從豐富的客觀史料著手，加上法師獨特的文筆見地，這是一套結合了歷史、哲學、宗教與文學的好書。全書以社會環境與時代變遷為背景，以教團活動及教理思想做經緯，不但有佛教徒必須具備的智識，也適合社會各階層人士研究閱讀，不論是任何背景的讀者，相信都將有滿意會心的收穫。

法鼓文化編輯部

目錄

第二篇　韓國佛教史略

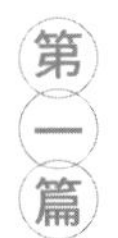

日本佛教史略

第一章　古代的日本及其初期的佛教

第一節　日本及其人民

日本的地理環境　日本與中國，僅一衣帶水相隔，乃係同文同種的兄弟之邦，故以中國人讀日本史，頗感親切；日本人讀了中國史，方知其與中國文化有息息相通之誼，唇齒相依而發揚光大。但以日本人寫日本史，不免民族自尊的主觀色彩，而失之於偏頗。日本佛教之成長，賴於中國的輸入者，自隋唐以迄晚清，未嘗間斷。其為本國之開創，實在不多。然於日人所寫的日本佛教史，大多強調自國先賢的成就，而輕淡中國古德所遺的功績。

日本在地圖上的位置，北方遙望蘇聯，西邊隔日本海而與朝鮮半島對峙，西南越過東海又與中國呼應，東方則為太平洋。它是一個島國，自北而南，依次由北海道、本州、四國、九州等四個大島及其附近的許多小島，組成一個蠶形的國家。有人說它像一彎新月，實則更像是蠶。中國地圖像桑葉，蠶則以桑葉為其營養而繁殖滋長。它的面積共為三十八萬二千餘方公里，與中國的四川省相當。

日本境內，山嶽聳立，以本州的富士山主峰，為其國家精神的象徵。河流湍急，地殼脆弱而時有地震，所以養成勇敢進取的民族性。唯其氣候溫和，草木茂盛，景物宜人，有東方的瑞士之稱。

日本的民族　根據學者的考察，當中生代時，日本島嶼本和中國的東部及韓國相毗連，但至新生代的初期，亞洲東北部與美洲的西北部毗連之處，被海水沖斷而成為白令海峽，日本西部與亞洲東部的相接之處，也因地殼變動而陷落，成為日本海。

日本列島與大陸斷絕後，在長時間中，恐即成為無人的荒島。據近代考古學家及人類學家研究，日本始有人跡，是在新石器時代的末期，距今約為三千年前。

考察日本的民族，亦頗複雜，大致上可分三大系：

（一）舊蝦夷族：這是白種人，自亞洲西部，經西伯利亞，從庫頁島而至日本。現居日本東北一帶的蝦夷族，即為此族的後裔。

（二）通古斯族：原居亞洲西部，分先後三批移植日本。第一批約與蝦夷族同時到達。第一、二兩批是零星的少數，第三批是大量的。第一、二兩批稱出雲族，第三批稱為天孫族。天孫族藉武力與智力的優越，以大和地方為根基而經略列島，奠定了國家的基礎。此族即是日本民族的主幹，稱為大和民族，稱為原日本人（Proto-Japanese）。

（三）其他的少數民族：這是到達較晚的外來移民，其中包括由南方渡海而去的印度支那族（Indo-Chinese）、印度尼西亞族（Indo-nesians）、尼格利他族（Negrito）、馬來亞族（Malayans），以及由中國本部經朝鮮半島去的漢族。日本史上，被稱為隼人、熊襲、國栖、佐伯、八掬脛、肥人、飛驒人等，就是指的這些民族，日本人喜稱之為「歸化人」。

中國去的日本人　由中國的史書中看，有個家喻戶曉的「徐福入海求仙藥」的故事：徐福受秦始皇派遣，率童男女數千人，入海求蓬萊神山及仙藥，竟爾一去不返，不知所終。後來傳說，徐福到了日本，成了日本人的祖先，並且在日本也真有徐福的墓。但經近代學者的推想，徐福去日本的故事，未必實有其人，卻確有其事。他是中國人逃難避亂而向日本移民的象徵。西周之初，東周之末，中國內亂頻仍，人民不堪虐政的壓迫，相率而避難於日本，或經朝鮮半島而至日本。「徐福」

為避秦始皇的暴政，所以藉神話傳說以說明史實。因此，根據近代學者研究，日本的出雲族，便是「秦」系的中國民族。

中國秦系的移民，對日本文化的貢獻極大。他們多業蠶桑與絹織，聖德太子非常讚美他們開發日本經濟之功，歎為「國家之寶」。他們後來因居邑封地而受姓的，有波多、波田、惟宗、時原、香登、高尾、已智、山村、櫻田、三林、長岡、奈良諸氏。

漢人東渡者，據源光圀的《大日本史．氏族志》「蕃別漢土」條所載：文、淨野、武生、櫻野、古志、栗栖、高道、檜前、桑原、豐岡、下曰佐等十一氏為漢高祖之後。又有漢靈帝的苗裔，坂上、文部谷、山口、大藏、池邊、木津、高田、井上、石村、高向等三十七氏。實則，華人之東渡而入籍日本者，歷代以來，已不知凡幾了。

日本人的宗教　日本古代，一如其他原始民族，宗教信仰是由自然神的崇拜而至祖神及英雄神的崇拜。他們崇信的自然神，包羅日月星辰、山川草木、禽獸蟲魚、宇宙萬象，均在崇敬之列，號稱八十萬神。其中以農神的崇拜，尤占優勢。在鄉村之中，春季有豐作之祈願祭，秋季有收穫之感謝祭。

同時，對於建立功勳的明君賢相，以及出類拔萃的英雄豪傑，他們也被視之為神。

正因為把偉大的人物神格化了，日本各大族為了抬高自族的地位和出身，編造出種種祖先的神話傳說，並使各大族之間結合成為一個美麗的開國神話。

據日本古代傳說，天地初開，有七神相傳，稱為神世七代。又生八大洲，最後生天照大神、月讀尊、素盞嗚尊。天照大神乃教民耕作、養蠶、紡織等業。天照大神之孫瓊瓊杵尊，又叫作天孫，天孫的後裔，便是天孫族；由素盞嗚尊自高天原逐降出雲，其後裔便是出雲族。大神賜天孫鏡、劍、玉之三種神寶，天孫即率其兒到日向地方建都立國，這就叫作天孫降臨。

日本的第一位神武天皇，是天孫的重孫，故自有天皇之後，又分成兩大氏族：由神武天皇延續下來的後裔，稱為皇別氏族；由天孫直接延續的其他後裔，稱為神別氏族。於是，日本人在宗教神話的基礎上，便分裂為好多階級。天孫族至尊至貴而有與生俱來的優越感。

他們的天照大神，乃是女性的日神，所以自稱為日本國，並以紅日做為他們國家的標誌。

他們敬畏神威而感謝神恩；古代的社會，是用「祭政一致」的方式，天皇是政治領袖，也是宗教領袖。皇居即是神宮，天皇被視為神。這種情形，到了武家政治時代，一度中落，明治維新之時，又復抬頭而形成對外擴張的侵略勢力。第二次大戰結束，日本無條件投降，天皇才又回復成了人的身分。但是，日本民族對於天皇的敬信，由來已久，故仍未便廢除。可見其基於宗教信仰的力量，是何等地深遠。

第二節　日本佛教史的開始

日本的歷史　日本之有信史，是從聖德太子的時代開始。因為在此之前，日本尚無曆法，年代也無從記錄。到推古天皇十年（隋文帝仁壽二年，西元六〇二年），始由百濟僧觀勒傳入曆書，於推古十二年甲子歲元月使用，這是中國劉宋文帝元嘉二十年（西元四四三年），由何承天所創的元嘉曆。中國曆以干支紀年，六十年為一元，二十一元（一千二百六十年）為一蔀。又按漢代的陰陽五行之說，相信每逢辛酉歲，國家必有大變革。推古天皇九年，即為辛酉，因而上溯一千二百六十年，定為神武天皇即位之年。實則此乃日本人的假定而已。

推古天皇時代之前，日本確已有了文化。其文化之開始，即是前面所說，由秦漢的移民輸入了中國的文化。故到聖德太子的時代，已知運用流行於中國大陸的儒、釋思想。

佛教的最初傳入，是在繼體天皇時代（西元五〇七—五三一年）；佛教的公開傳播，則自聖德太子肇始。所以我們介紹日本史，也從此時起步。

時代的分期　對日本佛教史的分期法，學者間偶有不同，大致則可分為七期：

（一）飛鳥時代：自欽明天皇至文武天皇期間（西元五四〇—七〇七年），因其建都於大和的飛鳥地方，故稱飛鳥時代。

（二）奈良時代：自元明天皇至光仁天皇凡七帝約七十年間（西元七〇八—七八一年），因建帝都於奈良地方，稱為奈良時代。

（三）平安時代：自桓武天皇至後鳥羽天皇，凡四百年間（西元七八二—一一九七年），因於延曆十三年（西元七九四年），遷都至平安京，故稱平安時代。

（四）鎌倉時代：平安時代之末，皇朝勢力衰落，武人相爭，戰亂結果，由源賴朝統一全局，掌握實權，任命為征夷大將軍。於後鳥羽天皇建久三年（西元一一九二年），在鎌倉地方創設將軍幕府，開武家政治的端緒。直到後醍醐天皇元弘三年（西元一三三三年），北條高時滅亡為止。其間因以鎌倉為政治中心，故稱鎌倉時代。

（五）吉野室町時代：後醍醐天皇，為欲收回政權，由於新田、楠、北畠等諸將之勤王，於元弘三年討滅了當時的「執權」北條高時，結束了鎌倉幕府。但又有足利尊氏，占領鎌倉，起叛天皇，進入京都，另外擁立光明院。後醍醐天皇即奉神器，南遷至吉野地方，直到後龜山天皇於元中九年（西元一三九二年），回到京都，將神器傳交京都的後小松天皇，乃是日本史上的南北朝時代。南朝都於吉野，北朝的將軍幕府，開於京都之室町，故連稱之謂吉野室町時代。室町時代經約二百年，當其末葉，天下大亂，群雄割據，故又名為戰國時代。戰國之結束，是由大名織田信長及其部屬豐臣秀吉，相繼平定而告統一，接著便是江戶時代的來臨。

（六）江戶時代：戰國之終，由於織田信長，次第勘平，再經豐臣秀吉，完成統一之局。但在秀吉死後，德川家康又起而滅掉秀吉之子，遂於後陽成天皇慶長五年（西元一六〇〇年），開幕府於江戶（今之東京），直到明治維新（西元一八六八年），凡二百六十餘年之間，稱為江戶時代。

（七）明治維新之後：德川幕府第十五代將軍慶喜，於孝明天皇慶應三年（西元一八六七年），將大政奉還朝廷，明治天皇祚位，頒詔王政復古。第二年開始維新運動，是為明治元年。經四十四載，明治歿，大正開始，至西元一九二六年，大正崩而昭和繼位。明治迄今，不過百年，日本的進步，位居亞洲第一，足資吾人借鏡之處，實在很多。

佛教初傳日本的年代　比起中國，日本之有佛教，是很晚了。雖然中國人之移民日本，周秦時代已經開始，佛教的傳入，最初也由於中國移民的攜帶，但要得著此一攜帶佛教去日本的消息，卻已晚在中國南梁的時代。

根據皇圓撰述的《扶桑略記》一書，引用《法華驗記》的資料說：繼體天皇即位十六年（梁武帝普通三年，西元五二二年）二月，漢人司馬達到日本，結草堂於大和國高市郡坂田原，安置佛像，皈依禮拜。此係移民日本的華人所信，尚未及於日本民間。但是，華人遷至日本，除了由大陸直接飄海而去的，尚有經朝鮮半島而東渡的。朝鮮之有佛教，比日本早了一百五十年。於是，凡從這兩地去的華人或韓人，均可能帶去佛教的信仰。先在他們自己人之間流行，繼而亦無形中為日本民間的若干人士所接受。由民間信仰，再影響到上流社會的思想。這是佛教傳日的一大主流。

較前稍晚，根據《日本書紀》所載，欽明天皇十三年（西元五五二年）十月，朝鮮半島的百濟國聖明王，遣臣姬氏達率怒唎斯致契等人，奉獻釋迦佛金銅像一尊，以及幡幢和經論。並且述其功德：「是法於諸法中，最為殊勝，難解難入，周公、孔子，尚不能知。此法能生無量無邊福德果報，乃至成辦無邊無上菩提。譬如人懷隨意寶，逐所須用，盡依情；此妙法寶亦復然，祈願依情，無所乏。且夫遠自天竺，爰洎三韓，依教奉持，無不尊敬。由是百濟王臣明，謹遣陪臣怒唎斯致契，奉傳帝國，流通畿內，果佛所記，我法東流。」

這是佛教傳至日本的又一主流。日本學者習稱前一主流為私傳，後一主流為公傳。也就是民間傳入與政府傳入的分別。

百濟王為何將佛教奉獻給日本？因為當時的朝鮮半島，共有三國，百濟孤出半島西南端，東南為新羅，北方為高句麗。而以百濟國小民寡，其南鄰任那，即為日本勢力範圍，故常乞助隔海的日本以求自保。百濟王對日皇稱臣納貢，佛教為當時中國大陸的顯學，百濟王以佛教奉獻日皇的心態，一如利瑪竇將西方科學介紹給中國。

崇佛與排佛的爭持 百濟王以盛情，將佛教奉獻日皇之後，倒為日皇惹上了麻煩。因在當時的天皇，雖有至尊的名位，卻未有實權統治全國。全國分由神別、皇別、諸蕃等三十個氏族相互角逐。在天皇左右，尤以神別氏族的物部氏、中臣氏及皇別氏族的蘇我氏，相爭最烈。物部氏為開國以來的門閥，世業將帥，富於保守思想；中臣氏乃神道教之僧侶，擁護舊有神道。蘇我氏係新興勢力，嘗辦理外來移民事務，與華人及韓人接觸，富有進步思想。佛教傳入，日皇大喜，但仍不能決定如何處置，便交群臣公議。因此，三大氏族，便自然地分成兩派主張。

大臣蘇我稻目以為：「西蕃諸國，一皆禮之，豐秋日本，豈獨背也。」他是贊成禮佛的。

大連物部尾輿及大夫中臣鎌子，乃持反對意見：「我國家之王天下者，恆以天地社稷百八十神，春夏秋冬，祭拜為事，方今改拜蕃神，恐致國神之怒。」

兩派並峙，各不相下。欽明天皇便將佛像賜蘇我氏，試行禮拜。蘇我稻目乃捨其向原之家為佛寺，稱向原寺，或以地在飛鳥村之豐浦，而稱豐浦寺。此為日本貴族奉佛之始，亦為其有佛寺之始。適值當時天花流行，物部尾輿及中臣鎌子即以為疫病之起，實由敬佛所致，乃燒佛殿，並棄佛像於難波之堀江。可是災疫依然不息，復將佛像撈起，重建寺宇。

經此一來，兩派仇恨愈深，鬥爭愈烈了。

蘇我馬子與佛教　繼欽明天皇而登基的是敏達天皇，以稻目之子蘇我馬子為大臣，任尾輿之子物部守屋為大連。他們兩人仍為佛教問題而起糾紛。敏達天皇十三年（西元五八四年），馬子經營佛堂，奉安佛像，並且迎奉僧尼，從播磨國（兵庫縣之一部）迎得來自高句麗的還俗沙門惠便，以及由惠便剃度的司馬達等之女名嶋，出家法號為善信尼，同時又由善信剃度的禪藏及惠善兩尼。此為日本之有出家眾之始。但此所說的司馬達等，恐係另一人，而非六十二年之前，由南梁去的那位司馬達，因為善信出家時，僅十一歲。但此三尼，均為中國或朝鮮的歸化人，不是日本人。

蘇我馬子所供佛像為另由百濟輸入的彌勒像等兩尊，他於自邸之東築佛殿，屈請三尼，大會設齋。司馬達等於齋食之上感得佛舍利，獻與馬子。馬子益信，遂將石川地方的自宅，獻作精舍。敏達天皇十四年二月，建塔於大野丘之北，再度大會設齋，並將前得之佛舍利，藏於塔頂柱頭。

然而，此時又有疫病流行，物部守屋及中臣鎌子之子中臣勝海，趁機上奏天皇：「何故不肯用臣言，自考天皇及於陛下，疫疾流行，國民可絕，豈非專由蘇我臣之興行佛法歟？」天皇因之下詔，斷絕佛法。守屋即行焚燒寺塔，拋棄佛像，並迫馬子引渡善信等三尼，剝奪三尼法衣，禁錮於海石榴之街市，且遭鞭打之刑。至十四年六月，馬子再度奏准，請還三尼，造新精舍，奉事供養。

到用明天皇即位，佛法開始興隆，因為天皇之母，即是馬子之妹。用明天皇二年（西元五八七年），臥病之時，召群臣議，欲捨身三寶。物部守屋、中臣勝海以為，不可背國神而敬蕃神。蘇我馬子則引豐國法師入禁中，守屋愈為不快，即回到他河內國阿都地方的別墅去，顯示出形勢緊張，非同平常了。

用明在位僅兩年而崩，當其將崩，有善信尼之兄（或弟）鞍部多須奈，奉皇命刻佛像建寺而行出家，號為德齊法師。多須奈出家之前的兒子鞍部止利，是個精巧的雕刻匠，被稱為鳥佛師，現存於奈良法隆寺金堂的本尊像以及其他好多佛像，均出於此人之手。

用明崩後，為了皇位繼承，兩派終於引起了戰爭，結果蘇我氏勝利。馬子受用明之皇妹炊屋姬之命，討滅了守屋及為守屋支持而謀奪皇位的穴穗部皇子。當時年僅十四歲的廄戶皇子，也就是後來的聖德太子，亦參與了馬子討伐守屋的戰事。

馬子勝利，擁欽明天皇與蘇我氏女所生的第十二子即位，是為崇峻天皇。然而，蘇我氏得勢之後，雖然信佛，但以外戚而專權，崇峻即位，不過五年，即被馬子所弒，而由敏達天皇之后，即是用明天皇之妹炊屋姬，繼登大寶，稱為推古天皇。

推古以前的日本佛教　崇佛與排佛兩派的相抗，相當於中國隋代初期。崇佛派雖屢受挫折，但至敏達天皇時代，佛經、佛像、律師、禪師、比丘尼、咒禁師、造佛及建寺的工匠等，已相繼由百濟源源輸入日本。及至用明皇朝，物部氏滅亡，崇佛派的蘇我氏獨盛。討滅物部守屋之戰，實在非常吃力，由於馬子及廄戶皇子均係佛教徒，在進軍之際，廄戶皇子頭戴四天王像，並與馬子同作祈禱，願天佛相助，因之士氣大振。戰敗守屋之後，皇子建四天王寺於難波（大阪）的玉造地方，並以守屋之奴的半數及其舊宅，做為寺領產業。馬子也造法興寺於飛鳥地方。到了崇峻天皇元年，百濟遣來僧惠寔等六人，以及寺工、爐盤工、畫工等數人。馬子也親向百濟僧問佛法。崇峻天皇亦於五年建造大法興寺。

可見，在推古以前的十多年間，佛法已很受到重視。及推古女皇即位，她本人自幼夙信佛教，被她立為太子，也就是她的姪兒廄戶皇子，又是虔誠的佛子。故自推古開始，日本佛教遂達興隆狀態。

第三節　聖德太子與佛教之興隆

廄戶皇子　未成為太子之前，廄戶的全名是廄戶豐聰耳皇子，簡稱廄戶皇子，是用明天皇的長子。生於敏達天皇三年（西元五七四年），那正是中國的北周武帝下令滅佛的一年，他的母親是穴穗部間人皇后。當他的姑母推古天皇即位，便被立為太子，攝理皇政。

廄戶幼時，尊信佛法，聰敏睿智。十四歲時，便奉姑母之命，與蘇我馬子共同討伐排佛派的物部守屋。被立為太子之時，尚不過二十歲，嗣後攝政三十年之間，對於佛法之興隆，對於國政之創革，均為日本史上的開山鼻祖。日本敬之若聖若神的程度，大致有類於中國儒家之推崇為周成王攝政的周公相似。可惜其壽不永，薨時僅得四十九歲。

聖德之名，乃是後人追仰其豐功偉績而給的尊稱。當時的太子也有好多尊稱，例如聖王、法王、法大王、法主，或者單稱為王。又因他的所居而被稱為上宮太子。

外戚蘇我馬子，雖然專橫一時，太子妃，也是蘇我氏之女，但到太子攝政，深知氏族社會的弊害，同時他對中國的文物制度，非常欽慕，所以著意經營，仿效改革。但因他與蘇我氏的關係太深，唯有弘揚佛法，才能達成改革的目的而又不致傷了蘇我氏的和氣，故於推古二年（隋文帝開皇十四年，西元五九四年）二月，給大臣馬子頒下興隆三寶之詔；到了推古十一年十二月，制定紫、青、赤、黃、白、黑等六種冠位，以臣、連、國造、伴造等的貴賤階級，糾正向來氏族的世襲制度。太子所制的冠位，則屬於因有功勳的個人，而分等級。因此一掃氏族國家時代世襲門閥政治的弊端，開啟登用人才之門，以確立朝廷政治的權威。

推古十二年四月，聖德太子又制定了憲法共十七條，以佛教的思想為精神的指導，用儒家的義理為政治的設施，採法家的原則為推行的方法，以期推行佛法，實施仁政，闡明君臣之義，宣示天皇神聖，暗斥當時豪族的跋扈欺君與禍國殃民。現在將其十七條憲法中的佛教思想介紹於下。

憲法中的佛教思想 憲法第二條條文：「篤敬三寶。三寶者佛法僧也。則四生之終歸，萬國之極宗。何世何人，非貴是法。人鮮尤惡，能教從之。其不歸三寶，何以直枉。」皈依三寶之功，能夠直曲杜枉；人雖或者向惡，若能教化得法，無不從善如流。教化之法寄於信仰的最高指導，唯有對於三寶的信仰，才是人間最高的指歸；不但是普天下的各國應以此為極高的指導原則，就是胎、卵、濕、化的四類眾生，若捨三寶，即無脫苦之門。大意如此，可見聖德太子對於三寶崇信之深切，可謂無以復加了！

憲法第十條的條文：「絕忿棄瞋，不怒人違。人皆有心，心各有執。彼是則我非，我是則彼非。我必非聖，彼必非愚，共是凡夫耳。是非之理，詎能可定。相共賢愚，如鐶无端。是以彼人雖瞋，還恐我失。我獨雖得，從眾同舉。」這一條的內容及形式，都有點像《四十二章經》的格調，乃是運用佛法以訓勉人民，當從自家心地上作工夫的。其中的用詞遣句，也都在盡力採用佛典語彙，例如「絕忿棄瞋」、「人皆有心，心各有執」、「共是凡夫」等，均甚明顯。

聖德太子之崇信佛教，並以皈敬三寶、實踐佛法而教國民，那是他的最高明處。他知道唯有以佛教信仰的啟發與自覺，人間始能達成真實和平的目的，以之對付氏族之弊，不過是其一端而已。

據余又蓀的《隋唐五代中日關係史》（臺灣商務印書館，西元一九六四年出版，二十一頁）的意見說：「太子提倡佛教，其所收之效果，大約言之，為：1.以佛教之教義而養成和平和睦之精神，導動亂之人心趨於正途。2.接受佛教之文化以促進日本文化之發達。3.當時日本停滯於氏族社會階段，每一氏族各信奉其氏神，形成分裂之現象。太子提倡佛教，超越各氏族氏神之上，使人民普遍信奉佛教，由信仰統一以促成國家統一。」

佛教中心的飛鳥文化　推古天皇都於奈良縣的飛鳥地方，文化史上稱為飛鳥時代。此一時代的中心人物是聖德太子，此一時代的中心文化是佛教文化。聖德太子雖於當時中國大陸的各種學問，佛、儒、道、法與經籍史籍，無所不通，但他專注於佛教文化的推展，卻是事實。所以，當時的日本，是以佛教文化而放出燦爛的飛鳥文化。

飛鳥時代的佛教事業非常之多，現舉其重要者介紹如下：

（一）創建寺院：聖德太子建有在大和地方的法隆學問寺、中宮尼寺、橘尼寺、池後尼寺、葛城尼寺，以及攝津的四天王寺、山城的蜂岡寺（亦名廣隆寺），此七寺最有名。尚有蘇我馬子所建的法興寺等好幾個寺。到推古晚年時，計有寺院四十六所，僧侶一千三百八十五人。在這些寺院之中，以今之大阪的四天王寺及奈良縣的法隆學問寺最有名。四天王寺的興建緣起已如前述。法隆寺的用意在於興隆佛法。為建此寺，除了日本工匠之外，特向百濟招來寺工、瓦工、雕刻工、畫師等，大陸佛教藝術的輸入，一時達於鼎盛。其中以法隆寺的建築，日人稱為現存世界的最古木造建築物。原物係推古天皇十五年所建，但可能曾被火燒一次而於元明天皇和銅年間（西元七〇八—七一四年）重建，縱然如此，距今也有一千兩百五十多年的歷史了。

（二）講經製疏：聖德太子深達佛理，故於推古十四年秋，受天皇之請而講《勝鬘經》三日。其次又於岡本宮講讚《法華經》，頗得天皇嘉許，而將播磨國之水田百町施太子，太子轉施法隆寺。太子說法時，於俗服之上加著袈裟，宛如沙門，而以優婆塞之身分自居。唯僅以三日的時間，講完《勝鬘經》，其簡略可知。太子選擇《勝鬘經》，是因此經是敘述一位皈依世尊的女性菩薩勝鬘夫人；推古天皇為女性，日本開國神話中的天照大神，也是女性的太陽神，此可謂觀機逗教之舉。至於《法華經》，乃為中國佛教家譽為經中之王的一部重要經典，會三歸一，暢佛陀的本懷，示佛教的極致。中國的天台智者大師，也正好活動在這個時代，此真所謂：「東海有聖人出焉，此心同也，此理同也；西海有聖人出焉，此心同也，此理同也。」

聖德太子不但講經，並且為經製疏。他作有《法華義疏》四卷、《勝鬘疏》一卷、《維摩義疏》三卷，合稱謂《上宮御製疏》。此為日本最早的佛教著述，其中的太子親筆草本《法華義疏》四卷，現仍存於日本的皇宮，珍為傳國之寶。

（三）對外交通：推古之世，太子的政治建設是在休養生息的原則下完成的，對內對外，皆不主張用兵。尤其對外政策，願以不亢不卑的對等地位，與中國接觸，並盡量吸收中國的文化，以助長日本的進步。從中日交通史上看，推古之世，遣使入隋，先後計有四次：初次是隋文帝開皇二十年，即推古八年；第二次為隋煬帝大業三年，即推古十五年；第三次為大業四年；第四次為大業十年。第一次在日史無記載，而見於中國的《隋書．倭國傳》。自第二次起，日本派遣了大批通曉中國文化的學者來中國留學，例如《隋書．倭國傳》中說：「大業三年，其王多利思北孤（案：即是推古天皇）遣使朝貢，使者曰：『聞海西菩薩天子，重興佛法，故遣朝拜，兼沙門數十人來學佛法。』」這就是使臣小野妹子及其所帶的一批人員。其中有名的有八人：倭漢直福音、奈羅譯語惠明、高向漢人玄理、新漢人大國、學問僧新漢人日文、南淵漢人請安、志賀漢人惠隱、新漢人廣齊。這些人名的頭上兩字如奈羅、高向、南淵、志賀，都是地名，漢人是指研究漢學的人，下面兩字才是名字。他們到了中國，留學時間極長，都在十五年至三十二年之間。直至唐有天下，他們才回日本，將其所學，建設日本。比如學問僧日文，大化革新時被任命為國博士，且舉為僧官的十師之一。

當然，除了遣使入隋之外，對於朝鮮半島的往還，更加密切，故有惠慈、惠聰、惠觀、觀勒、曇徵等沙門，先後自半島赴日，傳播佛法。因此，又藉這些朝鮮半島的沙門為媒介，將盛行於中國南北各地的佛教及其他文化如天文、地理、方術、曆書，介紹到了日本。試看聖德太子在未遣使入唐之時，所講所疏的三部佛經，《勝鬘經》是劉宋文帝元嘉十二年（西元四三五年）自印度到江南揚都的求那跋陀羅，譯於丹陽，《法華經》及《維摩經》二經，是姚秦弘始三年（西元四〇一年）到長安的鳩摩羅什所譯。《勝鬘經》出於南方，《法華經》、《維摩經》出於北方。以此可見，到了飛鳥時代，盛行於中國南北朝時代的佛典，日本都已由朝鮮半島輸入了日本。不過，尚有一個事實，我們切不要忽略了，那就是直接由中國大陸移民而去的中國人，也是主要的文化使者。

僧官及僧尼令　由於政府提倡佛教的信仰，寺院及僧尼數目日增。推古天皇三十二年（西元六二四年），已有寺院四十六座，僧八百十六人，尼五百六十九人。天武天皇九年（西元六八〇年）之敕中，有「京內二十四寺」之語，以此可以推知飛鳥京都的佛教盛況。持統天皇四年（西元六九〇年），於七大寺作夏安居的僧數，竟達三千三百六十三人。

僧尼人數激增的結果，必有流弊發生，是以在推古三十二年，開始設立僧官制度。僧官分為僧正、僧都、法頭的三等。迄大化革新之際（西元六四五—六四九年），又選十師任命為僧官。於天武天皇二年（西元六七三年），又有三綱之施設，即以僧正、僧都、律師，稱為三個僧綱。養老六年（西元七二二年）以後，置僧綱所於藥師寺。各寺亦設三綱，即為寺主、上座、都維那。僧尼本有戒律管理，但到養老年間，朝廷所頒的養老律令之中，即有專門為僧尼而制的二十七條，稱為僧尼令，將僧尼納入政府法令的管束之下。它的隸屬系統，由上至下是：治部省↓玄蕃寮↓僧綱↓三綱↓僧尼。

初期佛教的思想　我們在未結束本章之前，應了解一下初期的日本佛教，其思想狀態究竟如何？

此所謂初期，是指奈良時代以前的飛鳥時代。

由於日本早期已有他們自己的風俗習慣及神祇的信仰，所以，佛教雖為日本接受，卻已和印度及中國所行者略有不同，此即日本化的佛教或佛教化的日本之特色，此與以後的發展頗有關係。

聖德太子深信佛法，但他卻於推古十五年，頒發祭祀神祇之詔；信佛崇佛，仍不廢日本古來的諸神崇拜。太子親率群臣，祭祀諸神，以作國民的示範。此在日本學者，以為是獨立性的文化自主的表現，為適應當時民間的要求而行的權巧方便。直至日蓮宗興起，也將天照大神列為禮敬對象之一。

由於祀神的舊習俗，初期的日本佛教，特重功德之祈禱，史家稱之為祈禱佛教。

物部氏滅亡之後，蘇我氏在政治上的勢力很大，待蘇我氏滅後，由孝德天皇即位（西元六四五年），繼聖德太子的餘緒而革新政治，稱為大化（年號）革新。在佛教方面，自推古十四年以來，規定各寺於每年四月八日及七月十五日設齋會，即是浴佛會及盂蘭盆會，這種儀禮的形式，迄今仍在盛行。

當時盛行的佛經有《金光明經》、《法華經》、《仁王般若經》、《金剛經》、《藥師經》、《觀音經》等，他們不求明白經義，只期藉咒願之力而延長壽命、消災、癒病、祈雨、護國，他們仍以求神的心情奉佛，祈得現實生活的平安與如意。

其對淨土之信仰，也有可述者，古代日本對於墓窟的建築，非常講究。由古墓的發掘，見其凡為人間的生活所需之衣食器物，墓中一應俱全，尚有家畜、家禽及僕從奴婢的土製偶像，此係認為墓窟即是死人的國度。但至大化革新之際，鼓勵薄葬，代之而起的是沙門道昭隨佛教的輸入而帶去的火葬法。此時佛教的淨土思想，已為日本人所接受，取代了墓窟思想。在日本人看淨土，乃墓窟世界的昇華。接著，為求冥福，乃改原先的建墓思想而為熱烈地建築佛教的寺院。他們的建寺心理，有同中國人的修建宗祠。例如推古天皇二年，諸臣連（官階）等，各為酬報君親之恩而建佛舍，又如葛城氏的葛城寺、秦氏的廣隆寺、藤原氏的山階寺（即興福寺）、紀氏的紀寺，都可說明這一傾向。故而直到近世，日本之信佛與奉神，並行而不衝突，寺院及神社，也互通聲氣。日本佛教史上之有僧兵、一揆（匪類）之戰禍殺伐，皆為其他佛教地區之所絕無。原因在於日本初期的佛教思想之中，即混有日本神道教的成分了。

由於信仰佛教而著重現實生活的祈禱，故至文武天皇時代（西元六九七—七〇七年），有一位叫作役君小角的人物出現，這是一個道教化的佛教人物，他能役使鬼神，為之採薪汲水，若不用命，即以咒術縛之。他誦的有密教所傳的〈孔雀明王經神咒〉，他雖與道教關係密切，後世稱之為「修驗道」或山岳宗教的鼻祖，將之列為日本密教的一個旁支。

第二章　奈良時代的佛教

第一節　古京六宗

何謂古京六宗　所謂古京，乃後世史家為了便利稱呼，故以古京平城京與新京平安京，兩相對立。奈良時代定都於平城京，後人稱為古京。奈良時代的佛教，主要宗派的建立，共有六家，所以稱為古京六宗。

所謂六宗，即是：三論宗、成實宗、法相宗、俱舍宗、律宗、華嚴宗。其實，成實及俱舍兩個小乘宗，是附屬於三論及法相兩個大乘宗而輸入，後來也無何發展，故被稱為「寓宗」。以此六宗而對後起於新京的天台及真言兩宗，便可顯出全部日本佛教的源頭，再加上禪宗，取自中國佛教的財富，均盡於此了。

現將日人橋川正所著《概說日本佛教史》第四章，所列古京六宗的一表，抄下參考。（表見下頁）此表所標大、小、權、實的立論，是根據凝然大德（四條天皇仁治元年至後醍醐天皇元亨元年）《八宗綱要》的觀點。凝然是華嚴宗的人，所以這是賢首教的判教法。

- 顯教
  - 小乘
    - 寓宗
      - 俱舍宗——有宗
      - 成實宗——空宗
    - 獨立宗
      - 律宗
  - 大乘
    - 三乘教（權大乘）
      - 法相宗——有宗
      - 三論宗——空宗
    - 一乘教（實大乘）
      - 華嚴宗——緣起論宗

三論宗　日本的三論宗，最初是由高句麗沙門惠觀，於推古天皇三十三年傳入。此人曾來中國，親近嘉祥寺的吉藏大師，學習三論宗。後奉高句麗王之命，派到日本，住元興寺盛弘三論。於大化二年（西元六四六年），奉敕在宮中講三論；

並創建井上寺於後河內。門下俊才頗多，著名者有福亮、慧輪、慧師、智藏、僧旻等人。實則於推古十年去日本的百濟沙門觀勒，也是三論法匠，但他未事弘通，所以日本以惠觀為三論宗初祖。

惠觀門下的福亮，祖籍中國江南，是歸化了日本的出家人。他學三論，兼通法相，又到中國研究三論奧義。返日之後，住元興寺，任僧正。大化元年被選為僧官，成為十師之一。

此後，智藏與道慈，也入唐學三論。智藏本是福亮的俗家兒子，於天智天皇時代（西元六六二—六七一年）入唐，依吉藏大師學。持統天皇之世（西元六八七—六九六年）返日，住法隆寺，宣講三論，為三論宗的第二傳。

道慈是智藏的弟子，於大寶元年（則天武后大足元年，西元七〇一年）入唐，通學六宗，但以三論的根底而師事吉藏之法孫元康。養老二年（唐玄宗開元六年，西元七一八年）返日住大安寺，為三論宗第三傳。此人風格清高，長屋王（高市皇子的長子）招赴詩宴，他固辭不往，並謂：「僧既方外之身，何煩入宮赴宴。」他頗不滿當時僧風，著有《愚志》一卷，惜已不傳。

智藏門下尚有智光及禮光二人，頗崇西方淨土，同住元興寺。智光的著述很多，除了現存的《淨名玄論略述》四卷及《般若心經述義》一卷之外，尚有已失傳的《大般若經疏》二十卷、《法華玄述記》五卷、《淨土論釋》五卷、《盂蘭盆經疏》、《中觀疏記》等。所以這是一位奈良時代有名的三論學者。

道慈之後，尚有善議、安澄、勒操等次第相傳。智光之後，則有靈叡及藥寶、願曉等，燈燈互傳。前者稱為大安寺流，後者稱為元興寺流。

從大體上說，奈良時代以前，是以三論宗為佛教義學的主流。進入奈良時代，則為法相宗的全盛時期。至奈良末葉，三論宗已非常衰微了。

法相宗　法相宗的傳日，是由入唐留學於玄奘門下的道昭之功。當時玄奘自印度及西域諸國遊歷歸來，德望重於一時，門弟三千，七十賢士，上足四人。玄奘所傳唯識法相，乃當時最新的佛教思想。道昭於孝德天皇白雉四年（唐高宗永徽四年，西元六五三年）入唐之際，正逢其盛。但是，道昭非僅一介義學沙門而已，他約於齊明天皇七年（西元六六一年）歸日之後，建禪院於元興寺之東南而住，收藏了許多經論。同時盡力於社會公益事業，周遊全境，於路旁穿井，於河口設船及造橋。文武天皇四年（西元七〇〇年）三月，世壽七十二歲示寂，是為法相宗初傳。

法相宗的二傳是智通及智達，於齊明天皇四年（西元六五八年）奉敕入唐，與道昭同學於玄奘門下，又學於窺基座下。智通返日後，於大和國創觀音寺，盛弘法相。

智通入唐後的四十五年，又有智鳳、智鸞、智雄，於大寶三年（西元七〇三年）奉敕入唐，師事中國法相宗的三祖濮陽智周，合此三人為法相宗的第三傳。

智鳳門下出有一位智德兼備的大弟子義淵，他創有龍蓋、龍門、龍福、龍泉、龍象等五寺。大寶三年任僧正，被尊為一代耆宿。聖武天皇因尊其學德，乃賜姓岡連，而改其原有俗姓的市往氏，並以其俗家兄弟承傳此姓。

義淵門下龍象崢嶸，其中以玄昉、行基、良敏、宣教、行達、隆尊、良辨等最為有名，世稱為淵門七上足。若以三論宗的道慈列入，則為八上足，因為道慈亦嘗學法相於義淵座下。

玄昉於養老元年（唐玄宗開元五年，西元七一七年）入唐，也學法相於智周之門。唐玄宗深愛其才，准三品位，賜紫袈裟。於天平七年（西元七三五年）歸日，攜回經論五千餘卷，藏於興福寺。是為法相宗的第四傳。

以上法相宗共分四次傳日，初、二兩次，稱為南寺傳，即是元興寺傳，亦稱為飛鳥傳；三、四兩次，稱為北寺傳，即是興福寺傳，又稱為御笠傳。考察其源頭，南寺傳是受學於玄奘，北寺傳則汲流自智周，故其思想有所出入。但在南北兩寺之間，另有一派的法相宗傳承，即是藥師寺、東大寺、西大寺。

奈良時代的法相宗著名學者，有很多。行基門下出有法海、行信、勝虞。勝虞門下出有源仁、慈寶、泰演、守印、護命等人。玄昉門下出有慈訓、善珠、行賀、常騰等人。除此兩人之門，義淵之下的另外高弟所傳者，亦出有神叡、玄賓、賢憬、修圓、德一等人。可見奈良時代的法相宗學者，幾已為北寺派所包辦了。

尚有可述者，以上各人之中，以護命及善珠二人的著作最多。神叡則與三論宗的道慈，並稱為教界的二大人物。護命及德一兩人，又是與天台宗最澄論戰的兩大論敵。總之，法相宗在奈良時代，人才輩出，形成了當時佛教思想的最大主流。

成實宗及俱舍宗　成實宗是依《成實論》而得名，它在日本未曾獨立成派，而是附屬於三論宗下的。天武天皇時代（西元六七三—六八五年），百濟沙門道藏，造有《成實論疏》十六卷。凝然之時（西元一二四〇—一三二一年），尚見到此書，但在日本史上，專門學成實的人，實在太少了。往往是由三論學者附帶研究的。

俱舍宗何時輸日，不得確知，大概是隨同著法相宗的道昭返日而附帶了去的。但是俱舍要比成實的情況較好，例如護命及明詮，都是俱舍學者。尤其護命，他承新羅的智平之說，主張「有為法體不生滅」之義，而與其他各人所主張的「有為法體生滅」之說相異。俱舍雖為法相的寓宗，但它卻被視為佛教的基礎學問，學習的人故亦較多。古來以東大寺為俱舍宗的根本道場。

華嚴宗及律宗　華嚴宗初傳日本，是在聖武天皇天平八年（唐玄宗開元二十四年，西元七三六年），由唐僧道璿首先帶去了華嚴章疏，但他並未弘揚。當時有良辨，曾受道璿之教，至天平十二年十月，良辨始請了一位來自新羅的審祥法師，開講晉譯的《六十華嚴》。他曾入唐親從法藏大師受學，故係根據法藏所著的《探玄記》，連續講了三年，並集京師大德十六人為其聽眾。因此，日本即以審祥為華嚴初祖，良辨為二祖。

良辨門下出有實忠、安寬、鏡忍等，而以實忠為三祖，等定為四祖。聖武天皇天平二十一年，敕諸寺講說經論之際，因以《華嚴經》為本，並敕東大寺為華嚴本寺而稱為華嚴寺。聖武天皇極重華嚴，乃以華嚴思想而實現其政教一致的理想。故而華嚴宗在當時，已有帝王宗教之地位。

一般均以唐僧鑑真赴日，為日本律宗之始，實則前述之善信尼，嘗赴百濟受戒；推古天皇之世，亦有百濟律師抵日。天武天皇時代，更有沙門道光，奉敕入唐學習律藏，返日後奉敕作有《依四分律抄撰錄文》一卷。天平八年，道璿至日，亦攜有律宗章疏，並在其駐錫的大安寺，講《行事鈔》，這是戒律思想的顯著流布。道璿門下的善俊，也是明律之名匠。不過，到此為止，雖有戒律之講學，卻尚未能設置戒壇，未能如法如律以三師七證正式受具足戒。結界、登壇、受具的傳戒大法，則有待鑑真律師的努力。

鑑真律師　鑑真律師是揚州江陽縣人，十四歲時隨父入大雲寺，見佛像，受感動而求父親許他出家。唐中宗神龍元年（西元七〇五年），依道岸律師受菩薩戒，景龍元年（西元七〇七年）至長安。次年，受具足戒於西京的實際寺。嗣後即巡遊兩京，究學三藏。回到揚州，開始弘律，聲動江淮之間。唐玄宗開元二十一年（西元七三三年），道岸的傳人義威律師入寂後，他即以四十六歲的盛年，被許為天下授戒大師。據其弟子思託的《唐大和上東征傳》（編案：《唐大和上東征傳》為真人元開依思託所著之《大唐傳戒師僧名記大和尚鑒真傳》改寫而成）載，當時的鑑真，已前後講大律及疏四十遍、《律鈔》七十遍、《輕重儀》十遍、《羯磨疏》十遍。正在講律傳戒期間，又興建寺院僧舍，供僧十萬眾，造像不知其數。

到了五十五歲那年，發起赴日之願。係由於當時隨使來華的兩位日僧，榮叡及普遍，懇請他「東遊興化」。他問眾中何人願去？眾人默然。且有他的大弟子祥彥，力持反對意見，認為大海難渡，去者「百無一至，性命難存」。於是，鑑真拍案而稱：「為是法事也，何惜生命，諸人不去，我即去耳。」祥彥聽了也說：「大和尚若去，彥亦隨去。」因此，紛紛表示相同意願者，共二十一人。

可是，要去日本，真不容易，先後六次，歷十一年，五次失敗，第六次才如願以償。前五次不是被官方發覺，阻留不放，便是在海中遇風，船破折回。其中最艱難的是第五次，那是唐玄宗天寶七年（西元七四八年）乘船被漂至海南島的南端登陸，再由廣西、廣東一路傳戒向北。可是，由於旅途勞頓以及水土不服，為他而滯留中國多年的日僧榮叡，病死在梧州；常隨弟子祥彥，也病死在吉州的船上；他自己在韶州，因瘴患眼疾，而被一個外國庸醫，誤治成雙目失明。在他整個赴日的行程之中，總計有三十六個比丘先後死亡，道俗二百多人中途退出，唯有另一日僧普照及鑑真的弟子思託，自始至終，追隨著他而同到日本。

唐玄宗天寶十二年，第六次出發，仍係隨著日本遣唐使返航日本而偷渡出境，經過三十四天海程，終於十二月二十日到達日本的鹿兒島南端。這次隨同鑑真赴日的，尚有他的親信弟子二十三人，中有智首等三位女尼，及三位胡僧。他也帶去了大批的法物，其中有佛肉舍利三千粒、佛像一批、金字《華嚴經》八十卷、《大佛名經》十六卷、金字《大品經》一部、《大集經》一部、南本《涅槃經》四十卷、《四分律》六十卷、法礪的《四分疏》五本各十卷、光統的《四分疏》百二十紙、《鏡中記》二本、智首的《菩薩戒》五卷、靈溪釋子的《菩薩戒疏》二卷、定賓的《飾宗義記》九卷及《補飾宗記》一卷、《戒疏》二本各一卷、觀音寺高律師的《義記》二本十卷、南山的《含註戒本》一卷及《疏》、《行事鈔》五本、《羯磨疏》等二本、懷素的《戒本疏》四卷、大覺的《批記》十四卷、《音訓》二本、《比丘尼傳》二本四卷、玄奘的真本《大唐西域記》一本十二卷、南山的《關中創開戒壇圖經》一卷、《次第禪門》十一卷、天台的《摩訶止觀》、《法華玄義》、《法華文句》各十卷、《四教儀》十二卷、《行法華懺法》一卷、《小止觀》一卷、《六妙門》一卷、《明了論》一卷，以及王右軍的真蹟行書一帖、王獻之真蹟行書三帖等。

開壇傳戒　鑑真律師到日本時，已六十六歲了，但他在日本所受的殊榮，也是空前的。可以說他是受到日本朝野舉國的歡迎和崇仰。他在至日後的第二年二月一日到了難波（今之大阪）港，唐僧崇道等已在恭迎。第三天，大納言正二位藤原朝臣仲麻呂，遣使奉迎；親來拜謁的日本高僧有三十多位。二月四日，入京都，聖武天皇派正四位下安宿王，親到羅城門外慰迎，安置於東大寺。二月五日，日本宰相、右大臣、大納言以下高官百餘人，親來禮拜問訊。並由天皇派遣剛由中國歸國不久的遣唐使吉備朝臣真備為敕使，傳達天皇口詔：「大德和尚，遠涉滄波，來投此國，誠副朕意，喜慰無喻。朕造此東大寺經十餘年，欲立戒壇，傳授戒律，自有此心，日夜不忘。今諸大德遠來傳戒，冥契朕意。自今以後，授戒傳律，一任大和尚。」過了幾天，聖武天皇又封鑑真為傳燈大法師。

聖武天皇於唐天寶八年讓位，成為上皇，自稱沙彌勝滿。於天寶十三年（西元七五四年），日本孝謙女皇天平勝寶六年四月，在東大寺大佛殿前建立日本的第一座戒壇。登壇受戒的第一個人，即是聖武上皇，接著皇后、皇太子等求受菩薩戒者四百四十餘人，捨舊所受戒而再稟具的亦八十餘人。此後即於大佛殿之西，設戒壇院，重疊三層，以表菩薩的三聚淨戒。

考察鑑真所傳的戒律思想，他是站在《四分律》分通大乘的立場，兼弘南山道宣及相部法礪的二家律學。自此，日本除東大寺外，尚於西國觀音寺（太宰府）及東國藥師寺（下野），各設戒壇一座，合稱為天下三戒壇，舉行傳戒。唯其東大寺准「中國」（佛法盛行地）方式，以十師傳授，觀音寺則准邊地（佛法微弱區）授戒法，以五人僧傳授。

鑑真律師在日本弘律十年之後，即於天平寶字七年（西元七六三年）五月，以七十七歲高齡示寂。初五年住東大寺，後五年住於他自建的唐招提寺。他也精通醫藥，故對日本醫藥知識的貢獻亦至大。鑑真赴日之際，正是華嚴宗在奈良盛大之世。華嚴開啟理想之境域，戒律指導生活之規範，相得益彰。

第二節　東大寺與國分寺

聖武天皇與東大寺　聖武天皇是一位虔誠的佛教徒，熱心於佛教事業之推展，並以佛教思想來建設他的國政。當他即位之時，度僧三千，並請六百僧人於宮中轉讀《大般若經》。基於佛教慈悲精神而行大赦，禁屠宰、免稅、施藥、施米，以利眾生。

東大寺之建造，先後費時達十年，自天平十五年，敕諸國募化，為大殿奠基，至天平勝寶四年，始行落成。聖武上皇親率孝謙天皇及文武百官，蒞寺為大佛開光，請自天竺來的婆羅門僧正菩提遷那為導師，道璿為咒願師。此次法會之盛大，佛法東渡以來，前所未有。

東大寺的偉大處，是在建築工程之壯麗。大佛殿的規模，重疊四層，四面各十一間（兩柱之間的間隔），建坪一千三百五十坪，高十五丈六尺。南中門外，尚有兩座高三十二丈的七層塔婆，東西對峙。再看殿內的佛像，本尊毘盧遮那銅像，曾經八度改鑄始完成，像高五丈三尺五寸，鎔銅七十三萬九千五百六十一斤，鍊金一萬四百三十六兩。脇侍為各高三丈的二臂如意輪觀音坐像及二臂虛空藏菩薩坐像，分列本尊的東西兩側。此寺被稱為四聖建立，那就是由於聖武天皇的心願，行基菩薩的勸化，良辨為之開基，菩提遷那為其導師。

東大寺與國分寺　考察聖武天皇創建東大寺的用心，實為受華嚴思想的啟示，以此做為其理想政治的象徵。他以東大寺為日本帝國的中心道場，令諸封國各建國分寺，為此中心的附屬。

華嚴教系的《梵網經》（《大正藏》二十四．一〇〇三頁下—一〇〇四頁上）中說：「我今盧舍那，方坐蓮花臺；周匝千花上，復現千釋迦；一花百億國，一國一釋迦。」盧舍那佛即是毘盧遮那佛的同名異譯，他是本尊，釋迦是本尊的化身，化身屬於本尊。因此，聖武天皇以東大寺象徵國都，以東大寺的本尊象徵天皇；以國分寺象徵諸國，以國分寺的釋迦象徵各國的國司；以百億釋迦象徵各國的人民。因此，可用一表對照說明：

理想	盧舍那佛 →	千花大釋迦 →	百億小釋迦
現實	天皇 →	諸國的國司 →	人民

講到國分寺的出現，先要介紹《金光明經》。自從天武、持統、文武天皇等歷朝以來，盛講之《金光明經》，為西涼曇無讖的四卷譯本，至聖武天皇時則用唐義淨的十卷譯本，叫作《金光明最勝王經》。聖武天皇神龜五年（西元七二八年），書寫金字《金光明最勝王經》六十四部，每國頒一部，並令轉誦，祈禱國家之平安。這是開創國分寺的預備工作之第一步。

天平九年，全國天花流行，為求禳災，為求福國利民，令各國各造釋迦丈六像一尊，並寫《大般若經》一部，這是第二步。

天平十年，令各國各造金光明四天王護國寺（僧寺）及法華滅罪寺（尼寺）

一座，各寫《金光明最勝王經》及《法華經》一部，分置僧尼二寺，並令各造七重塔一座，安置天皇所頒的金字《金光明最勝王經》。至天平十三年，便詔以僧尼二寺而建立國分寺。僧寺住二十人，封給五十戶，施水田十町（每町約為九千九百一十八平方公尺）；尼寺住十人，施水田十町。僧尼每月八日必須誦《金光明最勝王經》，每半月行誦戒羯磨，每月六齋日，禁止國人漁獵屠宰。於是，完成了佛化政治的理想。

思想源流　東大寺及國分寺的模式，乃是來自中國。推古之後，日本渴慕並移植學習中國文化制度，不遺餘力，佛法則是其最大的一環。隋唐時代的中國，佛教發展，如日中天，寺院之建築，亦極輝煌。現在列舉數端如下：

（一）隋文帝仁壽元年（西元六〇一年），雍州以下三十州，各建塔以分置舍利（《廣弘明集》）。

（二）則天武后天授元年（西元六九〇年），武后詔於東西兩京及天下諸州，各建大雲寺一座（《唐會要》、《資治通鑑》）。此乃根據《大雲經》的經名為寺名。聖武天皇則亦以《金光明經》護國及《法華經》滅罪為寺號。

（三）唐中宗神龍元年（西元七〇五年），於諸州置佛、道二教寺觀各一，佛教為中興寺，道教為中興觀。同三年，改中興之名為龍興（《舊唐書．中宗本紀》）。

（四）唐玄宗開元二十六年（西元七三八年），令天下州郡，各建一大寺，號龍興寺及開元寺，並將武后時的大雲寺改為開元寺（《佛祖統紀》、《釋氏稽古略》）。

可見，聖武天皇的國分寺，淵源於隋唐，而非別出心裁。再說大佛像的鑄造，也是學自中國的風尚。例如唐高宗自咸亨三年（西元六七二年）開始，歷時三年多，在東都洛陽之龍門，造立了一尊盧舍那佛石像，身高八十五尺，脇侍二菩薩像，亦高七十尺。此後，又有則天武后，於久視元年（西元七〇〇年）發願在洛陽北邙山的白司馬坂，造大銅像。中宗神龍之初，加以修繕，而告竣工。

第三節　奈良佛教的文化及其利弊

慈善事業　奈良佛教的可貴處很多，慈善則是其一。於元正天皇養老七年（西元七二三年），在興福寺內設施藥院及悲田院。這要追溯到聖德太子的福田事業，他曾於四天王護國寺設置敬田、悲田、療病、施藥等四院。敬田是寺院的三寶部分，即是人民皈敬三寶的道場；悲田是貧窮孤獨者的救濟所，為養老院及孤兒院的性質；療病及施藥，是公共衛生的保健設施。聖德太子除令人民篤敬三寶之外，並設悲田、療病、施藥之三院，以立國家之大基。由此發展而有了奈良時代的慈善事業。

天平二年（西元七三〇年）四月，聖武天皇的光明皇后，將她宮職的經費，節省下來，設置施藥院，又置悲田院以濟貧病之輩。被皇后親身洗滌療養的癩病患者，亦達千人之眾。這種慈愛精神，史家傳為美談。她的女兒孝謙天皇，也繼母后遺志，於天平寶字元年，為了救濟貧病之徒，以墾田一百町，永遠撥給興福寺的施藥院。

同時，自飛鳥時代以來，佛教沙門，多精醫術。例如：法蓮以醫道濟民而於養老五年接受褒獎；鑑真律師亦精醫藥，雖已雙目失明，仍以鼻嗅辨別藥種，而為日本漢醫仰為其祖。聖武天皇臨崩之際，受詔入內寢的看病禪師，達一百二十六人。佛教重視醫藥，乃基於當時盛行《梵網經》中所說「看病福田，第一福田」而來。

一般的公益事業　從事公益事業者，有三位代表人物。一是法相宗的道昭，他巡錫全國，在人多之處及交通要道之旁，穿了很多井，造了很多橋。

另一位是行基菩薩，他和他的弟子，比道昭做的公益事業更多。遊行全國，造橋築堤，修路架屋，開發水利，而且工程浩大，非同小可。例如：木津川的泉大橋，淀川的山崎橋。又於攝津西城郡的比賣嶋崛川，開了一條長六百丈，廣八十丈，深六丈五尺的大港。又設布施屋於各交通要口，供給沒有川資的旅人住宿。行基的事業，實在感人，在他一生中，除了公益事業，尚設立道場四十九所。

還有一位是和氣法均尼，他是和氣清麻呂之姊，俗名廣蟲。當時孝謙天皇因沙門道鏡事件而出家為尼，廣蟲侍伴孝謙天皇出家，法名叫作法均。他也做了好多感人的事。天平寶字年間，有藤原仲麻呂（惠美押勝）之亂，平定之後，其黨徒三百七十五人，當處斬刑，由於法均尼向天皇乞諫而減處流刑。亂後天下發生大饑饉，人民多有將幼兒拋棄而不能顧的，法均尼派人收養者，達八十三個。

教育的普及　談到教育，又要說到聖德太子，他以法隆寺為研究佛法的學問寺，即是寺院中的教育機構。日本的學校教育，實即以此為發源。推古天皇十六年，隨使臣小野妹子來華者之中，即有四位學問僧及四個學生。其中的學問僧日文及高向玄理，到了大化革新時，被任為國博士；另一學問僧請安，返日之後，則成為中大兄皇子（即後來的天智天皇）的老師，教授周公、孔子之教。可見當時的學問僧，乃是通內典與外學的。

根據佛教思想而發展教育的人，則為吉備真備。他於靈龜二年（唐玄宗開元四年，西元七一六年）入唐留學，天平七年（西元七三五年）返日。他是大政治家，也是大教育家，甚至有人說他是日本的倉頡；日文由他發明的傳說，固不足採信，但他設立教授內學及外典的「二教院」，雖是由推古時代的學問寺發展而來，卻將日本的學校教育，又向前推進了一步。

另有一位大納言石上宅嗣，他於寶龜十一年（西元七八〇年）出家，法名梵行，捨其舊宅為阿閦寺。在此寺之一隅，別設芸亭院，陳列內外典的各種圖書，公開由人閱覽。此乃是以佛教為中心的日本第一所公共圖書館。

可惜，以上的二教院及芸亭院的遺跡，今已不明其所了！

文學與美術　此時的日本文學，是以漢文學為主，以漢詩為盛。由於聖武天皇的提倡獎勵漢文學，例如：他親自抄錄隋唐人的作品中，又多係佛教文學——王維居士的詩，真觀法師的頌、詩、讚、奉請文，釋靈實的讚、雜文、祭文，釋僧亮的詩等。所以日本在此期間的佛教詩歌，也有不少，例如：作於天平勝寶年間的《佛足石歌》最最有名，共有二十一首。又如：智藏、辨正、道慈、道融等四人的詩，則彙於詩集《懷風藻》中，尤以道慈最為能手。

再說美術，當聖德太子薨後，其妃橘大郎女，為追懷太子而刺繡帷帳兩幅，描寫太子所期往生的佛國淨土的情形，後世稱此為《天壽國繡帳》，或稱為《天壽國曼荼羅》。這是合刺繡與繪畫為一的佛教美術。

由於中國美術品及美術家的不斷輸入，奈良時代的日本美術，較前代已有長足的進步。在雕刻方面，以東大寺法華堂的日光、月光二菩薩像，以及同寺戒壇院的四天王像，最為有名。在繪畫方面，則以藥師寺所傳的《吉祥天女圖》，最為有名。

政教混同的弊端　所謂奈良文化，其最大的功勞者乃是聖武天皇。他以保護佛教做為推行政治的建設，所以有天平文化之盛。但是，聖武天皇的目的，是在政教合一，故他讓位之時，即自號為沙彌。此後他的女兒孝謙天皇，也出了家。其經過是這樣的：天平寶字二年，孝謙讓位，淳仁即位。至五年，孝謙的寵臣藤原仲麻呂，企圖控制天皇及上皇，逼孝謙上皇及淳仁天皇，以臨時行幸之名，遷都至藤原仲麻呂所經營的近江保良宮。適孝謙上皇得病，詔沙門道鏡前去診病，奇驗，因得上皇的信任，自由出入宮廷。仲麻呂見勢，遂覺地位不保，而向上皇奏訴道鏡懷有野心，上皇聞之大怒，而還平城京的法華寺出家，法號法基尼。仲麻呂知道大勢已去，便於寶字八年（西元七六四年），起兵作亂，被稱為惠美押勝之亂。亂平，上皇重祚，即是稱德天皇。有了出家天皇，即起用出家的道鏡為太政大臣禪師，次年又授道鏡法王之位。同時起用沙門基真為法參議大律師，圓興為法臣。稱德天皇第三年，又為道鏡置法王宮職，行使任命大夫以下的官職之權，並用法王宮職之印。法王的供養，同於天皇。最後，道鏡竟起窺得皇位之念。稱德天皇第六年駕崩之後，道鏡終於失敗。一時政治混亂之極，故被日本史家詬病不已。

寫經佛教　日本與中國，同文同種，他們的片假名，是採用正楷漢字的邊旁組成，他們的平假名是採用草書漢字的邊旁組成。他們初有文化，均用漢文，因此，佛教由中國輸入，便省了譯經的工作。佛教從印度傳到中國，不知耗費了多少人的智力精力，用在譯經上面。日本得天之厚，不必譯經，便將精神致力於寫經上面。由於大乘各經，多鼓勵讀誦、書寫、供養的功德。在印刷術尚未發達之時，流通佛典、廣布佛法的唯一方法，的確也靠書寫。此在奈良時代，特別隆盛。例如：大寶律令中，規定政府的中務省圖書寮，司理寫經之職。奈良時代的皇后宮職，開有寫經所。聖武天平六年，詔設寫經司，置有長官專任其職，此為寫經的黃金時代。除了政府官設的寫經事業外，尚有寺院及貴族的私設寫經所。寫經運動對於日本文化的貢獻，實在很大，唯其流於形式主義而不以經義的實踐為重，故被史家將奈良時代稱為寫經佛教。

同時，由於朝廷全力提倡佛教，佛教的運動，便集中於京都所在地。天皇遷都，著名的寺院往往也跟著遷徙。據說天武天皇九年（西元六八〇年），京內寺院有二十四座，養老四年（西元七二〇年），都下有四十八寺讀《藥師經》。寺院集中於都市，固然利於發展，但也難免因此而染上了市囂的塵習，僧尼生活，易受聲色所動而趨於墮落。

第三章　平安時代的佛教

第一節　天台宗的開創與發展

新京的氣象　奈良末葉，政治綱紀頹廢，社會秩序混亂。至延曆十三年（唐德宗貞元十年，西元七九四年），桓武天皇自古京遷都至平安（今之京都），目的是在整頓綱紀，統一民心，刷新風氣。

對於佛教政策，也與上次遷都時不同，上次遷都，把飛鳥的寺院也遷至平城，這次則首先自延曆四年起，限制建寺，禁止將土地施入寺院，禁止寺院做營利事業。並且下令，整肅僧風，矯正政教一致的弊習。如今遷移新都，規定舊京的寺院，仍當留置原地。到了新都，另外創建東西兩寺，以莊嚴國都鎮護國家。於是面目一新，教界的新人物也開始出現了。最有名的，那就是開創天台宗的最澄，以及密宗的鼻祖空海。

最澄傳教大師　最澄是近江國（滋賀縣）人。傳說他是我國後漢孝獻帝後裔，於寶龜十年（唐代宗大曆十四年，西元七七九年）十三歲時，投大安寺行表之門出家為僧，二十歲受具足戒於東大寺。見了平城京的佛教現狀，競以虛榮為事，頗為不滿，於是發金剛不壞不退之誓願，登比叡山，隱於山林，以建立道心之宗教，以絕「服飾之好」，以斷「嗜好之欲」。

此時，天台宗的典籍，已由鑑真律師傳到了日本。最澄先學唯識章疏，入山之後，專修天台三大部及《四教儀》等。至延曆十六年（西元七九七年），由於內供奉壽興之推奏，列最澄為內供奉之一員，以近江國的稅收，受理比叡山寺的費用。所謂內供奉，是推選十位戒律精嚴德智隆高的大德，原係供奉於宮中之內道場，又稱為十禪師。次年，於山上講《法華經》。此後講筵年年不絕。二十年，邀請六宗七大寺的諸山大德來山，開大法會，命名比叡山寺為一乘止觀院。這個法會，是智者大師的圓寂紀念日，後來永為定式而改名霜月會。二十一年，由於和氣弘世及和氣真綱兩兄弟的發起，禮請最澄出山，至高雄山寺，啟建法華三大部之講筵。講筵終期，即奉天皇下達入唐求法之詔，遂應命上表，感淚皇恩，並謂於法華之深旨尚須探求貫通，於天台之章疏尚未得其定本。

延曆二十三年，最澄隨同遣唐使，乘船來華。他的身分是還學生，以別於留學生。留學生是長時期的學習，還學生是做短時期的視察觀摩。另有隨行的留學生圓基及妙澄，加上一個為他擔任譯語的沙彌義真。

最澄來華，於唐德宗貞元二十年（西元八〇四年）九月一日，船到明州（浙江寧波）休息半月，即南下至台州，訪龍興寺座主道邃，適逢開啟《摩訶止觀》等的天台講筵，最澄即在欣喜之下，傳受了天台法門，並得到天台章疏二百餘部。其次又謁佛隴寺的行滿，承傳天台教義。道邃及行滿，均係天台六祖荊溪湛然的弟子，最澄是做了天台七祖的傳人。

可是，最澄留華期間，雖尚不足一年，他卻除了學習天台教義，又跟國清寺的惟象傳受了密教。在越州（紹興）的龍興寺，又受善無畏及金剛智的法孫順曉阿闍黎的密法灌頂，並得經疏一百餘部。同時又在禪林寺的翛然座下，傳受了禪法心要，此可能是南宗旁出之牛頭系下的禪法。

因為當時的道邃，盛唱台、密、禪融合之說，行滿則主張台、禪、律並修之論。最澄受其時風影響，便在中國承傳了台、密、禪、律的四宗大法。日本天台宗之不同於中國的天台，便是在其融合了這四宗的思想而成。因為最澄所傳，非僅天台而已，此實含有綜合佛教的傾向。

天台宗的成立　貞元二十一年（延曆二十四年）五月，最澄返日。第二年，奏准天台法華宗為古京六宗之外的獨立宗，並與六宗的地位相等。

但是，此一新宗成立之後，南都（平城）的法相宗，即起而與之做義理之論爭。其論爭焦點，是三乘一乘權實之問題。此實繼承中國佛教之爭議的餘緒。法相宗的主將是德一，他首先作《法華新疏》以難破最澄，他以法相宗的立場，判《法華經》為權教；最澄起而反擊，判《法華經》為一乘實教。德一為此著書，約十多部，最澄反駁之著，也有八、九種。

又有一個問題，從來日本全國僧尼受戒，即以鑑真所建的天下三戒壇為準；但於最澄歸國之後，認為天下三戒壇是小乘戒，他的天台宗為求徹底的獨立，標榜要另設大乘戒壇。這對南都六宗，當然不會同意，因而又引起一陣論戰的糾紛。故而一直等到最澄圓寂後第七日，大乘戒壇始獲准建立。

最澄以五十六歲的壯齡，寂於弘仁十三年（西元八二二年）。四十五年之後，於清和天皇貞觀八年，謚號傳教大師。此亦為日本之有大師號的嚆矢。

最澄自立大乘戒壇，主要是看不慣奈良南都佛教的腐敗。南都為都市佛教，他所建立的是山林佛教，淡泊名利。所以他有兩句名言：「道心之中有衣食也，衣食之中無道心也。」

最澄寂後第二年，比叡山的一乘止觀院，更名為延曆寺。寂後第六年，大乘戒壇在山上建立完成。最澄門下數百，上足弟子則有義真、光定、圓澄、圓仁等。

義真即是初以沙彌身分，隨最澄來華任其通譯的人。最澄寂後，義真為比叡山第一代座主。根據大師遺志，於山上創建戒壇院，振興大乘圓頓之菩薩戒。義真門下，則出有圓珍，後為第五代座主。

圓仁與圓珍　圓仁出於最澄之門，但他又於仁明天皇承和五年（唐文宗開成三年，西元八三八年）來華。在中國凡九年，正好趕上唐武宗會昌法難，目擊沙門還俗者約三千人，佛像、佛經，摧毀殆盡！然其在中國親近的大德之多，範圍之廣，不讓其師。他依終南山的宗叡學悉曇；從嵩山寺的全雅傳受密教儀軌及曼荼羅等；於大興善寺的元政受金剛界之大法；於青龍寺的法全傳胎藏界之大法；又就醴泉寺的宗穎學止觀法。會昌法難，圓仁險遭池魚之殃，化裝成道士身分，始逃出長安，而於承和十四年，返回日本。

圓仁返日之後，一心發展比叡山的延曆寺，先後建立總持院、定心院、法華三昧院、常行三昧院等，一時殿堂達於鼎盛。同時承最澄之遺業，推展了舍利會、天台大師供會、不斷念佛會等的法會。貞觀六年，以七十一歲之高齡示寂。貞觀八年，被諡為慈覺大師。其門下之有名弟子，則為安慧、慧亮、長意、相應、安然，尤以安然最為著稱，深達圓密兩教之奧旨，厭離名利之爭奪。

圓仁繼光定為第三代座主，其弟子安慧為第四代座主；第五代座主，則為義真門下的圓珍。

圓珍於十五歲時投義真門下出家，三十九歲，即是文德天皇仁壽三年（西元八五三年，唐宣宗大中七年），來華遊學。他在中國的路線是從福州、台州、越州，復經河南的洛陽而入長安。此期間，他依良諝學天台；又從福州開元寺的般若多羅、長安大興善寺的智慧輪、青龍寺的法全等，傳受密教。特別是法全，授他兩部之大法以及抄寫的儀軌。大中十二年，返日之時，攜去典籍四百餘部達一千卷，其對文化輸日之貢獻，可謂大矣！

圓珍歸去之後，貞觀元年，受大友氏之請，住近江的園城寺。八年，奏准以園城寺為天台比叡山的別院。十年，以園城寺為傳法灌頂的道場。寬平三年（西元八九一年）七十八歲入寂，至醍醐天皇延長五年（西元九二七年）諡號智證大師。

良源及其門流　圓珍以後，天台宗的座主，約七十年間，均由圓珍的系下產生，此所謂智證門徒。圓仁系下僅保有京都之法性寺、山科之元慶寺等山外的勢力，直到良源出來，成為第十八代座主，圓仁系才又恢復到山門（比叡山）的勢力，此所謂慈覺門徒。

良源十二歲出家，二十六歲參加承平七年（西元九三七年）於興福寺召開的維摩會中，即以理辯擊敗了南都的義昭；又於應和三年（西元九六三年），在清涼殿設法華會，論破了法相宗，世稱之謂應和宗論，於是名聲大振。至康保三年（西元九六六年），遂繼位天台第十八代座主，僧官位次累進為大僧正。自行基以來二百二十年間，已未見有僧正的任命，故此係為良源的殊榮。

當時，比叡山因曾受火災而寺舍失修，異常荒蕪，良源悉心為之中興，重舉學事，力行法會，恢復了昔日盛世的狀態。另有自最澄以來，共有三塔或三院，即是比叡山的東西兩塔，加上橫川一塔。在此之前，由於智證門徒，力量不及，所以橫川地方景況寂寥，至良源時代，三院則達於同樣的繁盛。此真是事在人為了。

良源於寬和元年（西元九八五年）化去，享壽七十四歲。其門下之盛，堪與孔子、羅什三藏相擬，所謂門徒三千，賢士七十，四哲為最。源信、覺運、尋禪、覺超，號稱四哲。四哲之外，尚有性空、增賀、安海，亦為一時龍象。

由源信及覺運之下，分為二流。

源信隱於橫川兜率谷之惠心院，專以著述為己任。著有《一乘要決》三卷、《大乘對俱舍抄》十四卷、《妙行心要集》六卷、《往生要集》六卷等，共有七十餘部百五十卷。寬仁元年入寂，世壽七十六歲。以其學風所被，弟子們即形成一種門風，自此以下，出一學派，仰源信為創祖而稱惠心流。

覺運，常住於檀那院，大張天台教義，著有《一實菩提偈》、《觀心念佛》、《念佛寶號》、《草木發心修行成佛記》各一卷等。他與源信雖同闡天台，意趣則互有出入。後人以其有別，故分之為惠心流與檀那流。由此二流又各出四流，總稱為山門八流。

八流與二流　此八流是指良源之下的系統所分出。先由惠心流出覺超，三傳出忠尋；檀那流出遍救，三傳出澄豪，兩流並行，盛極一時。

澄豪稱為慧光房流，澄豪門下頗眾，又出三流：長耀開創竹林房流（亦稱安居院流），智海開創毘沙門堂流，尚有聖融吸取竹林房流而開出豬熊流，總稱之為檀那四流。

忠尋門下的皇覺，開出椙生流。皇覺之後，經範源、俊範，至靜明而開出行泉房流。靜明門下出政海而開土御門流。由惠心流而兼吸檀那流的證真，復開出寶地房流。合稱之為惠心四流。

以上兩大系八支流，總名之為山門八流。

現在再說寺門二流。因在良源之後，比叡山上以慈覺門徒的勢力隆盛，智證門徒則處於劣勢，致到智證門徒的餘慶，出任第二十代座主時，受慈覺門徒的壓迫，就職僅三個月即辭退而去。餘慶受迫之後，率領智證門徒千餘人，下山移至三井寺（園城寺），而與山上的延曆寺對立，因此分裂為山門與寺門。自此之後，兩門之間，即屢有爭戰，互成水火。寺門派，後亦分為二流。由圓珍之門弟增命四傳而出千觀，經元範而出澄義及範守，範守之下的良明，則與澄義頡頏，爭辯義理。後世遂稱澄義一派為龍淵房流，良明一派為智寂房流。合稱為寺門二流。

為便於記憶，現將天台宗的門派，列表說明如下：

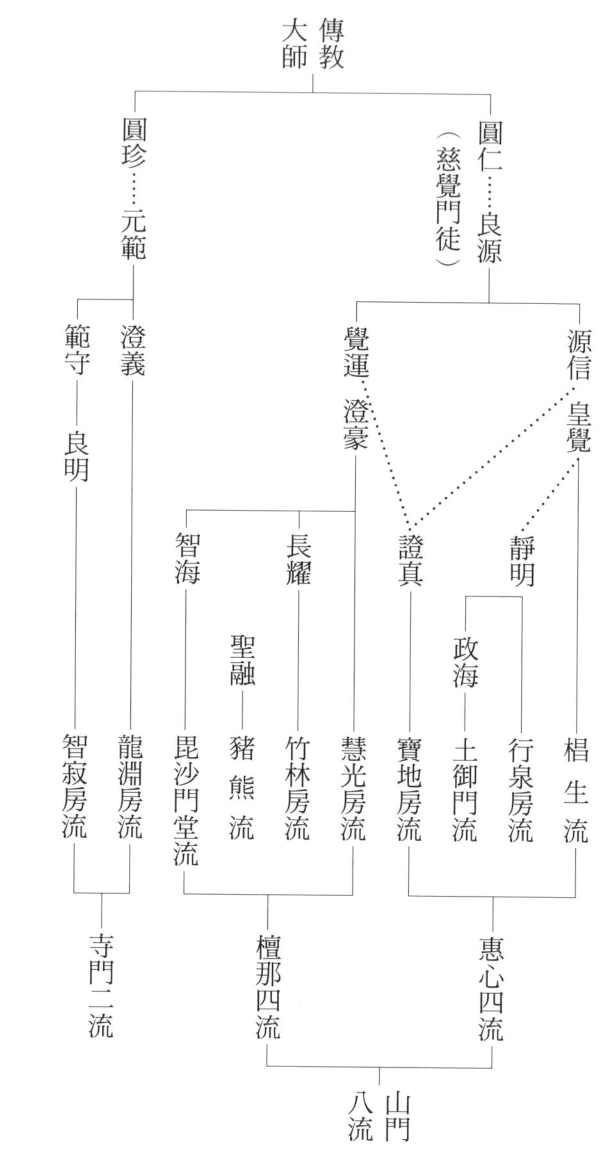

台密的發展 上面已經說到，日本的天台宗，是承受了台、密、禪、律四宗的思想而成。其中除發展天台本宗的宗義之外，則以發展密教為最可觀。因別於空海所傳的東寺密教，故稱為台密。

台密的主流有三個人，即是最澄、圓仁、圓珍，被分別稱為根本大師（最澄）流、慈覺大師流、智證大師流。最澄倡圓密一致說。圓仁主張圓密一致之中應有一分差別，密分理及事，圓密之關係，乃為理同而事別，也就是說，從理而言，釋迦與大日是相同的；從事而說，則有差別。台密之大成者，乃是圓仁的弟子安然，他進一步而倡理同事勝，以為大日勝於釋迦，故不免有自失其台教立場之嫌。

圓仁之下出良源，因其常住橫川，故稱川流。安然之下出皇慶，皇慶居於東塔南谷，故稱谷流。谷流之末，又有相實的法曼院流、良祐的三昧院流、榮西的葉上流、聖昭的穴太流。穴太流之末，又由澄豪創西山流。其以義爭而分之派別，總共有本末十三流。

第二節　真言宗的開創與發展

空海弘法大師　平安初期，日本佛教界出現了兩大彗星：一位是最澄；最澄生後七年，第二位便是空海的誕生。

空海於寶龜五年（西元七七四年），生於讚岐國造的後裔佐伯氏之家。佐伯氏這一族人，自大化革新之後，出了好幾位高僧，例如圓珍，即與空海同一血統。空海幼學《論語》、《孝經》等書，延曆十年入大學寮，修學明經道，此係儒學科目，專攻中國古聖先賢之書，但終不能使他感到滿足。於是發心皈依了三寶，並作《三教指歸》，以批判孔、老、釋「三教的優劣」，用述其入佛的大志。他評老莊為神仙小術，孔孟是俗塵微風。此書作於延曆十六年，當時二十四歲。他的懷抱是「朝市榮華念念厭之，巖藪煙霞日夕飢之」。欣求山林生活，與最澄相同。

空海出家，二十三歲，於東大寺受具足戒，此後即巡遊諸國，修練苦行。他之成為密教的大師，也有其原因。他曾在佛前祈求：「吾從佛法，常求尋要，三乘五乘，十二部經，心神有疑，未以為決，唯願三世，十方諸佛，示我不二。」由此而感一夢：有人指示他，《大毘盧遮那經》，便是他應所求的。遂於大和高市郡久米道場的東塔之下得到了此經，使他解決了一部分疑惑，但其仍有未足，因之發心來華，求受密法。

空海在中國 延曆二十三年，空海來華，和最澄坐的是同一艘船。先到福州長溪縣登陸，十二月下旬抵達長安，先住西明寺，再於青龍寺，遇到已有六十高齡的惠果阿闍黎。空海當時不過三十二歲，但是這位真言宗的第七代祖師，一見空海，竟如十年知交，被選為正嫡的傳人，嗣第八代祖位，號為遍照金剛。舉行灌頂大法，是在那年的六月十三至八月上旬，惠果竟於十二月十五日示寂，一如專門等待空海來傳受密法的。

空海所學者為金胎兩部，即是以金剛界開示大日如來的智德，以胎藏界宗本大日如來的理體，兩者互為表裡，此為密教教義之根源。就其教儀來說，有壇（曼荼羅）、有儀（念誦供養佛菩薩等之儀式軌則的書記文件）、有印契（以手指表徵種種之形物——法德的標幟）。密教重視教理教相之宣說，但更重視教儀的行法。稱此教儀行法的事相為灌頂。灌頂之法，極為神聖，不得雜濫，否則傳者受者，並得重罪。此為密教之特色。

空海留華，前後三年（唐德宗貞元二十年至唐憲宗元和元年，西元八〇四—八〇六年），除了親近惠果，又在醴泉寺向罽賓僧般若及牟尼室利，學悉曇；從南天竺的婆羅門僧學梵語；韓方明授其書法。當他回國之時，攜去經論章疏二百十六部四百六十一卷，圖像十鋪，道具九種，阿闍黎付屬物十三種。此對中日文化之交通，又是一大貢獻。

空海的偉業　返日之後的空海，先講《大日經疏》於久米寺。弘仁三年（西元八一二年），至高雄山寺，行金胎兩部之灌頂，復修天皇聖體安穩及鎮護國家之祈禱。弘仁七年，獲賜紀伊之高野地方為其入定之所。十一年，於東大寺行知識華嚴會。十三年，在東大寺建立真言院。此後即以此為密教的基地，故稱為東寺密或東密。這一年最澄示寂，空海遂集朝野之皈敬於一身了。他為平城上皇及廢太子高岳親王，行灌頂禮，尊榮極於一時。十四年，獲賜東大寺為真言宗道場，模仿我國長安之青龍寺，當時為鎮護京城的道場，號為教王護國寺，住密宗沙門五十人，禁止他宗門徒於此寺雜居。天長元年（西元八二四年），空海任東寺之別當，此為東寺長者制度之始。

天長八年，空海五十八歲，因病奏准，退居於入定地高野。次年，奏請宮中建立真言道場。承和二年（西元八三五年）的三月，他以六十二歲的世壽示寂。滅後二十二年，即是文德天皇天安元年，追封為大僧正；滅後八十六年，於醍醐天皇延喜二十一年，諡號弘法大師。

空海的著述很多，而以《三教指歸》及《十住心論》十卷為其中心思想之所寄。他以《十住心論》，立足於密教而批判佛陀一代之時教；他以《三教指歸》，立足於佛教而批判儒、道、釋三教之優劣。《十住心論》是於淳和天皇天長七年奉敕所撰，是當時的六部宗論之一。其他尚有華嚴宗的普機，三論宗的玄叡，律宗的豐安，天台宗的義真，法相宗的護命，各寫了發揮自宗宗義的一論。倶舍宗與成實宗，則包攝在法相宗及三論宗內。

空海的門下　空海門下極盛，而以實惠、杲鄰、智泉、真濟、真雅、真如法親王、圓明、泰範、忠延、道雄，古來稱為空海的十大弟子。此外尚有真紹、真然、常曉、堅慧、道昌、圓行、惠運等，均為一時的碩匠。其中的實惠，最受空海所重，繼為東寺的長者。餘如真雅住弘福寺及東大寺，真濟住高雄山寺（神護寺），真然住金剛峰寺，也都是空海的親自付囑。實惠則受命為「吾法之興，有賴汝力」，得授法灌頂之權，成為東密第二位阿闍黎，做諸弟子的依止。此後，真紹為第三阿闍黎，西寺之守敏則為第四阿闍黎。

長者之制度，其後亦有變更：自真濟始，同時任命兩位長者；昌泰元年（西元八九八年）增為三長者；至安和二年（西元九六九年）又增為四長者。

空海門下之來華留學者，有真如、常曉、惠運等。實惠雖想來華而因事未果，故由他的弟子圓行，和常曉同於唐文宗開成三年（西元八三八年）來華。真如是平城天皇的皇子高岳親王，他於唐懿宗咸通三年（西元八六二年）由真紹的弟子宗叡伴同來華。惠運則於唐武宗會昌二年（西元八四二年）來華。他們都在中國帶了很多的典籍和修法的道具回去。其中的真如法親王，到中國時，已有七十多歲，但他見到唐武宗滅法之後，佛教極其衰頹，因與兩、三道侶，萌發遠遊天竺之志，然其竟在中途的羅越國（今之馬來半島南端，許是新加坡的附近）逝去。此一壯舉與豪情，日本史家引為美談而追懷不已。

最澄、空海、圓仁、圓珍，加上空海之下的常曉、惠運、宗叡及圓行，日史合稱為入唐八家。

密宗的門流　日本係一島國，民性堅強，自尊之心高昂，故其密宗流派之開出，乃為必然之趨勢。

先由宗叡說起：宗叡初學天台宗於比叡山，後學密教於實惠及真紹之門。宗叡門下出源仁，源仁之下出益信及聖寶，各自大弘密教，由此而引出東密之分裂為廣澤流與小野流。

廣澤流以益信為創祖，嵯峨地方的遍照寺為其中心道場。因為益信初學唯識於明詮座下，後受密法於宗叡及源仁之門。源仁也是由法相宗而入密宗的人，故在源仁寂後，密宗東大寺的長者之一，即兼任了法相宗東大寺的別當之職。

宇多天皇對於益信，備極敬仰，昌泰二年（西元八九九年）皈依、落髮、受戒。延喜元年（西元九〇一年）受灌頂傳法而成為法皇，法號空理，灌頂號金剛覺，置其僧房於花園之仁和寺。自此，仁和寺即成為廣澤流之中心道場。

自宇多法皇經寬空，傳寬朝。寬朝則以嵯峨廣澤之遍照寺，為弘化中心。寬朝傳濟信，濟信出大御室性信法親王（三條天皇第四子），其下出寬助而名聲極於一代。寬助弟子極眾，大別又分出六派，稱為廣澤六流：

（一）由覺法法親王（白河天皇太子）開出仁和寺御流——先由宇多法皇設置御室，後遂規定，仁和寺的住持職，均由皇子出家的法親王擔任，故稱為仁和寺門跡，或御室門跡，這是皇族寺院所謂門跡制度的開始。

（二）永嚴開出保壽院流。

（三）信證開出西院流。

（四）聖慧法親王（白河天皇皇子）開出華藏院流。

（五）寬遍開出忍辱山流。

（六）覺鑁開出傳法院流。

再介紹以聖寶為創祖的小野流。

聖寶雖依空海的弟子真雅出家，卻在南都學了三論、法相、華嚴，尤其精於三論。此後故在東大寺起東南院，為基本道場，專弘三論；同時又慕役君小角的行跡而修練行（驗道）於山林之中，後世稱之為修驗道的中興人物。他也由此而返回到密宗，在真雅示寂之後，即向真然受密法灌頂，又由源仁授他東密之奧密，他的聲譽遂和益信齊名。

聖寶先住於京都山科小野的曼荼羅寺，後於醍醐之山中建立一寺，為其修行道場。寬平九年（西元八九七年）列為官寺而與洛西的仁和寺並峙。

益信於延喜六年（西元九〇六年）示寂，享壽八十歲。德治三年（西元一三〇八年）謚號本覺大師。聖寶則以七十八歲寂於延喜九年，寬永四年（西元一六二七年）謚號理源大師。

由聖寶之下，便是觀賢，傳淳祐，傳元杲，傳至仁海，為小野流的極盛期。仁海與廣澤流的寬朝，稱為東密的兩大重鎮。仁海祈雨有奇驗，故被呼為雨僧正。仁海之下有成尊，成尊門下出義範、範俊、明算。義範下傳勝覺，範俊下傳嚴覺，由此二人各出三流，成為小野六流：

（一）勝覺之下的三流：

1.定海開出三寶院流。
2.賢覺開出理性院流。
3.聖賢開出金剛院流。
（二）嚴覺之下的三流：
1.寬信開出勸修寺流。
2.僧俊開出隨心院流。
3.宗意開出安祥寺流。

第三節　平安時代的佛教型態

入唐求法與密教法會　推古以來的日本朝野，對於隋唐文化的吸取，真是如飢如渴。日廷除了屢屢派遣使臣來華，並有留學生及學問僧的派遣，尤以僧人之來華，極受政府的獎勵。日僧來華之際，日廷恆賜予絁四十疋、綿一百疋、布八十疋，其量乃與遣唐副使相等。所以有唐一朝，來華求法的風氣，如火如荼。自唐高宗永徽四年（西元六五三年）至唐僖宗中和二年（西元八八二年）之間，前後來華的日僧之有名可考者，共計六十五人。平安時代則以天台及真言兩宗的八家為最有名。平安朝正當我國密教盛行時期，他們攜去近九百部約二千卷的典籍之中，關係密教的亦占其大部，故在唐武宗滅法之後，中國密教失傳，而竟獨盛於日本。同時，會昌法難之世，日本吸收中國文化的程度，已達飽和。中國佛教在密教一度盛興之後，加上會昌法難的摧殘，則趨於衰頹景況。所以，有留唐僧人中瓘，上書太政官，痛論唐末中國之凋弊多亂，日本的遣唐使因此即告終止。

平安時代以天台及真言兩宗並盛，但在實際修持方面，則偏重密教。密教的內容，分教相及事相兩部，教相屬於教理，事相則為行法。所謂行法，即在加持祈禱的身、口、意三密，特別重視護摩（homa，意為焚燒）法，共有六種：1. 消除惡難的息災法，2. 增進福利的增益法，3. 召集善神的鉤召法，4. 折伏惡邪的降伏法，5. 祈請諸佛菩薩之護持的敬愛法，6. 祈求增長壽命的延命法。以致大至國家事變，小及日常茶飯，皆不離開密法的作持，形成了形式主義的佛教。

伴於密法之盛行而生的，又有許多法會，例如：大極殿之御齋會，藥師寺之最勝會，興福寺之維摩會，稱為南都三大會；圓宗寺的最勝會及法華會，法勝寺的大乘會，稱為北京三大會；加上宮中真言院的（年終）後七日的御修會。此外，尚有一代仁王會、臨時仁王會、灌佛會、盂蘭盆會、佛名會等等。經費均由政府支給，佛教卻只見到空洞的儀式了。

貴族佛教　平安時代，皇室與佛教的關係密切，例如最澄與空海，深受桓武天皇及嵯峨天皇之信仰；文德天皇及清和天皇，向圓仁結緣與受灌頂。第五十九代的宇多天皇則為益信的付法弟子。自此以後直至第七十七代的後白河天皇，共十九代約歷二百六十年之間的天皇，竟有十五位落髮而入僧儀。因此，與皇室有關係的寺院就很多了。由皇室所特建的，數其著者，即有嵯峨天皇的觀空寺，嵯峨皇后的檀林寺，淳和皇后的大覺寺，醍醐皇太后的勸修寺及醍醐寺，後白河天皇的蓮華王院等。

此外，由貴族所建的寺院亦不少，例如：藤原道長的法成寺，藤原賴通的平等院，係為其中之最有名者。

正由於皇室及貴族與佛教的關係深厚，皇室與貴族的人以出家為高貴，凡是出家的僧侶，其身分和所受的待遇，也就相等於貴族階級了。所以日本史家稱平安時代為貴族佛教。

貴族出家的動機，初期的確是為了宗教的信仰，但到後來就變了質。因由於貴族出家者，享有宗教的特權，依賴富裕的寺產，擁有經濟的實力，並藉其俗家的勢力背景，得任教界的重職。原為憑德學而選任的僧官僧位，至此則仗權勢而占得。此所以形成了貴族寺主之世襲的門跡制度，此所云出家，實不過是其在俗生活的延長而已。

同時，僧官的名位，也落於不切實際的虛榮化。奈良時代以來，即已有了僧官的三綱，到了平安朝的嵯峨天皇時代，除了僧正，尚設大小僧都各一人，律師四人，但均有名無實。又分僧位及師位，此係為了表彰僧人的功勳，分別授予大法師位、法師位、滿位、修行位的四種師位。為使僧官的名位與一般的師位有區別，便又另立法印大和尚位、法眼和尚位、法橋上人位，順序配置於僧正、僧都、律師的三等職位。於是，僧官與僧位交混，真是疊床架屋之舉！

僧兵的發生　在平安時代的中葉，由於藤原氏專權於中央的結果，武人階級抬頭。例如：坂東的武士及西國的海賊，以武力爭鬥，擾亂地方治安，殺伐之風，次第及於全國。各大寺院，除了專修學問的僧人所謂學侶之外，多數是由私度而來的所謂行人。這些本為衣食無著的遊浪之徒，出家的目的在於寄佛偷生，非為修行學佛。亂世之民多失正業，這些被視為惡僧與濫僧的分子，也就愈來愈多。

各寺院之間，由於各自受到外界不同勢力的激盪，為求自衛，便將這些行人武裝起來。接著由於寺院之間各貴族子弟的互爭權勢，也就訴之以武力。南都與北嶺之間的僧眾，為了信仰及門戶之爭，也以武力來對抗；地方的神社勢力之角逐，也利用了武裝僧侶。這就是僧兵的成因。

僧兵跋扈之甚者，乃是南都興福寺與北嶺延曆寺，通稱為奈良法師及山法師。他們各挾其地方勢力，以發動戰亂。

在第一節中，已說到天台宗的分裂為山門與寺門，故其僧兵的主力，又為山門的延曆寺對寺門的園城寺。朝廷對之，也是無可奈何。

末法思想的出現　由於寺院生活的世俗化，以及僧兵的橫暴，殺伐縱火，鬥爭不已，日本教界即出現了末法來到的思想。

這是世尊入滅之後，流行於佛教中的預言，分有三時說，以及五個五百年說。所謂三時說，即是在正法時期的佛子，具備教、行、證的三法；在像法時期，無證法而唯教與行；在末法時期，已無行法與證法，只有教法的存在。根據《大集經‧月藏分》（《大正藏》十三‧三七九頁下）的〈法滅盡品〉及《摩訶摩耶經》（《大正藏》十二‧一〇一三頁下）中說，正法五百年，像法一千年。根據懷感的《群疑論》所引《大悲經》（《群疑論》卷三，《大正藏》四十七．四十八頁下），則以正、像二法各一千年，以下便入末法時期。日本雖兩說並行，而以第二說為有力。他們以世尊滅於周穆王五十三年（西元前九四九年），到日本後冷泉天皇永承七年（西元一〇五二年），便入末法時期。

五個五百年說，也出於《大集經．月藏分》（《大正藏》十三．三六三頁上—中）：佛滅第一個五百年，解脫堅固；第二個五百年，禪定堅固；第三個五百年，多聞堅固；第四個五百年，造寺堅固；第五個五百年，鬥爭堅固。

日本當時的教界，便將平安初期及此前的糾紛之多與造寺風氣之盛，配合第四個五百年。平安中世以後的僧侶墮落及僧兵之亂，配合第五個五百年。這是一種在無可如何之下的消極安慰及解釋。到了鎌倉時代，日本佛教卻因對末法的警覺，現出了蓬勃的生機。

彌陀信仰的興起　平安時代的中期之後，由於社會多亂，人民多感此一世界之危脆，遂有他方淨土的嚮往，彌陀信仰乃漸受重視。雖然在奈良時代，即有三論宗的智光及禮光等，願生西方淨土，但其成為民間大眾化的信仰，則在空也上人出來之後。

空也名叫光勝，他於二十多歲時，即以沙彌身分，巡遊全國各地，普勸民眾念佛。朱雀天皇天慶元年（西元九三八年）入京都，往人群集中的市場內，勸大眾念佛，世人因而號其為市聖。天祿三年（西元九七二年）示寂，世壽七十歲。

又有源信，出於良源之門，盛弘彌陀信仰，著有《往生要集》，勸行念佛法門。寂於寬仁元年（西元一〇一七年），世壽七十六歲。

永觀律師也在京都之禪林寺，修念佛法門，日念一萬遍至六萬遍。著有《往生十因》，為當時淨土行者之所愛讀，逝於天永二年（西元一一一一年），享壽八十。

良忍又開融通念佛，他以天台基礎而修淨土法門。當他四十六歲那年（永久五年，西元一一一七年）五月，在三昧中見到阿彌陀佛，感得融通念佛之偈：「一人一切人，一切人一人；一行一切行，一切行一行。」也就是說：一人念佛，能融通一切人，一切人念佛，融通一人；人人互相融通，行行互相融通，宛如燈燈相照，鏡鏡互映。這一思想，是從自力聖道門過渡到他力淨土門的媒介，是站在法華及華嚴的立場，旁接了淨土三經的觀念。此到鎌倉時代，便成熟為親鸞的真宗，日蓮的日蓮宗。

社會福利事業及文藝　繼續奈良時代布施屋的發展，有最澄於美濃設廣濟院，於信濃設廣拯院，置宿泊所，便利貧窮的旅客。另有越後的國分尼寺的法光尼，於渡戶濱，設布施屋，並以四十多町之農田收入，做為其經常費。此後，布施屋便由民間慈善事業而轉為國家經理的社會救濟，然其監管職掌仍由僧侶負責。

此時又有僧侶所設的好多濟貧事業，如武藏國的悲田處，相模國的救急院，太宰府的續命院，出羽國的濟苦院等。

空海為修水利，便民灌溉，在讚岐國開了一個萬農池。

空也上人，勸人念佛，但也為許多地方掘了好多的水井，時人呼為阿彌陀井。

淳和皇后於天皇崩後，從圓仁出家。宅心仁慈，成立孤兒院，收容孤兒，並設救治院，為僧尼療病。

永觀律師，常至監獄，教誨罪犯。

在此時代，日本文學之受佛教的影響極多。但就佛教本身而言，可從佛教說話集之編纂，而知其產量之豐富。主要者有：《日本國現報善惡靈異記》三卷、《三寶繪詞》三卷、《今昔物語集》三十一卷。尚有佛教歌謠之所謂和讚，例如：珍海的《菩提心集》、千觀的《彌陀讚》、後白河法皇御撰的《梁塵祕抄》二十卷。此外，有源信的《往生要集》、永觀的《往生十因》等，均係一代名作。

藝術方面，平安初期，以密教美術為主，中期之後，即由淨土教的美術代起，稱為（彌陀）「來迎」美術。例如：宇治的平等院鳳凰堂，日野之法界寺阿彌陀堂，其以丈六阿彌陀如來像等，最為有名。又如源信於高野山所畫的《聖眾來迎圖》，被稱為淨土教繪畫的最大傑作。

神佛合一的思想　自奈良時代以來，佛教漸次與日本的神道思想混合。此可溯源聖德太子，崇佛而不廢其固有神道的祭祀開始。佛教為適應日本的環境，遂將神佛界限廢棄。到了平安中期，竟學印度佛教的末期，以本地垂迹的觀念，付一切外道之神以合乎佛法的地位，而將日本的神祇，解說為佛菩薩的垂迹權化。故將各神祇，均配置以佛菩薩的身分。例如：比叡山和日吉山王七社之關係，興福寺與春日神社之關係，即是因此神佛混同的思想而結合起來。又說什麼神是阿彌陀佛的垂迹，什麼神又是觀音菩薩的化身。此到明治維新，倡神佛分離，才告結束。

第四章　鎌倉時代的佛教

第一節　南都佛教之復興

復興的機運　平安朝遷都之後，佛教的中心也到了新京，由天台、真言兩宗的勢力，取代了奈良佛教的地位。奈良的六宗，僅能保持其命脈，卻已次第失去了昔日的光輝。但到了平安末期，新京的佛教也趨於沒落，相反地，又刺激了南都所謂古京六宗的復興。根據日人境野黃洋的《日本佛教史要》，說此新機運的到來，有四個因素：在平安末期，第一是事相隆盛之反動，第二是戰亂之影響，第三是僧侶墮落的結果，第四是宋日交通的啟發。

由於真言宗重視事相的形式，佛教又成了祈禱的空架；由於戰亂及僧兵的殘酷橫暴，以及貴族僧侶的墮落，引起了末法思想的醒覺；由於宋日交通的結果，再次輸入了新興的禪宗。日本的本身也開出了日蓮宗及淨土真宗。這是在多種因緣的促成之下，使得南都的佛教，對於佛陀的教法，做了一次深切的反省與再認識。他們認為：末法既已到來，吾人唯有回復到正法時代的精神，才能保持佛法於不墜，所以主張追慕世尊，或依當來的彌勒，均宜推展復古運動。因此，新起的日蓮宗及禪宗，也是釋迦教。又有人以為：末法之際的五濁惡世，人的意志薄弱，罪垢深重，唯賴他力淨土之救濟，故有淨土真宗的勃起。

華嚴宗的復興　在天曆元年（西元九四七年），有光智於東大寺建尊勝院，以期復興自宗，但其真正的復興，要到鎌倉時代之初。光智傳松橋及觀真，由觀真五傳出景雅，景雅之門出明惠上人高辨。由松橋七傳出宗性，宗性之門出凝然大德，高辨及凝然二人，才是復興華嚴宗的兩大重鎮。

高辨幼失怙恃，十歲出家，先學密教於醍醐寺的實尊之門，再從景雅修學華嚴。建永元年（西元一二〇六年），後鳥羽上皇敕賜栂尾山為其興隆華嚴之地，高辨即以《華嚴經》經句「日出先照高山」之意，取名為高山寺。高辨行解並重，尤謹於律，一時朝野皈敬。鎌倉幕府的執權北條泰時，亦常往禮敬，並請示治世之方。他的理想，是將世尊當世的正法，實現在末法之世，故其因追慕世尊之事蹟，而欲往印度朝聖，終以染疾未果。他的著述很多，有《金師子章光顯抄》二卷、

《華嚴唯心義》二卷、《華嚴信種義》一卷、《華嚴修禪觀照入解脫門義》二卷、《摧邪輪》三卷等。由其師承的關係，他主張華嚴與密一致之說，願生彌勒的兜率淨土。他逝於貞永元年（西元一二三二年），世壽六十歲。門下有喜海與靜海，相繼住持高山寺。

宗性也是幼年出家，於東大寺專攻華嚴，兼通三論、法相、俱舍等學。文應元年（西元一二六〇年）五十九歲，就任東大寺的別當。正應五年（西元一二九二年）以九十一歲之高齡示寂。篤於彌勒信仰，著述極多，現存於東大寺者，尚有二百三十部四百五十卷。凝然即出於其門。

凝然大德，十五歲依東大寺的圓照落髮，從宗性學華嚴。又嘗於比叡山及京都等地，探究各宗奧義，自聲明、音律、國史乃至神書，無不精通。蒙後宇多上皇之眷顧，繼圓照而住東大寺戒壇院。他的著述，多達一百二十七部一千二百餘卷，卷數之多，堪稱空前。他因特別敬仰聖德太子，於六十年之間，研究聖德太子的三經義疏，著註釋達一百十卷，故以三經學士自稱。最有名的是著有佛教入門書《八宗綱要》二卷，以及繼承宗性的佛教史學而著《三國佛法傳通緣起》三卷、《傳法傳通章》十八卷、《諸宗傳通錄》六卷。華嚴學因到凝然而集大成，成為華嚴的中興之祖，元亨元年（西元一三二一年）八十二歲示寂，加國師號。門下有禪爾、湛叡、盛譽等。

法相宗的復興　法相宗是奈良六宗之教學的核心，平安時代其雖式微，仍可維持教學之傳統。至平安末期，出有藏俊及覺憲等名匠。覺憲門下的貞慶出來，始為法相宗的中興。貞慶號為解脫上人，十一歲依覺憲出家，他是覺憲的俗姪。其後入興福寺專究法相宗義，建久二年（西元一一九一年）因列席宮中的最勝會，目睹眾僧競以美服為尚，殆念佛陀嘗有頭陀行之遺訓，慨嘆時下僧風之墮落。遂於次年三十八歲時，隱遁笠置山，達十六年之久。寂於建保元年（西元一二一三年），享壽五十九歲。他的代表作是註釋《唯識論》的《唯識同學鈔》六十二卷。他的思想結晶，則可從其《愚迷發心集》、《心要鈔》，一窺全貌。

貞慶在理想上，求生彌勒的兜率淨土，在實際生活上，重視律儀的嚴格操守。因此他又是關係南都律宗之復興的重要人物。

律宗的復興　平安時代的初期，由鑑真所傳的南都律宗，尚保持其傳承，平安中期之後，法脈遂告中絕。其原因有二：一為僧風之頹廢，一為受了比叡山大乘戒壇之興隆的影響。嗣由於末法思想的醒覺，即有實範起而做了復興律宗的先驅。

實範出身於興福寺，號蓮光，又稱為少將上人，保安三年（西元一一二二年）著《東大寺戒壇院受戒式》。大治四年（西元一一二九年）創建成身院於奈良之東郊，努力於戒律之復興。繼其後者，有法相宗的藏俊、覺憲、貞慶、戒如，相承弘律。戒如門下則有覺盛、有嚴、圓晴、叡尊，號稱為戒如門下之四傑。

覺盛字學律（西元一一九三—一二四九年），先於興福寺學唯識及俱舍，因慨於律門不振而發心以扶律為己任。並於嘉禎二年（西元一二三六年）與圓晴、有嚴、叡尊，同在東大寺以《瑜伽師地論》及《占察經》所說的自誓受戒法，求受比丘大戒，上接已經中絕的律統。後於寬元元年（西元一二四三年），移住唐招提寺，盛弘戒律，深受朝野之尊信，譽為鑑真之再來。寂後諡號大悲菩薩。

叡尊號思圓（西元一二〇一—一二九〇年），十七歲出家，先學密教於醍醐及高野等處。三十五歲時因自戒如及圓晴聽聞《行事鈔》之講義，故於次年自誓受戒。自此之後，即獻身於興教利生之大業，遊化各地，為民眾授戒。又因仰慕聖德太子的社會教化及救濟事業，而為乞丐及癩病患者授戒，並供給食物，施於沐浴。同時他也深受皇室及武家的崇敬，嘗為後嵯峨、後深草、龜山、後宇多、伏見等五代天皇的戒師。在他一生之中，鼓勵戒殺，不遺餘力。於全國各地，設立放生所，計達一千三百餘處。寂後由伏見天皇諡號興正菩薩。門下有信空及良觀。

良觀（西元一二一七—一三〇三年）十六歲出家，二十三歲投入叡尊門下，從事社會救濟，建立療病、施藥、悲田諸院；又因愛護動物而造馬病舍及動物病院。三十六歲，即得執權北條長時及北條業時兩兄弟之皈依，並稱之為生身的如來。寂後由後醍醐天皇諡號忍性菩薩。

北京律的興起 日本史上站在平城京的立場，稱奈良為南都或古京，又稱為南京。上面說的是古京律的復興。因於另一律宗新支，從中國輸入，在北方的京都弘揚，故被分別稱為南京律與北京律了。

北京律的興起，歸功於俊芿及曇照。俊芿（西元一一六六—一二二七年）又號不可棄法師，先學台密，後悟三學之根底在於戒律，故於三十四歲時，正治元年（南宋寧宗慶元五年，西元一一九九年）入宋，在中國留學十二年。自明州景福寺的如庵了宏受學南山律，同時也在華亭縣超果院學了天台宗，又至臨安與禪教律諸師論道。東歸時攜去大小部律文三百二十七卷，天台教觀文字七百十六卷，華嚴章疏一百七十五卷等。故在回國之後，重興京都東山的仙遊寺，改名泉涌寺，大張台律之講筵。寂後，後小松天皇賜號大興正法國師，明治天皇加賜月輪大師號。

曇照（西元一一八八—一二六〇年）曾兩度來華，第一次於南宋寧宗嘉定七年（西元一二一四年）入宋，與俊芿同在了宏門下學律。居留十四年後返日，建戒光寺，大振律風。宋理宗紹定六年（西元一二三三年）再度來華，居八年回國，又建西林寺及東林寺。

第二節　淨土宗與日蓮宗

源空與淨土宗的獨立　平安時代，雖已有了淨土教的流行，但仍未脫寓宗的地位，到了鎌倉初頭，由於源空的出現，淨土宗始告獨立。

源空，亦名法然上人（西元一一三三—一二一二年），十三歲登比叡山，學天台教。後又遊歷諸方，參訪碩學，頗有才學之譽。仁安三年（西元一一六八年）以後，隱居比叡山之黑谷，尋覓出離之要道，披閱源信的《往生要集》，又見善導的《觀無量壽經疏》（《大正藏》三十七．二七二頁中）所說：「一心專念，彌陀名號，行住坐臥，不問時節久近，念念不捨者，是名正定之業。」因而皈命，專修念佛。是年源空四十三歲，後人即以之為淨土宗的開教之年（西元一一七五年）。

自此之後，源空即下比叡山，大弘專修念佛之教，發展極為迅速。在平安時代的淨土行者，尚修其他諸法，源空則排除一切雜行，一心專念南無阿彌陀佛，此為淨土教之純化及簡化。六十五歲時，嘗受關白九條兼實之請，著有《選擇本願念佛集》二卷，說明他的宗教思想。

源空的新宗既能受到眾多人們的歡迎，其他各宗包括南都及北嶺（比叡山）的徒眾，即起而反對。比叡山一派於元久元年（西元一二〇四年）集議制止專修念佛之流行；南都方面則以源空輕忽佛戒，好謗他宗，排斥餘行的理由，於元久二年向朝廷奏請糾彈。故到承元元年（西元一二〇七年），朝廷即宣令取締，並處源空師徒於重刑：計判死刑者四人，流刑者源空等八人。至建曆元年（西元一二一一年），源空蒙赦歸京都，住於東山大谷，但他已是七十九歲的人了，第二年即示寂於彼。在他死後，他的自由教團，雖仍屢受舊派的迫害摧殘，然他畢竟是成功了。寬元二年（西元一二四四年）賜號通明國師，元祿元年（西元一六八八年）東山天皇諡號圓光大師。滅後五百年，又由中御門天皇賜號東漸大師。

源空門下的諸流　源空的門下很多，並且各自成派立宗。例如：聖光房辨長上人開出淨土宗鎮西派，善慧房證空上人開出淨土宗西山派，皆空房隆寬律師開出長樂寺流，覺明房長西上人開出九品寺流，成覺房幸西上人倡導一念義，尤其又有親鸞聖人開出了淨土真宗的新興宗教。由西山流又分出了一遍上人所創的時宗。

淨土宗、淨土真宗、時宗，乃由源空系下分張設教的三大流，迄今仍為日本佛教最大的宗派者，也唯源空系下的門流而已，可見源空之對日本佛教的影響之大了。

辨長（西元一一六二—一二三八年）十四歲出家，二十二歲登比叡山學天台。建久八年三十六歲入源空門下，受淨土教，弘布念佛。建曆二年在其故鄉筑前，創立善導寺，世稱鎮西上人。著有《徹選擇集》二卷、《淨土宗要集》六卷、《念佛名義集》三卷、《末代念佛授手印》一卷。

辨長門下極盛，最著者首推然阿良忠（西元一一九九—一二八七年）。良忠十六歲出家，嘗學究諸宗教義。三十八歲時，師事辨長，伴隨二年，即於京都及關東等地，弘通宗義。自他以下，又分出京都三流及關東三流，後世則以寂慧良曉的白旗流及尊觀良辨的名越流較盛。

證空（西元一一七七—一二四七年）十四歲進法然上人之門，直到源空示寂，前後二十三年之間，未嘗離師門。源空的《選擇本願念佛集》，實係口述，乃由弟子筆受到使證空勘文之作。證空始於洛東之小坂，弘布念佛，故稱其宗義為小坂義。建保年間（西元一二一三—一二一八年），受慈圓僧正之囑，住西山之善峰寺，後退住於西山之三鈷寺，世人因而稱之為西山上人。由其開出的宗義，稱為西山流。他著有《觀經疏觀門義鈔》四十八卷、《祕決鈔》二十卷、《自筆鈔》十卷、《他筆鈔》十卷等。其門下也分出四流，後世之發展，則以淨音的西谷流及圓空的深草流較著。

一遍的時宗　源空寂後二十七年，一遍出世（西元一二三九—一二八九年），七歲即學佛典，十五歲出家，其後登比叡山學天台，因感與末法時機相應的唯一法門，乃是念佛，遂投聖達門下，取名智真，改學淨土教達十二年之久（西元一二五二—一二六三年）。聖達是西山流祖證空的弟子。又結草庵閉門稱名三年，以有證得，出而遊行全國，廣弘念佛之義趣。隨身所帶者為本尊彌陀及其正依之淨土三部經。就其偏重而言，恰與源空、親鸞，各得其一：源空以《觀無量壽經》為中心，親鸞以《大無量壽經》為中心，智真則以《阿彌陀經》為中心。智真於文永十一年（西元一二七四年）夏，在熊野地方的神社權現宮，齋戒祈禱一百日，而感得一偈：「六字名號一遍法，十界依正一遍體；萬行離念一遍證，人中上上妙好華。」感得此一所謂神敕偈之後，自覺已悟彌陀之真意，遂又改名為一遍。

此後，即隨身攜帶勸進帳及念佛算，前後十六年間，遊行教化。其念佛勸進（開示化導）的方法，全同於良忍的融通念佛。當他示寂之時，入其念佛算中的，則云：「決定往生，六十萬人。」此乃取其神敕偈的各句第一個字而成。記入勸進帳中的人名，亦達二十五萬人以上，可見其結緣之眾。他根據經說「踴躍歡喜」之義，提倡「踴躍念佛」。又以《阿彌陀經》中的「臨命終時」之句，一遍自呼其同修道侶為「時眾」，因號其派為時宗。他的時眾在他死後，均能繼承其遺風，以度遊化生活為原則。後來有了寺院，乃呼其住持為遊行上人，以表不忘其創祖不住寺院的精神。

親鸞與淨土真宗　親鸞（西元一一七三——一二六二年）號為善信房，又稱愚禿。初為比叡山常行堂的堂僧，建仁元年二十九歲時，依源空之教專修念佛。承元元年（西元一二〇七年）朝廷宣令禁止念佛，與源空同被判處流刑，配於越後國。在那裡先後住了五年，其間沉思默察，深有感悟。鑑於平安時代，有一位沙彌空也，弘揚念佛，而他自己則因於流放期間蓄妻而成了非僧非俗，故稱愚禿。他於獲赦之後，移住於關東，以常陸為其中心，弘通念佛，凡二十年。

親鸞的代表作是《顯淨土真實教行證文類》六卷。自五十二歲起，經過不斷地修訂，到七十五歲時，始告大成。一般人以為源空與親鸞的宗教思想，都很平易淺近，實則，他們在實踐方面固然極為平易，是所謂易行道。但其宗教的體系，絕不平易，乃係經過信解行證的思想歷程而產生的。所以，如果缺乏準備的知識，要想理解親鸞的這部大作，殊不容易。

親鸞的門下很多，由他之下開出的門流，現在已有十派，主要的團體則有下野的高田門徒，下總的橫曾根門徒，常陸的鹿島門徒，以及本願寺系統。本願寺初為文永九年（西元一二七二年）營建於京都大谷之本廟，是親鸞的墳墓及影堂之所在，土地是其末女覺信尼（俗名彌女）所獻。本廟則由其門弟共同管理。留守之職仍由覺信尼的子孫相續承繼。到了親鸞的曾孫覺如，始發展而稱為本願寺。寺號的定名年代，大概是在正和及元亨之間（西元一三一二—一三二三年）。另有親鸞門弟真佛的高田派，傳至顯智而極其隆盛，以專修寺為中心。

法華信仰的獨立　在源空的專修念佛成立之後約八十年，又出了一位日蓮聖人，開創了以法華信仰為根本的日蓮宗。日蓮（西元一二二二—一二八二年）生於漁家，故其自謂：「日蓮乃日本國東夷東條安房國海邊之旃陀羅子也。」十二歲入其故鄉的清澄寺，求學內外諸典，十六歲落髮，法名蓮長。此後，即歷訪南都北嶺等地的諸宗名師，深契《法華經》之妙理。建長五年（西元一二五三年）三十二歲，歸清澄寺，同年四月二十八日之晨，登山頂，面向由海上昇起的日輪，他便高唱「南無妙法蓮華經」之經題，是為開宗的起源。他向大眾宣稱：《法華經》是一切經的眼目，是諸宗的中心。同時他攻擊他宗之論鋒極其銳利，因此不見容於故鄉，移居鎌倉，結一草廬，同時改名為日蓮。

但他傳道之心熱切，常於鎌倉市區，高唱經題，並向來往行人，男女老幼，勸導說法，鼓吹法華信仰，論難念佛之非。受其感化而皈從之者，道俗皆有，而且日益增加。正嘉元年（西元一二五七年），日本適遭大地震、大風、洪水、饑饉、時疫等災難相繼襲擊，日蓮為了探究其因，即於次年至實相寺，閱讀藏經並作冥想，結果，以為是由於專門弘通淨土及禪等諸宗的邪法而致正法不行的緣故。於是撰著《守護國家論》及《災難對治鈔》，以述其旨趣。到了文應元年（西元一二六〇年）七月，將其所作有名的《立正安國論》，獻於鎌倉幕府的前執權北條時賴。內謂若不容受法華信仰，也不停止念佛之教，則三災七難不免，外寇亦自遠來襲。對於這點，卻觸犯了執權北條長時的忌諱，所以大為憤怒，他的草廬，亦為舊有諸宗的徒眾擊破焚毀。日蓮本人，僅以身免。

受此迫害，卻更加堅強了日蓮的信心，依然猛烈地攻擊他宗，積極地倡導唱題成佛之說。於是，再度帶來了迫害！弘長元年（西元一二六一年），幕府將他流配到伊豆的伊東地方。文永元年（西元一二六四年），又遭反對派的伏擊，他的弟子之中，有幾位因此喪命，他亦負了創傷。

到了文永五年（元世祖至元五年），由於蒙古第二次遣使至日本對馬島，並擄島民二人而去，即知強敵將至，恰好為日蓮的預言所中。他便再度上書幕府，他說：非以《法華經》之功德，無以鎮護國家。並寫四句格言，分送鎌倉諸大寺，謂：「念佛者無間地獄業，禪宗天魔所為，真言亡國之惡，律宗國賊妄說。」這種激越之論，殊違乎常情，幕府不予受理，諸寺諸山則不能置之等閑。故於文永八年，即被判處斬罪，後減為流刑，遠配於佐渡。

日蓮及其門流　文永十一年，日蓮獲赦，再返鎌倉。由於波木井實長之請，隱於身延地方的山中，結草庵而居。但是慕名敬仰者，均從四方雲集而至，後來即以此處為法華信仰的中心道場，名為久遠寺。弘安五年（西元一二八二年），感病出身延山，移居武藏地方的池上宗仲所建之本門寺，開堂之日，他所講的就是《立正安國論》，但也就在這年的十月示寂了，享年六十一歲。

縱觀日蓮的一生，為自己的信仰而赴湯蹈火在所不辭，顯出宗教家特有的生命之光輝。但是這種精神之產生，除了日本的民族及地理背景為其根源之外，那就頗不可能了。日本佛教的強固性，就靠這一精神的維繫；然也因了這一精神，宗派的門戶隔閡，也就牢不可破。唯其佛教的含融性與寬容性，終能促使各宗派間，相容並存。

日蓮的門弟很多，最有名的是日昭、日朗、日興、日向、日頂、日持，此六人稱為六老僧，再加上日常與日像二人，並稱為八祖。六老僧在身延山的日蓮祖塔之旁，各建一房舍，各率自己的弟子（稱為中老），輪次守塔。但到弘安八年，當日向輪番之時，檀越波木井氏，主張廢除交替輪值制，而由日向永遠留任看守祖塔之職。日昭與日朗等人同意了，日興則以為有違祖師遺命，遂與他們絕交而去，至駿河（靜岡縣）另開大石寺。這是日蓮宗的初次分裂。

日興的門流中出有日目，主張本門與迹門的勝劣有別義，故稱勝劣派。日朗的法孫，則對勝劣之說而主張本迹一致義，故稱為一致派。

六老僧中的日持，離開本島，於永仁三年（西元一二九五年）自奧州津輕，越松前，經樺太而至韃靼地方（今之沿海洲）。因此而為日本史家認為日持是往海外弘法的第一偉人。

日蓮宗的弘布 日蓮宗在京都的開發，是從日朗開始。日蓮寂後第十三年忌日，日朗門下的九鳳之一，也是八祖之一的日像（西元一二六九—一三四二年），西上至京都，但卻經過了三度驅逐。在這三度進退之間，得到真言宗的實賢及妙實兩人的改宗，助力極大。故於元亨元年（西元一三二一年），首先得到許可在京都建立了日蓮宗的第一座寺院，稱為妙顯寺。此後，接引公家（朝廷）及武家（幕府）者，也就是此寺之力。日像後來被尊稱為龍華尊者。他的弟子妙實，於曆應四年（西元一三四一年）將妙顯寺遷至（也在京都的）四條櫛笥，故稱為四條門流。

尚有日朗的另一弟子日印，也有弟子日靜，由於他與將軍足利尊氏的俗緣關係，而獲幕府的保護，故於貞和元年（西元一三四五年），將鎌倉的本圀寺，遷至京都的六條，所以稱為六條門流。

另有一位，本係比叡山的學僧，康曆二年（西元一三八〇年），當他六十七歲時，因閱及日蓮遺著《開目抄》及《如說修行抄》等，大受感動，遂改宗而自號日什（西元一三一四—一三九二年）。往來於京都與東國之間，宣揚宗義。因他接近了將軍足利義滿，保護了當時的妙顯寺未受比叡山徒眾破毀。他在室町建有妙滿寺，在遠江、鎌倉、會津等地，亦建有寺院。他的派下稱為妙滿寺派或稱日什門流。

第三節　禪宗的輸入及其發展

早期的禪者　在奈良時代，法相宗的道昭，除了親近玄奘外，也在相州的隆化寺，謁見禪宗二祖慧可的弟子慧滿，並聽其宣講《楞伽經》等諸經。道昭返日之後，即於元興寺別建禪院，日本的禪者因之風從。

另有唐玄宗開元年間去日本的道璿，曾從玉泉神秀系下的普寂，傳受禪法，這是北宗禪，或稱為漸悟的如來禪。道璿自己也說：「我有心法，曰如來禪。」

到了平安時代，與禪最有關係者，是最澄。他在入唐之先，嘗就行表受禪法。在華期間，又向行滿重受禪要，另依禪林寺的翛然參學。根據最澄帶回去的章疏考察，最澄是傳南宗禪的旁支牛頭禪。

此後，有唐僧義空東渡，他是馬祖道一的法孫，所以日本古來均以義空為日本禪宗的初傳。北宋時來華的日僧奝然，亦曾學禪。另有比叡山的覺阿，聞南宋的禪宗盛行，便與奮然於承安元年（南宋孝宗乾道七年，西元一一七一年）來華，就杭州靈隱寺的佛海慧遠禪師，嗣法東歸。

臨濟宗的榮西　日本禪宗雖於奈良時代已經流傳，但其獨立成宗並且影響深遠者，則有待於榮西的出世。

榮西（西元一一四一—一二一五年）號明庵，十四歲落髮，學顯密兩教於比叡山，特別精通台密，而成為葉上流之創祖。仁安三年（南宋孝宗乾道四年，西元一一六八年）二十八歲，入宋求法，歷遊天台山及育王山等，於同年即攜天台章疏二十餘部東歸。文治三年（西元一一八七年）再度入宋，參訪天台山萬年寺的虛庵懷敞，傳受臨濟法脈。虛庵是黃龍派下的第七代祖的法孫。

榮西第二次來華，住了五年，於建久二年（西元一一九一年）返日，在博多建聖福寺，在鎌倉開壽福寺，在京都立建仁寺，鼓吹禪宗。但對南都北嶺的舊宗派，妨害很大，因之起而抗議。榮西遂著《興禪護國論》三卷，分述禪之由來以及國家於禪法之不可或缺。另作有《出家大綱》，以說明出家之天職為何。榮西非僅傳禪，禪則由他而盛，故被推為日本禪宗的開山祖師。他也精於醫術，尤其注意茶的養生方法，建保二年（西元一二一四年），因將軍源實朝罹病，榮西上獻所作之《喫茶養生記》，說明茶的功能，有遺困、消食、快意之效，是為日本之有「茶道」的開始。

榮西之後的諸師　榮西的弟子有榮朝、行勇、明全等。榮朝門下出圓爾辨圓（西元一二〇二—一二八〇年），辨圓於嘉禎元年（南宋理宗端平二年，西元一二三五年）來華，參徑山的無準師範而嗣其法。在宋六年，東歸後，受藤原道家之招，開創東福寺及普門寺等，而集公家及武家之皈依於其一身，奠定了鎌倉禪宗勢力的基礎。花園天皇賜其聖一國師之號，此為日本之有國師尊號之嚆矢。門下二十餘人，而以湛照為嫡嗣。

辨圓門下尚有一位無關普門，來華留學十二年，歸國後，龜山上皇捨其離宮為南禪寺，以普門為該寺初祖。

無住一圓，也是辨圓的門人，著有《沙石集》十卷、《雜談集》十卷等。

湛照門下則出虎關師鍊（西元一二七八—一三四六年），他有一部三十卷的名著《元亨釋書》，是受了中國梁、唐、宋各高僧傳的啟發，編成了一部日本的高僧傳，迄今仍為日本佛教史學史上的重鎮。

與辨圓同興禪宗的另一人是南浦紹明（西元一二三五—一三〇八年），紹明初學禪要於東渡之宋僧蘭溪道隆座下。正元元年（南宋理宗開慶元年，西元一二五九年）來華，參於虛堂智愚之門。文永四年（西元一二六七年）歸日，受後宇多上皇之召，嘉元二年（西元一三〇四年）住萬壽寺。辨圓是禪、密、戒並修兼行的人，紹明則始終是純粹的禪者。其門下有通翁鏡圓及宗峰妙超。妙超受到花園上皇的皈依，是京都大德寺的開山。妙超門下出關山慧玄及徹翁義亨，慧玄則奉花園上皇之命改其離宮為妙心寺。

中國禪師東渡　鎌倉時代，日本的禪師輩出，由中國前去的禪師亦復不少。其中以蘭溪道隆、兀庵普寧、無學祖元、大休正念、西澗子曇、一山一寧等最為有名。

蘭溪道隆（西元一二一三—一二七八年）是西蜀人，十三歲於成都大慈寺落髮，後參歷浙江諸山。南宋理宗淳祐六年（西元一二四六年）三十三歲東渡。因當時日本的舊派諸宗，逞私營利，腐敗墮落；純中國的禪家風骨，則寡欲樸質，不重寺院之宏大莊嚴，不拘泥於文字經典；主張苦修力行，不思居室之美，不貪衣食之富。這些都與源賴朝開創鎌倉幕府以來，所提倡的武士精神相吻合；又以禪寺所行《百丈清規》之嚴正，亦為重禮節尚志氣的鎌倉武士所欣悅。同時，此時掌握政權的北條時賴，亦想脫離舊都的諸宗，樹一新的宗教於鎌倉，使鎌倉成為政治及宗教的新的中心。故決採中國化的禪宗，邀道隆至鎌倉，開建長禪寺。弘安元年示寂，諡號大覺禪師，此為日本之有禪師號的創例。

普寧是受道隆之敦勸而於南宋理宗景定元年（西元一二六〇年）東渡，先至京都，後受北條時賴之請，繼道隆而住建長寺。時賴屢就普寧修禪，熱心參究，卒得普寧的印可。時賴死後，因舊派的誹謗，乃留一偈：「無心遊此國，有心復宋國；有心無心中，通天路頭活。」遂於南宋度宗咸淳元年（西元一二六五年）歸宋。

無學祖元（西元一二二六—一二八六年）是明州慶元府人，出家後參於徑山的師範之門，南宋端宗景炎元年（西元一二七六年），他在溫州的能仁寺，因元兵至，眾皆逃避，獨祖元端坐堂中，元兵白刃加頸，他仍神色自若，並說一偈：「乾坤無地卓孤笻，喜得人空法亦空；珍重大元三尺劍，電光影裡斬春風。」元兵聽後，即默然離去。元世祖至元十七年（西元一二八〇年），因北條時宗之請，東渡日本，先住建長寺，又創圓覺寺，寂於日本，諡號佛光禪師。門下出有日籍高足高峰顯日及規庵祖圓。

尚有一位奉了元成宗的使命赴日的一山一寧。他是台州人，初學顯密二教，後於天童、育王承受禪要而住於普陀山。大德三年（西元一二九九年），奉命東渡，而為日本政府疑作間諜，被北條貞時幽禁於伊豆之修禪寺，獲赦後住於建長寺、圓覺寺及京都的南禪寺。在日本二十年，備受朝野之皈敬，座下著名弟子有華籍的石梁仁恭及日籍的雪村友梅。

道元與曹洞宗　日本的禪宗，自榮西之後，共分二十四流，但總不出臨濟及曹洞兩派的分支。以上介紹的是臨濟宗，至於曹洞宗，是由道元開始。

希玄道元（西元一二〇〇—一二五三年），十三歲出家，原為榮西的法嗣明全的弟子，於南宋寧宗嘉定十六年（西元一二二三年），隨同明全來華，在明州天童山的長翁如淨座下得法。如淨是洞山第十三世法孫，道元受其涅槃妙心，承傳了曹洞的法統。在宋四年，東歸後，先在洛南，傳其禪風，又在越前國開創永平寺。道元持律謹嚴，並遵如淨之訓：「不可親近國王大臣。」當時的執權北條時賴，慕其道風，而招至鎌倉，叩示禪法，一時間臣屬及庶民之爭相皈依者風從。時賴雖待之以優渥，仍堅不受其久留鎌倉之請，而於半年之後，返回越前的永平寺。此與榮西的不抗權貴之接納者，適足兩相對照，後世即以此為樹立兩家不同的宗風。道元著有《正法眼藏》九十五卷、《永平廣錄》十卷、《永平清規》二卷、《學道用心集》一卷。門下以孤雲懷奘最為有名。

道元門下的孤雲懷奘，初在比叡山出家，後改師事道元，協助道元司理山務寺制。道元寂後，即著手道元著作之校集。他的門下出有義介、寂圓、義演、義準等人。義介開創大乘寺，其門又出寒巖義尹、瑩山紹瑾等人。

第四節　鎌倉時代的佛教文化

鎌倉幕府與佛教　南宋中葉以後，宋日交通日增，來往僧侶極眾。鎌倉幕府對於宋之佛教文化，抱有隆高的敬意。將軍及執權，多與宋僧或禪師交接。例如：第三代將軍源實朝，於西元一二一六年，竟有親自來華的計畫。因他於某夜夢入宋之某寺，見一長老陞座說法。夢醒問此寺名於僧，答以：「此京都能仁寺也。」「此長老為誰？」答曰：「此寺之開山，南山宣律師也。聖者難測，生死無隔，可隨處現，律師現再誕，即日本國實朝大將是也。」「此侍者為誰？」答謂：「侍者亦再誕，即日本國鎌倉雪下之供僧良真僧都也。」事後，實朝又問良真，良真亦以此夢作答。實朝遂信他是南山律師的後身，故欲親謁靈蹟而有造船入宋之企圖。終由於所造的船大而其出港太淺，不能出海而罷。

執權北條時賴之信禪僧，初只為政治上之利用，當其接近之後，漸次而熱心皈依，終成為禪法之修持者。後來讓職於北條長時，他竟就道隆落髮，在最明寺專修禪法，並得普寧之印可。當他臨終，安坐繩床，述遺偈而逝，已儼然一高僧的風範了。

及至執權北條時宗，對禪宗的信仰益隆，日人讚時宗為武士之典型，而其修養乃得力於禪宗。他自幼即受禪宗的熏陶，大休正念讚之為：「幼慕西來直指之宗，早悟即心即佛之旨。」他曾先後參學於道隆、祖元座下，並有深厚的禪功，養成果斷而鎮定之精神。當元軍大舉攻日，守衛困難之際，時宗竟能沉著應付，從容不迫，以息國難。此尤得力於祖元禪師之勉勵：「一句一偈，一字一畫，悉化為神兵，如帝釋天與阿修羅戰。我軍得神佛庇護，降伏魔軍，生靈皆安。」元軍卒因遇暴風破船，偃兵而退。

禪宗與武士道　日本武士的教義，實係神道精神、儒家思想、禪宗骨格之三流合糅。試看其要求武士的條件，是忠孝、武勇、慈悲、禮讓、勤儉樸質、重名分、尚節操、一生死。其中的慈悲、勤儉樸質、一生死，便是禪宗的影響。

慈悲之旨，乃佛教的基本思想，故不論。且看《百丈清規》的一日不作一日不食，即為勤儉；不立文字，直指心源，是為樸質。祖元曾說：「若能空一念，一切皆無惱，一切皆無怖，猶如著重甲，入諸魔賊陣。魔賊雖眾多，不被魔賊害。拈臂魔賊中，魔賊皆降伏。」這是不畏死亡，無懼外界惡勢力的侵擾。道元也說：「生一時也，死亦一時也，亦如春而夏也，夏而秋也，秋而冬也。」但是也不要忘了祖元曾對元兵說的：「珍重大元三尺劍，電光影裡斬春風。」這就是生死如一、視死如生的精神之表露。

鎌倉時代，武士道精神之成熟，以及禪宗之特盛，乃係互為因果。所以，武士道並不壞。後來明治維新以後，以武士道的基礎，成長為軍國主義，欲遂其兼併大陸而奴役我中華民族的目的，實非武士教義的本質了。

中日交通與佛教　自唐末五代以來，中日僧侶之往來，可資介紹的實在很多。在此僅能述其大略。

五代時的吳越王，保護佛教最力，因此杭州西湖一帶，佛教獨興，所以此後日僧來華，亦多以拜謁此處的名山為目的。此時日僧來華之可記者不多，較著名的有寬建及日延二人。寬建客死中國，日延則攜吳越王錢弘俶之寶篋印塔東歸。當時中國文化中衰，經籍亦多散佚，吳越王曾託商客向日本以黃金五百兩，求《天台論疏》的寫本。隨同寬建來華的澄覺，亦在後唐明宗長興年間（西元九三〇——九三三年），在洛陽長安等處講《唯識論》及《彌勒上生經》等；另一同來的寬輔，也傳瑜伽大教。日本佛教反哺我國，日人則開始自誇其文化已優於中國了。

我國北宋時代，日本由於外戚藤原氏掌政，對外力主閉關主義，來往交通不多。自南宋起，日本政權由外戚轉入武家平清盛之手，嗣後即獎勵海外貿易，中日交通日臻頻繁。

北宋時代來華日僧以奝然、寂照、成尋、仲回等最有名。奝然於太平興國八年（西元九八三年）與弟子成算等四人入宋，留三年，歷訪天台、五台及洛陽龍門等佛蹟，並晉謁宋太宗。歸國時所得的最大禮品，是攜去了中國最早的開寶版初印本《大藏經》。

寂照於宋真宗咸平六年（西元一〇〇三年）來華，在華三十餘年，客死於宋。成尋於宋神宗熙寧五年（西元一〇七二年）偕弟子賴緣等七人來華，晉見神宗，命祈雨，奇驗。在宋九年，寂於此土。

仲回入宋，是奉了朝廷之命，以送達國書的身分而來，但卻由於日本對宋，持平等態度而未被中國接受。

到了南宋時期，日僧之來華者，先後達一百餘人之多，乃極一時之盛。例如前面介紹的榮西、覺阿、俊芿、道元、辨圓等，均係此期入宋的人物。

有宋以前，日僧攜去經典，雖已不少；北宋以後，由於中國刻經事業的隆盛，有宋一代，日僧攜去者，竟有三種版本的《大藏經》。一是奝然請歸的蜀本，亦稱官本；二是福州東禪寺本；三是福州開元寺本。二、三兩種，均稱閩本或私本，分由重源（西元一一六七年入宋，住一年）及淨業（西元一二一四年或一二三三年入宋，住八或十四年）攜返日本。

新宗派的新風氣 到了鎌倉時代，日本佛教，有了三大中心區：奈良的六宗，京都的天台及真言兩宗，鎌倉的禪宗。大體上說，新舊兩京的佛教，與皇室信仰密切，鎌倉為武家的幕府所在地，故與幕府信仰密切。淨土的真宗及法華的日蓮，雖始於鎌倉時代，盛行則要到南北朝時代之後，唯其再加上禪宗，則為此期的三個新宗。淨土真宗及日蓮宗，是日本的特產，可謂日本自己的佛教，正像禪宗是中國文化的佛教產物。

所謂新宗派的新風氣，由於念佛的民眾化，遂使貴族佛教推展成為民眾的信仰；由於街頭傳道，乃至勸人隨處念佛及唱經題的結果，佛教的中心，遂由寺院開放，而普及於全民的日常生活之中。

由於新宗的源空、親鸞、一遍、日蓮等主張婦女同樣可得信仰的救濟，遂一反從來重男輕女，乃至凡為靈山聖境，都列為女人的禁地的思想；道元對輕視女性，亦評為「此唯誑惑世間至愚之人」。

第五章　南北朝及室町時代的佛教

第一節　禪宗的隆盛

時代大勢與臨濟宗　當鎌倉幕府末期，後醍醐天皇欲收回政權，下召諸將，勤王討幕。此日本史上，稱為建武中興。結果，鎌倉幕府滅亡，卻又有足利尊氏，叛離天皇，在京都另立光明院，天皇無已而南遷至吉野。這個南北朝的局面，直到足利尊氏的第三代義滿之時，才歸統一，恢復了幕府體制，稱為室町時代。幕府末年，群雄割據，便成了戰國時代。佛教在此期間的初頭，新興於前代的各宗派，都有長足的發展。禪宗因朝廷及將軍家的皈仰，尤為隆盛，其地位恰如平安朝的天台及真言兩宗。

南北朝時代，臨濟宗師有兩大重鎮，那就是夢窗國師及大燈國師。

夢窗國師（西元一二七五—一三五一年）號疎石，十八歲出家，依東大寺凝然受戒，遊歷諸方，學顯密二教。參訪建仁寺的無隱及建長寺的一寧，萬壽寺的顯日佛國禪師傳其心印。深得後醍醐天皇的敬仰，曾數度招入禁中說法。後醍醐天皇崩後，又得將軍足利尊氏及足利直義兩兄弟之皈仰，並且受足利尊氏之請，建天龍寺以追薦後醍醐天皇之冥福。他的國師號，即為後醍醐天皇所賜。其門下英才極多，嗣法者即有五十人以上，中以春屋妙葩、義堂周信、絕海中津等，最為出色。

大燈國師（西元一二八二——一三三七年）號妙超，字宗峰，二十歲依佛國禪師出家，又入大應國師紹明之會下，參三年大悟而嗣其法。宗峰的禪風以峻嚴著稱，受花園及後醍醐兩天皇之皈依。當後醍醐天皇南遷吉野之後，宗峰即成為南朝的國師，而與北朝之師夢窗國師齊名。嗣法弟子之優秀者，為徹翁義亨及關山慧玄。

徹翁義亨，繼住宗峰所創的京都大德寺為第二代，第三代法孫則為一休宗純。關山慧玄，奉花園上皇之命，將其離宮改為妙心寺，成為妙心寺第一代祖。此後的臨濟宗，即以妙心寺為主要中心而發展延伸，至其第六代法孫雪江宗深之門，便分出四派，此後遂為日本禪宗的最大主力。

五山十剎　臨濟宗各系法嗣相承，以京都及鎌倉為中心而極其繁榮。到將軍足利義滿時代（西元一三六八——一三九四年為其稟政期間），仿效中國制度而建五山十剎制。以京都的天龍寺、相國寺、建仁寺、東福寺、萬壽寺，加上鎌倉的建長寺、圓覺寺、壽福寺、淨智寺、淨妙寺，兩個五山，合為十剎，受朝廷及幕府的崇敬而列為官寺。但又以京都的南禪寺置於五山的地位之上。

此一制度，為我國宋代仿效印度五精舍十塔而起。據余又蓀的《宋元中日關係史》說：「南宋寧宗時，仿印度五精舍十塔之故事，於江南之禪寺中，亦定其等級，有所謂禪院五山。其後又定十剎，次於五山之下。」據王輯五的《中國日本交通史》說：「按宋代之五山，為徑山萬壽禪寺、靈隱山景德靈隱禪寺、天童山景德禪寺、淨慈山報恩光孝禪寺、育王山廣利禪寺，此均於日僧有密切關係。」又說：「日僧圓爾辨圓、神山榮尊，入宋時曾參詣師範。歸日本僧之兀庵普寧、無學祖元，亦徑山師範之弟子。……至若距宋都臨安較近之靈隱、淨慈二山，日僧掛錫或參謁於此者，亦在在有之也。」因而「此等入宋禪僧歸國後，亦傳宋之五山十剎制於日本」。

不過，中國的五山十剎之名，是固定的，日本的五山十剎，則因時代而有改變。在京都及鎌倉的兩個五山之外，同時兩地各又加上十剎，合計成了三十個寺院的總稱。（參考橋川正的《概說日本佛教史》第二十一章）

曹洞宗　大致上說，臨濟宗的發展，與京都及鎌倉的公家、武家有關；相對地，於地方的大名及農民間的傳播，則為曹洞宗。

武士共分七階，由上而下的次第是：將軍（一位）、大名、旗本、御家人、陪臣、鄉士、浪人等七階。以武士（武家）為中心的封建制度，又分有好多階級的類別，例如（武）士、農、工、商，例如公家（朝廷）、武家、僧侶、神官、穢多（屠戶）、非人（乞丐）。有一段時期，武家又有執權。朝廷受制於將軍，將軍受制於執權，是三頭政治，而以執權為政權的掌握者。

曹洞宗的道元禪師，雖受朝野各階層的敬崇，因其服膺如淨對他嘗說「不親近王臣」的師訓，所以獨對下層社會的教化努力。道元之門出孤雲懷奘，懷奘之下出徹通義介。義介被推尊為洞門太祖，其下出了瑩山紹瑾及寒巖義尹兩大禪師，曹洞宗因而大盛。

瑩山紹瑾（西元一二六八—一三二五年），先學於懷奘座下，後得義介之心印，創建城滿寺。又承襲義介而繼主大乘寺，再開永光寺，晚年則創總持寺。門下得法者有七人，中於明峰素哲、無涯智洪、峨山紹碩、壺庵至簡，稱為四哲。其後由明峰而開十二門派，峨山則有二十五哲，曹洞宗的門風乃為之大張。峨山二十五哲之中，尤其以太源、通幻、無端、大徹、實峰為最有名，而其通幻的門流特別繁榮，成為室町末葉曹洞宗的主流。

太源門下有梅山聞本、了堂真覺，其法系由東海及北陸而波及山陽等地。通幻之下出有了庵慧明、石屋真梁等十哲，其法系自東國、北陸，而及於九州，接近各地方的大名，又建立根基於農民之間。曹洞宗以北陸為中心，而向北至於奧州，向西到達九州。這與臨濟宗之以京都及鎌倉的五山十剎為根基地者，適巧成為對比。

第二節　日蓮宗與淨土宗的發展

日像及其門下　日蓮之下的日朗之門，出有日像、日輪、日印、日善、日傳、日範、日澄、日行、朗慶，號稱朗門九鳳，而以日像最著。初期日蓮宗，僅在東國及北國活動，到了日像，始向關西地方傳播。

日像七歲依日朗出家。日蓮入寂時，他僅十四歲，侍於病榻之際，受日蓮之遺囑，當向京都布教。二十六歲，辭別日朗，巡拜祖蹟，而入京都，於四月二十八日在宮城東門，登東山，面對旭日，高唱《法華經》經題，以為本宗在京都開教之發起，同時紀念日蓮逝世的十三週年忌日。

日像在京都布教，招致舊有諸宗的反感而加以迫害，十五年間，先後三回，世稱為龍華之三黜三赦。龍華是日像所創的妙顯寺，亦號龍華院，此為日蓮宗在京洛發展之濫觴。由於日像的精神感召，真言宗大覺寺的妙實，亦率其弟子，皈投日像門下。妙顯寺之建立，實係得力於妙實。日像臨終，亦將後事託付妙實。

妙實繼為妙顯寺的第二祖，門下出朗源。朗源出日霽、日實。日霽遷妙顯寺至四條櫛笥，改名妙本寺。日實開妙覺寺。日霽門下的另有弟子日實，開立本寺，日隆建本能寺及本興寺，月明繼主妙本寺。月明之下出日具，日具之門出日真而開本隆寺。目前則以本能寺為本門法華宗的本山，本隆寺為本妙法華宗（即八品派）的本山。

當時與妙實並稱，也在京都流布日蓮宗的，尚有一位日印的弟子日靜，他於北朝貞和元年（西元一三四五年），應足利尊氏之請而入京都，後創本圀寺於鎌倉。

日朝、日祝、日親　在身延山守奉日蓮祖堂的第十一世為日朝，他於出家之後，嘗遊學於南都北嶺，通貫諸宗而回歸日蓮。繼任期間，全力振興祖山，再建堂塔伽藍，整頓山中清規，世呼為日蓮再來，又稱為身延之中興。著有《祖書五大部見聞記》十七卷、《元祖化導記》二卷、《法華草案鈔》十卷、《一代五時記》十八卷等。

日祝與日朝同時，是中山第六世日薩的弟子，於京都開頂妙寺，晚年住頂源寺。

日祝同時的尚有日親（西元一四〇七—一四八八年），這是日蓮之後又一位態度激越而功績輝煌的大師。他十四歲出家，二十一歲入京都，因將軍足利義教頗有信仰法華之意向，日親遂效日蓮的《立正安國論》而造《立正治國論》一卷，獻於義教，並且一而再、再而三地勸說義教。終以其態度偏激，攻擊他宗過盛，引起義教之怒，捕下獄中。獄吏屢施水火之刑，終不能動其初衷，乃至將鐺（刀鞘之尾）燒紅如火，加其頂上為冠，因被號為鐺冠上人。坐獄計五百零三日，嘉吉元年（西元一四四一年），蒙赦出獄後，行化於北陸的山陽及九州一帶，席不暇暖，建立寺院達三十六座。

日蓮宗發展的結果，門派也紛紛出現。總名為「勝劣派」及「一致派」。勝劣派下分出顯本法華宗、本門法華宗、法華宗、本妙法華宗、日蓮正宗、本門宗，共計六派；因其日蓮正宗和本門宗，乃係同出於叫作日興的一位派祖，故又將此二派合一，而總稱為勝劣五派。一致派下分出日蓮宗（單稱）、不受不施派、不受不施講門派，這是名為一致三派。

天文法華之亂　由於人才輩出，日蓮宗的勢力日漸高漲，至室町之末，僅在京都一地，即有二十一寺，且其態度激進，致引起了與其他諸宗的爭鬥。

最初是由於教義宗名的爭辯，例如：永正年間（西元一五〇四——一五〇六年），山門（比叡山）的圓信，著《破日蓮義》，日憲出而與之筆戰，日澄也著《日出台隱記》。結果對方便訴之以武力，天文元年（西元一五三二年）攻燒山科之本願寺。天文五年，又將日蓮宗在京都的二十一寺，全部燒毀。並將日蓮宗徒逐出都外。日蓮宗在京都的勢力，一時竟陷於絕跡的狀態。此在日本佛教史上，稱為天文法華之亂。到了天文十一年，又許日蓮宗徒返歸京都。天文十五年，便恢復了十五個寺。這是日蓮宗徒在論爭的措詞方面太過激烈的結果，故在此後，再也不敢輕率破他，所以與山門之間，也能和平無事了。

淨土宗的分派　淨土宗自以然阿良忠為基礎，開出了鎮西流的六派，稱為京都三流及關東三流。

京都三流，即是：1.三條的悟真寺，了惠道光成立三條流。2.一條的清淨華院，禮阿然空開創一條流。3.宇治木幡的尊勝寺，慈心良空開出木幡流。

關東三流，即是：1.唱阿性真的藤田流。2.尊觀良辨的名越流。3.寂慧良曉的白旗流。

在此鎮西六流之中，以名越及白旗兩流最盛。

名越流，自尊觀，經明心、妙觀，而到聖觀、十聲，傳播於奧羽地方。十聲創磐城的專稱寺，此寺後為奧州一方之本山。聖觀門下的良榮，在下野大澤山開創圓通寺，成為大澤流之祖。名越流即以此二寺為本所，繁榮綿延以迄於今。

白旗流，是以武藏之白旗地方建一十樂寺而得名。自寂慧良曉，經定惠良譽、蓮勝，至了實成阿而出了譽聖冏。聖冏（西元一三四一—一四二〇年）九歲出家，自二十四歲遊學四方，探究諸宗，博學多聞，著述甚豐。內作革新之議，外則破斥異流，大張白旗流之教權。又定宗戒兩脈相傳之儀，即是傳其本宗法脈，亦傳律制的戒脈。其名著有《選擇傳弘決疑抄直牒》十卷，《釋淨土二藏頌義》三十卷，《破邪顯正義》、《觀心要決集》各一卷等。

了譽的弟子，酉譽聖聰（西元一三六六—一四四〇年），九歲出家，先學密教。二十歲會見了譽聖冏之後，始棄密教而入淨土，敷揚師說，力弘宗義，並開增上寺於武藏之貝塚（東京市）。

再說與鎮西流相對的另一派西山流。自證空上人之下，又分出了東山、嵯峨、深草、西谷等四流。東山及嵯峨兩派，法統傳承不久即告中絕，深草及西谷兩派，後世頗為繁榮。

深草派，是以洛南深草之真宗院的地名而得名，以圓空隆信而發展出來。此派宗義之大成者，則為圓空門下的顯意。顯意之下又出道意及壽覺。道意開創圓福寺，壽覺住於誓願寺。此後即以此二寺為本派的中心道場，而迄於今。

西谷派，是以法興淨音創光明寺於洛西之西谷而得名。法興之下出觀性及觀智。觀性繼承光明寺，觀智則住洛東之禪林寺。此後即以此兩寺為西谷派的發展中心。西谷派的中興人物，則為明秀（西元一四〇四——一四八七年），這是淨土教中最富於哲學思想的一人，但其宗義則平易近人，頗能迎合民眾的教化。

淨土真宗的分派　此期的真宗，除了本願寺，分有四大派：下野之高田派，京都的佛光寺派，近江國野洲郡木部的錦織寺派，越前的左道派。

高田派以高田之如來堂為其發展之中心，後改稱為專修寺。由真佛，經顯智及專空，而奠定此派的基礎。再歷定專、空佛、順證、定順、定顯。定顯之子真慧為第十世，遂將專修寺的寺基移到伊勢的一身田地方，而將此派的弘通，擴展於京畿、北陸等地，故被稱為高田派的中興之祖。真慧之下，門徒又分裂為二派：一擁應真，一擁真智，互爭為高田派的正統。真智即至越前另起專修寺，以之對抗伊勢的專修寺。經過百五十年的嫡庶派系之爭，最後復歸統一，仍以伊勢的專修寺為中心。

佛光寺派，由空性房了源立基。

錦織寺派，由慈空立其基礎。

另有高田派下，進入越前的一支，由如道而唱真宗的左道，排斥本願寺的覺如為邪義。此一系統後來出有四派：出雲寺派、誠照寺派、山元派、三門徒派。

本願寺與蓮如　對以上四派而言，京都大谷的本願寺派乃是獨立的，這是留守親鸞影堂，也即是由親鸞女兒覺信尼的子孫所傳的一派。由其曾孫覺如而將影堂命名為本願寺。但此派曾有一度沒落，直到蓮如（西元一四一五－一四九九年）出世，方見中興。營建本願寺於吉崎之山上，房舍達一、二百軒，並將教勢自北陸推展至奧州境內。從他所寫許多的「御文」之中，可以看出蓮如教化的重點，是在地方的民間。他的宗義平易簡明，深受民眾歡迎。

可是，越前專修寺的門徒，與本願寺門徒之間，也發生了軋轢。越前一派聯合了豐原寺、平泉寺及加賀的白山寺，因為蓮如成立第二山門而加壓力，卒因加賀地方的守護富樫政親，黨於真慧派的越前專修寺門徒，文明七年（西元一四七五年），率眾來襲吉崎的本願寺，蓮如因此退去。

文明九年，由於近江地方的門徒之請，又在山科地方建立本願寺。前後費時五年，完成莊嚴宏偉的伽藍，視之猶如佛國呈現，較之昔日的本願寺，規模大異。蓮如全力恢弘真宗之祖業，結果名實相應而感召了佛光寺的經豪，以及錦織寺的勝慧，豪攝寺的善鎮，先後皆來皈從蓮如。至此，真宗各派，又復合為本願寺及專修寺的兩大主流。

一向一揆　所謂一揆，是土匪、流寇、強盜的意思。這在室町時代，是政府最感頭痛的問題，前代有僧兵之禍，此期有一揆之亂。此在真宗門徒稱為一向一揆，以其一心一向彌陀如來的宗義而得名。在日蓮宗門徒，則稱為法華一揆。這純粹是因群雄割據，各霸一方的諸藩之間，彼此虎視，相吞相併。所以各皆利用宗教的宗派集團之間的矛盾，起而煽動宗派集團的武裝鬥爭，期藉宗派勢力的延伸，發展各自政治勢力的範圍。

文明七年，蓮如因吉崎的本願寺受專修寺門徒襲擊而離去，本願寺門徒遂對付政親，專修寺門徒皆助政親，於長享二年（西元一四八八年）六月，開戰於高尾城。結果本願寺門徒大勝，並挾勝利餘威，長驅直入，而致越中、能登、越前等北國地方，頓形大亂。

此後，又在尾張三河地方，專修寺門徒協助德川家康，本願寺門徒即於永祿六年（西元一五六三年），結集大軍對抗家康，結果是以媾和終局。

室町末葉，大名織田信長，志在平定全國而成統一之局，故自尾張地方，起兵西上，並預選大阪石山之景勝地方，為其雄圖之策源地。故於元龜元年（西元一五七〇年），商請本願寺將石山的寺基遷移轉讓，但遭拒絕，因而激怒信長，舉兵進擊本願寺。本願寺飛檄全國門徒告急，門徒結集，死守石山，信長大敗，僅以身免。

元龜二年，信長捲土重來，攻擊長島之門徒，又敗。第二年再攻，第三年三攻，結果也以媾和收場。但卻陰謀設伏於城外，門徒出城，皆遭屠殺，長島的一揆，即因而絕跡。

天正三年（西元一五七五年），信長轉向越前，進入加賀，又將越加一揆漸次平定。自長享二年以來，一向一揆之亂，至此已近百年了。本願寺門徒與織田信長開戰，亦達十一年之久，始於天正八年，雙方成立媾和盟約。

時宗及融通念佛宗　時宗在一遍之後，分出五派：二世他阿的遊行派、淨阿的四條派、聖戒的六條派，作阿的市屋派、心阿的奧谷派。在二祖他阿門下，又分出三派：內阿的當麻派、解阿的解意派、王阿的御影堂派。到了第八世國阿之下，又開出靈山及國阿兩派。再加上由一向所開的一向派及天童派，共計十二派。但其各派宗義無甚出入，現在他們也不再自唱派名。本來是法水一味，同一源頭。今以蓮華寺、金蓮寺、無量光寺、正法寺，為其大本山。

此期間的融通念佛宗，由於良尊的出現（西元一二七九—一三四九年），一度中興。他對河內大念佛寺的復興，使得一度中衰的本宗，又在東國地方弘通起來。

第三節　吉野室町時代的佛教文化

寺院與經濟制度　在鎌倉時代新成立的禪宗、淨土宗、日蓮宗，均與上下各階層，普遍地發生密切關係，對於國民生活的接觸，非常深刻，所以在經濟方面的集散，也以寺院為中心了。那就是各地的寺院或神社，推行一種叫作「賴母子」的經濟制度，又稱為無盡錢。這是推行於中國唐代佛教，特別是與三階教有關的無盡藏法，由留學僧輸入日本的。是儲蓄生息或類於保險儲金的一種地方金融事業，故為地方帶來了經濟的安定與繁榮。

再說寺院本身的經濟。賴母子本係寺院之間的互助會，後來發展成為各地方服務的組織。可是寺院方面，仍有特殊的經濟制度，他們除了信眾隨時的布施及寺領的不動產為其收入之外，尚有一山共濟的制度，即在一山之內的共濟共榮。此可以妙心寺及長福寺的辦法為代表。尚有對外營業的方法，基於福田思想的原則，寺院兼營藥劑及藥材的販賣；又基於布施屋的延伸，寺院兼營了旅舍業務，稱為宿院。稍後寺院與旅舍雖分離，仍為寺院的業務之一。另與旅舍有關的，寺院經營浴室，稱為寺湯。

寺院與教育 僧侶為了教育其弟子及鄉里的兒童，而施行的教育，自奈良時代之前，業已有了。後來由於官設的教育衰微，到鎌倉時代以後，寺院即成了學問的中心，僧侶負起了民眾教育的責任，此被稱為寺學問。

寺學問的主要科目，是和漢兩種文字的學習，以及和漢書籍的讀誦和閱覽。除了知識的傳授，尤其重視精神生活的熏陶。當時所用的教科書，例如：《伊呂波歌》（いろはうた以四十七個假名集成的一句涅槃經偈）、《實語教》、《童子教》、《庭訓往來》，皆出於僧侶之手，故含有相當程度的佛教思想。

像這樣的所謂寺學問，非常普遍，但亦似有高低等級之分。

根據古拉斯的《日本西教史》以及蒙達農斯的《日本記》所載，當時在京都附近有高野、根來、比叡山等五個自由學校，各有學生三千五百名。所授課目有修辭學、歷史編纂學、天文學、詩、算術等，這是西洋人的記載。

不過，在下野國足利地方，當時有一所足利學校，那是當代最完備的教育機構，由將軍足利義兼創辦，在其盛時，有學徒三千，目的是在教育足利氏一族的子弟，但也收受海內各地的優秀學生。該校的校主由僧侶擔任，教師亦多是僧侶身分。當時的京都，由於五山文學是以詩文為主，對經學之研究，不甚重視。足利學校則受中國宋學新註（朱熹之學）的影響，重視經書之講授，特別對於《周易》之研究，成了該校的專長。

五山文學　所謂五山文學，是由五山十剎的禪僧發達起來的文學風格。因為五山禪僧，均直接或間接地與中國有很深的淵源，故此五山文學，實即中國文學在日本的發揚。包括詩、文、語錄、傳記、塔銘以及像贊等。

一般均以一山一寧為五山文學之祖，然以日僧而言，應推一寧的日籍弟子雪村友梅為其初祖。友梅於十八歲時，德治二年（西元一三〇七年）入元，遊歷江南名剎，結交當地名士。旋因當時元日交惡而疑友梅是間諜，本擬處斬，臨刑，友梅即誦出無學祖元的名偈，刑官聞之，感服不已，後聞於朝廷乃被赦。他在中國凡二十三年，故對中國文學有深厚的修養。友梅肇其始，後夢窗疎石，乃集其大成。

日本的漢文學，可分三期：初為平安朝貴族所作的中國文學，次為本期的五山文學，三為江戶幕府時代日本儒者所作的中國文學。但以五山文學為最優秀，毫無「和臭」意味。

五山文學的作品，其著名者有：東福寺虎關師鍊的《濟北集》、建仁寺雪村友梅的《岷峨集》、中巖圓月的《東海一漚集》、天龍寺絕海中津的《蕉堅稿》、南禪寺義堂周信的《空華集》。此外，別源圓旨的《南遊東歸集》、天岸慧廣的《東歸集》、愚中周及的《丱餘集》，也很有名。

正由於漢文學的發達，也就漸次注重到中國的儒學，所謂宋學的朱子學風，也由禪僧自中國傳入了日本。此固為江戶時代的儒學之盛，開了風氣，對於佛教的本身則未必有利。禪宗本以不立文字為原則，後因語錄的記載而有禪宗特有的文體。

日本禪僧終致於貪著文學而轉向儒學，其結果，竟有僧侶返俗而成了儒者，此乃五山文學極盛以後的影響。

元日交通的影響　日本與元朝既以警戒的態度設防備戰，卻也不禁日人赴海外通商，其目的在獲取貿易之利。同時，元朝既對日本兩次出師均敗於暴風，便改懷柔政策，寬大待遇日商，因此，日商來元者，趨之若鶩。

此類商船，最早是為天龍寺的籌建經費而核准的。當時足利尊氏反叛後醍醐天皇而使其南遷吉野，但在後醍醐天皇崩後，足利尊氏及其弟足利直義，為了安慰其靈，以除生前所結之怨，乃決定在京都之嵯峨造天龍寺，以薦冥福。由於經費無著，遂用通商抽稅的辦法來解決，故名為天龍寺船。以後凡來中國的日船，元朝均以天龍寺船呼之。

既有商船往來，中日兩國的僧侶，亦多有交流。入元的日僧，人數不可勝計，據木宮泰彥的統計，有名可考者達一百五十三人，唯多平庸之輩，較有貢獻的則有可庵圓慧、龍山德見、雪村友梅、孤峰覺明、祖繼大智、古先印元等人。

至於元僧之東渡而有史可考者，計十二人，例如：一山一寧、西澗子曇、石梁仁恭、東里弘會、東明惠日、靈山道隱、清拙正澄、明極楚俊、竺仙梵僊、東陵永璵等。他們各人對日本文化，均有深長的貢獻。最最傑出者，首推清拙正澄。他是杭州淨慈寺愚極智慧的法嗣，住上海之南的松江真淨寺。入元日僧，慕道來參者極眾，因而盛名騰於日本的禪林，執權北條高時遣專使招聘，於元晉宗泰定三年（西元一三二六年）赴日。因他長於詩文，對五山文學之發達，貢獻良多。他又將《百丈清規》傳於日本，使日本的叢林，有規矩可循。又因與多數武士接觸，對武士的精神生活之影響亦甚大。尤其是武士也採《百丈清規》的長處，盡入於武家的禮法之中，小笠原貞宗，乃日本武家禮法的鼻祖，他卻是正澄的弟子。

一山一寧居日本二十年，對日本的文學、書法、繪畫，有莫大的影響。日本的入元僧侶，除了攜返經卷典籍之外，也帶去了釋迦、觀音、文殊、普賢、十王、羅漢、達摩、布袋和尚、寒山、拾得等像，以及山水、人物、動物、花卉等宋元名畫。此於日本書畫史上，促成了雄偉的書風與淡雅的墨繪。

第六章　江戶時代的佛教

第一節　江戶幕府的佛教政策

織田信長與佛教　戰國之末，織田信長起而舉兵，統一封建諸大名的割據局面，可惜禦下太嚴，卒致在往京都途中的本能寺，為部將明智光秀所弒，統一之業，功敗垂成。繼其遺志而統一日本的，乃是他的部將豐臣秀吉，先破明智光秀於山城之山崎，復與德川家康議和，又降西方九州之島津氏，再滅東方之北條氏，而致群雄皆服，統一大業，終於告成。

再說織田信長，在他經略統一大業的過程中，受到佛教「一揆」的阻撓，所以，凡是與他為敵的寺院，均受到重創破壞，例如：自元龜元年（西元一五七〇年）到天正八年（西元一五八〇年）對於石山本願寺的攻略，元龜二年對比叡山的焚燒，加上天文年間的法華之亂，一時間真宗及日蓮宗的教勢，在京內外大為低落。正由於佛教徒被捲入政治紛爭的漩渦，信長即採對基督教保護鼓勵的政策，一則藉以攝受西洋新文化，一則用以牽制佛教。

豐臣秀吉與佛教　秀吉平定全國，為了紀念功業，大興土木，營建伽藍，鑄造大佛。此係實行兵農分離政策，解除民間武器，收歸公有，用以鑄造大佛而彰太平盛業。方廣寺大佛殿之地基，南北五十五間（以曲尺六尺為一間），東西三十七間，高一間半。大佛像純以銅鑄，堂高二十丈，像高十六丈。大佛殿後毀於地震，又毀於雷火，秀吉死後，到了其子秀賴手上，再修完成，銅佛像高達六丈三尺。也正因為建大殿鑄大佛，以及修整其他許多佛寺，秀賴所費不貲，此乃出於家康的陰謀獻計，用以擾亂秀賴的財政。且其竣工之期，因鐘銘刻有「國家安康」四字，以致德川家康藉故說秀賴不避家康之諱，大興問罪之師，結果招致豐臣氏的滅亡。

秀吉對於佛教政策，先來沒收寺領不動產，又以寄進（布施）的名目，發還其一部分，因此他就掌握了寺院的經濟命脈，剝奪寺院在中世時代的威力，同時又對比叡山、高野山、本願寺、興福寺等的復興，予以援助。總之，他對佛教是採取控制而懷柔的政策。

秀吉之世，立顯如的季子光昭為本願寺的第十二世，德川家康則立顯如的長子壽光為法嗣，另於烏丸七條地方，建東本願寺。從此，本願寺即分立為東西兩流。

德川幕府的法度與門跡　德川家康於豐臣秀吉歿後，即在慶長五年（西元一六〇〇年）建立江戶幕府（今之東京），此後二百六十餘年，即為德川幕府的江戶時代。

在織田信長及豐臣秀吉之時，日本的寺院勢力，已經大為下降；不如中世（從奈良、鎌倉至室町時代）的寺院，在軍事、經濟方面，竟與公家、武家，鼎足而立。至德川氏的政權成立，對佛教乃站在保護與干涉的折衷地位，既寄進（布施）諸大寺的寺領財產，又將佛教納之於他的封建政權的體系之中。

對於佛教制約，是用法度（法令）來制定各宗派寺院的本末關係。慶長十三年（西元一六〇八年）首先頒發比叡山的法度七條，其後陸續頒布了淨土宗諸法度，以及淨土西山派、真言宗、五山十剎、大德寺、永平寺、總持寺等諸法度。這些法度，大抵是嚴格規定寺格的區別，僧階、職制、座次、住職的資格，紫衣等袈裟及特殊上人之號的敕許，授戒法脈的限制，出家的規定，末寺對本寺之命令的遵守，說法的限制，募化財物的取締，寺社建立的限制，邪教流行的禁止等項。其中特別以寺院本末制度的確定，收效最大，此一制度在鎌倉末期，僅是法系上的本末關係，江戶時代則是法令上的隸屬規定，末寺必須服從本寺的命令及支配。各派宗內的事件，因此減少，諸宗之間若起爭執，則受幕府的干涉，並且強制執行其裁斷。

另有與法度有關的，就是對於公家佛教的規定，即是與皇室或朝廷有密切關係的寺院，所謂門跡、院家、院室等，歷來已久。德川幕府同樣剝奪了他們的實力，僅給予空位及空權。元和元年（西元一六一五年）頒發的公家諸法度之中，對於親王門跡（法親王主持的）寺院及攝家門跡（攝關家出身所主持的）寺院內，座位的決定，僧官的任敘，紫衣寺的住職，上人號的敕許，都做了明切的規定，一掃向來以俗家權力而做影響的弊風。通稱江戶時代的門跡寺院，計有二十五所：天台宗的輪王寺、妙法院、聖護院、照高院、青蓮院、圓融院、曼殊院、毘沙門堂、圓滿院、實相院，真言宗的仁和寺、大覺寺、勸修寺、三寶院、隨心院、蓮華光院，淨土宗的知恩院，法相宗的大乘院、一乘院。以上均為親王門跡或攝家門跡。另有真宗的准門跡六所：東本願寺、西本願寺、興正寺、佛光寺、專修寺、錦織寺。

基督教政策與檀家制度　織田信長保護基督教以牽制佛教，豐臣秀吉則以基督教冒瀆神社佛閣，且窺之有領土的野心，故於天正十五年（西元一五八七年）下令禁止，但仍歡迎與西洋貿易。基督教傳入日本，是在西元一五四九年，係耶穌會教士沙勿略，由日人安治郎自馬來亞的麻六甲引導而至。等到德川家康於關原戰役（西元一六〇〇年）之後，專以貿易為本，吸引外資及技術支援，對基督教遂取默許態度。基督教得此復活機會，迅即遍及全國，至慶長十年（西元一六〇五年），信者激增至七十萬人。傳教師為布教的便利起見，乃設學校以養成傳道之助手，並設醫院、孤兒院、癲疾收容所，以吸收一般的信徒。可是，基督徒的思想行為，動輒違抗君父之命，此與封建政治及倫常觀念，格不相融；且以英國及荷蘭因商業競爭而說西班牙在日本有領土野心，家康遂下令禁止基督教。為了禁教而引起了寬永十四年（西元一六三七年）的基督徒島原之亂，幕府深感基督教之弊害，便開始了所謂鎖國政策。

如何根絕基督教的潛移默行而防止其死灰復燃？幕府便利用佛教的基礎，建立所謂寺檀制度，以徹底肅清基督教的餘勢。

寺檀制度，是將全國每一個國民均納入佛教的組織，不論你加入哪一宗派，均算合法。最初是為基督徒之轉入佛教者，須取得寺院之證明文件，叫作寺請證文，證明他確已脫離基督教而改信佛教。後來則使全民皆得歸屬於佛教的寺院，人人皆擇一宗之一寺而自為檀越，稱為檀家信徒，並負維持寺院費用及其住職生活的責任。更進一步，僧侶具有戶籍公證之特權，檀家信徒若遇結婚、生產、死亡，乃至移址、旅行、蓄奴婢等事，均得與所屬寺院聯繫勘錄而取得證明，以證明其身分。

由於寺檀制度的建立及法度的限制，寺院及僧侶生活有了固定的保障，但也失去了活潑進展的朝氣。

存應、崇傳、天海　德川家康的晚年，他所親近的僧侶，即是存應、崇傳、天海三人。

源譽存應（西元一五四三—一六二〇年），是增上寺的第十二代，天正十八年（西元一五九〇年）應家康之召，去關東，屢談法義，極為優遇，並為家康及其子秀忠，授圓戒宗要。

崇傳（西元一五六九—一六三三年）於慶長十年住南禪寺金地院，寺院法度的制定，他頗參預其事。因為家康初以寺院司理外交任務，三要元佶、西笑承兌擔任此職之後，即由崇傳繼之，使其得展長才於政治工作之中，故深受家康之敬重。

天海，他的壽命很長，有說長達一百三十三歲，最低之說為一百零八歲，寂於寬永二十年（西元一六四三年），早歲登比叡山學天台，深入閫奧而旁達諸宗。天正十六年之後，歷住武藏的喜多院及下野的宗光寺。後為家康賞識，重修喜多院而稱為東叡山喜多院，又被任命為修建日光山的領管。元和二年家康薨，擇日光山建東照宮以為靈厝，天海則稱受家康遺命，主張用神道及佛法「兩部習合」來祭祀家康之靈。大祭之日，即以天海為導師，並據天海的意見，為家康追奉東照大權現之神號。日本刊行的第一部《大藏經》，稱為天海版或寬永版，即是由天海得到幕府的支持，而於寬永十四年開刻，經十二年而完成，計六千三百二十三卷。

第二節 隱元東渡與黃檗宗

唐船與唐寺 日本的政教風物，受唐代文化的影響極深，所以凡稱中國，不論是在唐朝以前或唐朝以後，乃至到了明清之後，一律名之為唐。故此所謂唐船，不是唐朝的船，而是江戶時代從中國去的商船。

江戶時代，日本對外關鎖，但對中國的商船進口，則採限制政策。當時的唐船，大多停泊日本南國的長崎港口，根據長崎實際的記載：唐船「不分四季，以小舟載價值銀五、六貫，或十四、五貫之貨物，數艘俱來，做交互貿易，間有自願逗留，娶妻生子而安居於此者」。但是唐船進口，均受檢查，貞享四年（西元一六八七年）竟發現天主教的中文書籍走私進口者三十八種。此因康熙皇帝當時眷顧天主教，在中國的華南一帶頗為盛行，殊不知日本鎖國的目的，即為禁教，此乃唐船自找麻煩。

由於留住長崎的中國人多了起來，他們是外僑，不能適用寺檀制度，可是中國人也信佛教，這些來自南京、漳州、福州的華人，為了實際需要，便建立了屬於自己的寺院，這就稱為唐寺。當時在長崎有三大唐寺：江浙幫的興福寺、福州幫的崇福寺、漳州和泉州幫的福濟寺。這三座唐寺，迄今仍留於長崎市內，不過現在是由日僧主管，當年則是由中國請去的禪僧住持。隱元隆琦，即是由興福寺出名聘去的一位中國禪師。

隱元開創黃檗宗　隆琦禪師生於明神宗萬曆二十年（西元一五九二年），六十三歲東渡，八十二歲清聖祖康熙十二年（西元一六七三年），圓寂於日本。隆琦是福州林氏子，九歲入學，十歲即輟，而業耕樵。十六歲時，一天夜晚臥於松下，仰觀天河運轉，星月流輝，心竊異之，以為此非仙佛難明，遂啟慕佛之念。二十三歲，至普陀山，禮觀音，並投潮音洞主，為茶頭，日供萬眾，不以為苦。二十九歲，登黃檗山，正式落髮，天啟四年（西元一六二四年），參密雲圓悟，受心印。

崇禎六年（西元一六三三年），費隱通容主黃檗山，舉隆琦為西堂；十年，補黃檗法席，大振禪風，復興古道，住山七載而退。十七年，主福巖寺，弘光元年（西元一六四五年），主常樂之龍泉寺，次年再返黃檗。清世祖順治十一年（西元一六五四年），率門弟二十餘人東渡。

隱元隆琦本為中國臨濟宗的法統，但他生活於明末清初之間，稍晚於蓮池大師雲棲袾宏，故其頗受蓮池所倡「禪淨合一」思想的影響，與古來的臨濟宗風已有不同。他到日本之時，亦不能與早期傳去日本的臨濟宗相合。但他的宗風，卻極受日本諸禪僧的歡迎而競相參謁，轟動一時，尤其是妙心寺的龍溪、禿翁、竺印，先請他到妙心寺，又轉住普門寺。

此後，隱元頗有西歸之意，事為龍溪得悉，力加挽留，並且伴同至江戶，於萬治元年（西元一六五八年），謁見將軍家綱，受到幕府之信賴。次年返京都，由於龍溪的斡旋奔走，家綱以山城宇治之土地見賜，做為寺基，寬文元年（西元一六六一年）竣工，仍以他在中國所住的黃檗山萬福寺為其寺號，並遵幕府之命，祝國開堂。自此，黃檗宗即與原有的臨濟、曹洞並稱，而成為日本禪宗的第三大派。寬文五年，幕府布施寺領四百石，免除稅役。隱元則於寬文四年，功成身退，讓席於木庵性瑫（西元一六二一—一六八四年）。性瑫續建堂宇，確定一山之清規，是以黃檗宗風益加振拔。

隱元門下之嗣法者二十三人，其中除龍溪、獨照性圓、獨本性源三人是日人之外，均為中國人。龍溪德學並秀，蒙後水尾天皇之信任，賜號大宗正統禪師，但他熱心於萬福寺黃檗宗的開創行動，頗受妙心寺一派的非難，故於寬文九年，乾脆脫離妙心寺而成為隱元的法嗣。

黃檗禪僧　隱元門下，木庵性瑫與即非如一，稱為黃檗宗的二甘露門，尤以木庵為著。木庵繼主萬福寺法席之後，開三戒壇，為廣大的信徒授戒。又下江戶，見家綱，受寺領及金二萬兩的布施，以實萬福寺的經常費及增建費。又由木庵門下的鐵牛及潮音等之東下，在江戶開瑞聖寺；隨後，黃檗禪風因此而播於關東地方。

木庵門下的鐵牛、慧極、潮音，稱為三傑。

鐵牛道機（西元一六二八—一七〇〇年），以自牧子自號，繼席瑞聖寺。延寶六年（西元一六七八年）巡化下總地方，經營椿沼之開荒事業，拓出新田（年產量）八萬石，晚年住於洛西的淨住寺。慧極道明繼鐵牛而主席瑞聖寺。潮音道海乃是神道及儒術兼學的人物，他在上野館林地方，開創廣濟寺。

另有兩位重要人物，一是鐵眼道光，一是了翁道覺，均於日本文化有重大貢獻。

鐵眼道光（西元一六三〇—一六八二年），本是淨土真宗的人，後皈依隱元，又親近木庵，道譽極隆。天和元年（西元一六八一年）完成了《大藏經》六千七百七十一卷的刊行，此對天海版《大藏經》而言，有普及版的性質，稱為鐵眼版。但他最足感人的事蹟，是於天和二年的大饑饉時，對貧民救濟的工作，貢獻良多，時人因之呼為救世大士，他也就是在那年示寂。

了翁道覺（西元一六三〇—一七〇七年），是隱元高足弟子高泉性潡的法嗣。寬文五年，他在江戶不忍池畔，開藥鋪，自甘清苦，所得利潤，悉數移作社會救濟，養育江戶市中的棄兒十多人。天和元年，長崎大饑饉，以及天和三年的江戶饑荒，他都做了賑恤救濟的工作，元祿七年（西元一六九四年），又在萬福寺之前，創建天真院。

黃檗山萬福寺的法席，木庵之後，經慧琳、獨湛、高泉等，均為中國人，直到第十三世竺庵淨印辭職之後，始由日僧龍統元棟於元文四年（西元一七三九年）繼其法統，他是慧極的法嗣。但至延享元年（西元一七四四年）龍統又舉清僧大鵬正鯤自代。可是自從二十一世大成照漢之後，因清僧絕跡而由日僧住持，以迄於今。

第二次大戰結束時，有意交還中國僧人，竟因聯絡不上而罷！

第三節　諸宗的活動

學問的獎勵與檀林　在寺院法度的規定中，獎勵學問乃其重要的精神之一。僧侶之入山及出化，有其一定的修學年數和學業的程度。家康曾以「學問料」或「碩學料」之名（料是經費之意），頒發各寺院，以獎勵學問。於是，各宗紛紛興辦所謂檀林、學寮、學林等的教育機構，教育其宗徒，研究其宗學。

此在鎌倉末期，淨土諸宗及日蓮宗的宗學研究，稱為談議所，簡稱談所。繼此而興者，便是江戶時代的檀林。較早興起的檀林是在天文法華之亂稍後，永祿年間（西元一五五八——一五七〇年），由日蓮宗的日珖、日諦、日詮等，成立了「三光無師會」；到了天正（西元一五七三——一五九二年）之初，日生在京都松崎及下總飯高兩地，正式開創了檀林。江戶初期，就一致派而言，有關東八檀林及京都六檀林；勝劣派則有七檀林。

再說江戶時代的學寮，最先出現的是：長谷寺、智積院、增上寺、寬永寺及本願寺。元祿八年（西元一六九五年），本願寺改建於東中筋，便改學寮之名為學林。大谷派的學寮則始於寬文五年（西元一六六五年）。曹洞宗也在元祿五年開創學寮。

檀林或學寮的組織，亦有可言者，一宗的最高職位稱為學頭，以下則有化生、能化、講師等職稱，學員們被稱為所化。大體來說，江戶地方以學寮為盛，京都地方以檀林為盛。所化的學員，多數是寄宿的，故在檀林或學寮之內，包括講堂及寮舍的兩部。當初的所化人數，各處均為五、六十名上下，以後漸次增加，到了寶曆及明和（西元一七五一——一七六四——一七七二年）之頃，增上寺的所化人數達二百至二百五十人之間。真宗本願寺派的學林，在明和及安永（西元一七七二——一七八一年）之際，即超過了一千人；至江戶幕末的安政年間（西元一八五四——一八六〇年），竟超過了一千六百人。至於大谷派，在天保九年（西元一八三八年），就已有了一千八百四十七名所化。

檀林的課程方面，以日蓮宗來說，先修《四教儀》、《集解》、《觀心》，此為法華三小部，共六年；《法華玄義》、《法華文句》、《摩訶止觀》，此為法華三大部。《法華玄義》，又分新、中、古的三級，共四年；《法華文句》及《摩訶止觀》的修學年數則無限制。再說淨土宗的科目，共分名目、頌義、選擇、小玄義、大玄義、文句、禮讚、論、無部等九種，無部不限年數，其他八部則為每三年修一部。依照各人所修的年數，決定其僧職及僧階的資格。例如：真宗派是照各人所修科目及年數而區分為新隸、下座、中座、耆年、上座、臘滿等的階次，求學十六夏以上者，稱為臘滿。

由於學事興隆，各宗的學者也紛紛出現。

日蓮宗學者　日蓮宗是諸宗之中學問興隆最早的一宗，此期間，以日重、日乾、日遠最得令名，稱為日蓮宗的中興之祖。由於宗學興隆的結果，在宗義及宗風上，又開出了新的學派，那便是對於原來的受不施派，由日奧及日講二師唱出了不受不施派。

日奧（西元一五六五——一六三〇年），住於妙覺寺，當豐臣秀吉慶祝京都大佛殿落成之時，設千僧齋，日奧即唱不受不施，而拒絕參加，因慨日蓮宗門之墮落，遂隱於丹波。後於慶長五年（西元一六〇〇年）受德川家康之命，與大阪城妙顯寺的日紹對論，仍堅持己說，故被流於對馬島。嗣後雖獲赦，但此宗義即與基督教同樣地受幕府禁止，直到明治年間，始公開承認它的派名，而以日奧為其開祖。

日講（西元一六二六——一六九八年）修學其宗學於妙覺寺，深信日奧的不受不施義，並且起而倡導。於寬文六年（西元一六六六年）撰著《守正護國章》，獻於幕府，強調不受不施的宗義，因而獲罪，流於日向（宮崎縣），七十三歲時，即寂於該地。後被推為不受不施講門派之創祖。

天台宗學者　此一時期，天台宗出有妙立及靈空等諸師。

妙立寂於元祿三年（西元一六九〇年），五十四歲。他本為禪僧，後歸天台，但他承受中國的四明知禮及靈峰蕅益的思想，根據《四分律》而反對天台宗學以圓、密、禪三宗一致的宗風；反對比叡山由來所傳的大乘戒。因得輪王寺的宮辨法親王的皈依，故於元祿六年，在比叡山建立安樂院，專弘妙立的律學，稱為安樂律院，由其弟子靈空住持。

靈空（西元一六五二——一七三九年）是一位博學多聞而又持律堅固的名德，繼承師說，全力宣揚，著作有六十餘部二百卷。他除了安樂院又另於寬永寺建淨名院，在日光建興雲院，三山鼎立而盛弘其宗義。因以安樂院為其中心，故稱其所弘之律為「安樂律」。但此安樂派之成立，是由靈空的弟子玄門，於寬保三年（西元一七四三年）始制定其一派之條規。

此後，出有寬永寺淨名院的惠澄（西元一七七九——一八六二年），終生講學不倦，大振四明學風。

與靈空同時的義瑞，則遙承最澄傳教大師的學風，而與靈空作宗義之諍，稱為寺門派。此後，又有敬光、敬長、敬彥，次第出現而倡復古之論，敬彥痛論安樂派之出於山家而又反對最澄，乃是不忠不孝。

真言宗學者 在家康時代的慶長六年（西元一六〇一年），曾將高野的真言宗，分為學侶及行人的兩派，制定一山兩頭，其後兩派互爭權勢，訴之於幕府，幕府則出而一掃其紛爭，以服從命令為準。當時真言宗在教義方面，又分為新義派及古義派。

新義派有智山的運敞，豐山的亮汰。運敞（西元一六一四——一六九三年）的著述達二百餘部，藏書極多，稱為運敞藏。被人敬稱為近代師，亮汰（西元一六二一——一六八〇年）著有《理趣經深密祕鈔》三卷等數十部。

古義派自慶長年間的西明寺明忍，自誓受戒之後，再興興正菩薩所倡的真言律，大張戒學的講筵。後來於元祿年間出有一位淨嚴，開創江戶的靈雲寺，慕明忍遺範而自誓受戒，繼續弘律。淨嚴之後，即有慈雲（西元一七一七——一八〇四年）

出現，盛弘戒律，德化及四方，幕府以高貴寺為其弘律之本山。他將他所弘的戒律，稱為「正法律」，因其主張，大小威儀，百般規範，悉應遵照佛制，正法律之名稱，即出於原始的律藏。

臨濟與曹洞學者　臨濟宗在此期間，有五位人才可足介紹，第一位就是受家康信任的崇傳，他對江戶幕府基礎之建立，參與帷幄，頗著功績。諸宗諸寺的法度，多半係出其手。寬永十年示寂，生年六十五歲。

其次，大德寺的澤庵（西元一五七三—一六四五年），受到三代將軍家光之皈依，創東海寺於東京市的品川區，大振宗風。妙心寺的愚堂（西元一五七九—一六六一年），在江戶（東京市）開龍翔寺，盛弘所宗。愚堂第三代法孫白隱鵠林（西元一六八五—一七六八年），嗣道鏡慧端之法，先住松蔭寺，繼開龍澤寺，晚年再住松蔭寺；一生之中，巡遊各地，誘化道俗，並著《假名法語》，闡揚臨濟禪風。門下有東嶺、峨山、遂翁等人，今日自成一流，名為鵠林派。

與白隱同時者，尚有古月禪材（西元一六六七—一七五一年），他的法系傳至今日，稱為古月派。

尚有美濃盛德寺的師蠻，於元祿十五年（西元一七〇二年）著成一部七十五卷的《本朝高僧傳》，蒐集日本各宗高僧一千六百六十餘人的傳記，乃係彼國最大部帙的僧傳書。

再說曹洞宗，此期間以永平、總持兩寺為一宗之本山，統一宗務，隆盛宗學。元祿年間，出有月舟及卍山二師，先由月舟復興古風，繼而卍山承其宏業，著有《宗統復古志》二卷、《廣錄》四十八卷。二師之後，又有天桂、指月、面山諸人輩出，講釋祖書及曹洞之宗學，因此奠定基礎。宗門學徒，多能兼學內外典籍，大開講肆。

延寶五年（西元一六七七年），又有清僧心越興儔，應水戶光圀之招聘而到日本，住祇園寺，盛名振於一時。

淨土宗學者　德川氏世代信奉淨土宗而為檀越，所以淨土宗因得江戶幕府之厚護，大揚宗風。增上寺受家康之皈依，大建伽藍，並訂檀林制度，振興宗學。除以此為中心的關東檀林之外，另有十八檀林，每一檀林，無不學徒雲集，那就是江戶檀林五所，田舍檀林十三所。因此，淨土宗的人才很多。

京都知恩院的滿譽，受二代將軍秀忠之皈依，又得後陽成天皇的信任，使皇子良純法親王成為知恩院的法嗣。

祐天愚心，受將軍綱吉及其夫人桂昌院之皈仰，並陞為大僧正。袋中欲來中國未成，而至琉球開創桂林寺，後返日本，又在京都興建法林寺。寬保及寬延年間（西元一七四一——一七四八——一七五一年），出有貞極、關通、普寂、敬首、大我等諸大德。他們鑑於淨土宗風的頹弊，所以力倡改革，極重戒律，尤其是敬首，興起了念佛門中的律院制。此與天台宗的安樂律，真言宗的正法律，在時代精神上有相通的要求。因受宋儒朱熹及陽明學派指責佛教無助於倫理實踐，故以振興戒律來挽救危機。

真宗學者　真宗分作西本願寺派及大谷的東本願寺派。西本願寺派在此時期，先有准如、良如、寂如等好學的宗主。學林之能化，則有知空、若霖、義教、功存、智洞等人，次第出現，其中以知空及若霖門下的法霖，最為優秀；確立其宗學之體系者，特別是法霖的貢獻最大。法霖門下出僧樸，僧樸之門則有僧鎔、慧雲、崇廓、仰誓等人。至第十七世宗主法如之際，宗門多事，學林派的學者與非學林派的學者之間，發生了「三業惑亂」的紛爭，所以智暹著《真宗本尊義》攻擊法霖之說為始，結果是由幕府仲裁處斷而平息。

東本願寺派，首於正德五年（西元一七一五年），設置學頭及講師，由西福寺的惠空擔任，其後經慧然、慧琳，於寶曆四年（西元一七五四年）將學寮移至高倉，增建學舍，擴大規模。再經慧敞、深勵、宣明、大含、德龍等的歷任講師，人數愈來愈多。

但在江戶時代，雖受幕府的獎勵興學，在思想方面卻也受到幕府的控制，凡有新異之見，即遭幕府的取締，並且加之以刑獄。

佛教的黑暗面 江戶時代的日本，文化中心漸次由京都及大阪而移至江戶，同時儒學及國學勃興的結果，幕府極受影響，儒生漸次抬頭得勢，對佛教則頗不利。

在佛教方面，江戶時代雖然人才輩出，對於社會教育、文化、慈善，也做得很多。可是，僧人生活有了固定的保障，一般缺乏活潑的進取精神，思想沉滯，形成為「讀經佛教」的狀態。同時，僧尼之破戒腐敗，亦時有暴露，尤其是真宗出現了左道派，流行祕事法門或夜中法門。

於是，社會的人士，紛紛指責僧尼為無用之物，儒學盛行的水戶藩，因而首開廢佛之端，著手摧毀佛寺，淘汰僧尼，並將佛像鎔鑄大炮，這是天保十四年（西元一八四三年）的事。

由於儒學及國學者的復古思想積極推展，除了廢佛毀釋，更倡尊王攘夷的主義。由於尊王觀念的成熟，所以江戶幕府的將軍，便把大政奉還天皇，那就是明治維新的開始；攘夷觀念的成熟，所以要恢復神道信仰而排斥佛教，那就是明治時代神佛分離政策的執行。

第七章　明治維新以後的佛教

第一節　神佛分離與廢佛運動

維新政府與佛教　江戶幕府時代，佛教被列為幕府封建制度中的一個環節，幕府面臨滅亡，反幕府的力量，也就襲擊到了佛教。佛教在幕府的管制下，雖無衣食之憂，卻也失去了對外的攝受力及批判力。明治天皇親政之後，在技術上雖積極採用西方的科學文明，在觀念上是復古的君權神道主義，站在以神道為國粹的新政權的立場，佛教乃是應當排擊的外來宗教。

為了恢復神武天皇創業的神話理想，故有平田派的神道學者矢野玄道及玉松操等，於排佛之後，倡出「神道國家」的口號，主張以祭政一致為王政復古的中心綱領，天皇是政治領袖，也是神的化身，神道成了政治的中心，復設神祇官以處理宗教事務。佛教在此情形之下，便失去了原來的地位。

神佛分離之令 自中古以來，根據「本地垂迹」的思想，佛教均以諸佛的名稱，稱呼日本的諸多神道，所以，神社與佛寺之間的關係密切。但到慶應三年（西元一八六七年）十二月，宣布王政復古，慶應四年，即是明治元年（西元一八六八年）三月，便頒神佛判然之令，其要點是：恢復任命神祇官，全國神社與佛教分家，神社中凡是穿著僧裝的神職人員，應恢復神職之服飾，同時禁用佛語稱呼的神號，禁供佛菩薩形貌的神像，禁用木魚及梵鐘等的佛具。因此，沿用了一千多年的神佛合一的信仰，即在此一命令之下廢除，神社自行獨立，脫離了佛教的支配。由於這一棄舊更新的命令，神社中的佛味固然剷除一清，同時也趁此機會，形成了廢佛毀釋的狂潮。

不論新政府的政策，是否有意摧毀佛教，但在當時的神祇官的計畫，以及平田派及本居派的神道學者的行動，確有一舉把佛教撲滅的願望。他們廢棄佛像、佛經、佛具，並且迫害不願還俗的神社僧侶，焚燒佛教的塔寺。又有薩摩、信州、松本等藩地，竟以各藩的命令，廢止了多數的佛寺，強迫僧侶還俗，又在真宗最盛行的富山藩，將一千三百二十餘所寺院合併為一寺。

這種暴烈的行動，實非國家之福，故而政府出面宣布此非明治政府的意旨，並令應該辨明禁止神佛混合，不即等於廢佛毀釋。此乃恐怕引起佛教之反抗，因為民心激昂，特別是真宗的力量，最不可忽視。事實上，廢佛的結果，還是引起了地方民眾的反動，例如明治四年，三河大濱的騷擾；五年，在信越地方的土民蜂起；六年，在越前大野、今立、坂井諸郡的暴動。這些都是真宗盛行的地方。

宣布大教與大教院　神佛分離之後，佛教終究不能消滅。但在管理方面，以往是神社附屬佛教，現在則神社屬於神祇官，佛寺則於明治三年，在民部省內，設一寺院寮，總理有關寺院及僧侶的一切事務。可是，各寺的寺領，除現前的使用地外，悉數沒官。此對真宗打擊尚輕，對天台及真言諸名剎的影響極大。明治四年，廢止民部省，社寺一時均由大藏省掌理，實則仍是將佛教合併於神道範圍。

佛教雖不能消滅，但是佛教思想對於明治新政的觀念，卻不能相容；明治恢復神政，以獨一至尊的神格自居，此與平等的佛教牴觸。同時受了毀釋排佛的輿論影響，認為佛教在倫理實踐方面，不及朱熹、王陽明學派的儒家思想；在經濟建設方面，不及西洋科學文明，反為坐享其成的無業遊民；在政治目的方面，不及神道精神的愛國強國，因係外國之教。所以，在明治五年四月，解除僧侶食肉帶髮娶妻的官制；同年九月，又令僧侶使用俗姓。將佛教僧侶俗化之後，便利用他們宣傳神政的思想。那就是先於明治三年正月，下達「宣布大教」詔，唯以神道思想為其宣傳的課題，並計畫編纂大教宣布之教典，結果因故未編成。

但是，明治四年七月廢藩置縣之後，各地政情不安，且為對治新來的耶教起見，故到明治五年四月，動員神官及僧侶，任命為教導職，教導人民，安定民心，有三條「教則」，其內容如下：

（一）當體敬神愛國之旨。

（二）當明辨天理人道。

（三）當奉戴皇上，遵守朝旨。

教導職也分階級，自權訓導而至大教正，共有十四等。同時由於佛教各宗的聯合請願，著教部省於增上寺設置大教院，此外，於各府縣開設中教院一所，大小神社及各宗寺院，又設小教院而置於中教院的管轄之下。大教院及中教院所供的，則為天中主神、高皇靈神、神皇靈神、天照大神。這本來是佛教徒藉此政府利用佛教的機會，以訓練教導職之養成為名義，使佛教挽回業已失去的地位。但是這樣一來，神官與僧侶，共同在一起唱讚神的祝詞，行神道的儀式。這種怪異的狀態，神佛兩教，都感到不滿意。

佛教再度獨立　在神道政治以及科學建設的新時代的浪濤襲擊之下，佛教之中的出家宗派，均已無以自保，在家的新佛教，卻發揮了強大的潛力。暴力反抗的，是真宗的表現，做文明之抗議的，初也是真宗的努力；啟發新佛教運動的，還是以真宗的學者為主。直到今日，日本仍以真宗及日蓮宗的實力最強大。二次大戰之後，復原得最快的是真宗；向美國推展最盛的，依然是真宗；因為它不是關在山門之內的佛教，它是大力在民間普遍而深入活動的佛教，所以它能擔任新時代中的重要角色。

正在神佛分合問題糾纏不清之際，真宗的西本願寺派，即於明治五年正月，派遣大谷光尊、梅上澤融、島地默雷、赤松連城等人，赴歐美考察。東本願寺派，也於同年十月派遣大谷光瑩、石川舜台等人，去歐洲考察。當他們歸國時，即以世界宗教之大勢，批評明治政府的宗教政策。其中以島地默雷，於明治五年十二月的旅途中，即向教部省申述，對於大教院的設施、神佛分離及三條教則，做了批判，並且建議應當確保宗教信仰之自由；明治六年歸國後，又向教部省強力地說服，神佛分離之後，神官及僧侶，應當站在各自的立場，教化國民，信教自由的權利，則必須確保。在此行動之中，尚有石川舜台、渥美契緣、大內青巒等人。

由於這番行動的先導，接著就有真宗的四派（東本願寺派、西本願寺派、高田派、木部——錦織寺派）推派代表，奔走接洽。於是，淨土宗的福田行誡、日蓮宗的新居日薩、真言宗的密道應、曹洞宗的諸嶽奕堂、臨濟宗的荻野獨園等，共商矯正僧侶弊風之大計，並且闡明佛法有益於國家，促請政府之醒覺。

因此，到了明治八年四月，停止神佛合同之說教；同年五月，解散大教院，並許於三條教則之外，可以宣說佛教各宗的教義。十年，便將教部省廢止，另於內務省設置社寺局。十七年八月，又廢止教導職，同時宣布神佛二教的各宗派，委任管長之制；也就是明令承認，政教分離，各宗獨立，這是吸取西洋近代文明，保障人民信仰自由的精神而得的結果。二十二年，頒布憲法，即以第二十八條，對信仰自由的觀念，賦予法律的規定。

第二節　新佛教的開展

新舊交替間的佛教人才

明治維新初期，佛教處於危如累卵的狀態下，挽回這一空前危機之狂瀾的有力人物，有淨土宗的福田行誡，真宗本願寺派的大谷光尊、島地默雷、大洲鐵然、赤松連城、原口針水、北畠道龍，大谷派的大谷光勝、石川舜台、渥美契緣、南條神興，日蓮宗的新居日薩，真言宗的釋雲照，天台宗的奧田貫昭、赤松光映，臨濟宗的荻野獨園、由利滴水、今北洪川、橋本峨山，曹洞宗的諸嶽奕堂、久我環溪、原坦山等人。這些人物，既是舊佛教的最後遺珍，也是新佛教的先驅英雄。他們既要對明治政府抗議、申辯，尤其要對皇政的絕對遵守與擁戴，同時要對再度隨海禁開放而湧入日本的基督教義，做抵制的活動。

另一方面，在明治二十七、八年（光緒二十、二十一年）時，與中國發生中日甲午戰爭，日本揚起帝國主義及軍國主義的高潮，佛教為求自存，表現了愛國的精神，成了帝國主義的支持者。即使到了第二次世界大戰期間，佛教仍為野心的軍人，用作對外侵略的工具，利用佛教徒的情感，高唱「大東亞共榮圈」的口號；因為東亞民族，大多是佛教的信仰者，所以日本佛教徒的對外活動，也極頻繁。但此乃係佛教徒的護法運動，是方法而非目的。

護法運動的三個方針　無可諱言，明治初期的廢佛毀釋，固由於政府政策的不當，但也有出於佛教本身自招的因素，所以護法的第一個方針，就是僧侶的自清自覺運動，一改以往無能墮落的弊風，積極展開教學，養成可用的人才，各宗設置教育機構，登用優秀的人才。同時，也一掃以往宗派之間自我尊大的思想，覓取各宗之間協調與合作的途徑，故有「諸宗同德會盟」、「諸宗總黌」等聯合機構的應運產生，以期互相切磋琢磨，護持佛法之不墮。

其次，為了爭取政府的同情與重視，即以強調佛教的護國思想，為一大護法的方針。針對排佛的思想，闡明佛教傳入日本千餘年來，曾受列聖的尊信，對於民心的陶養，以及文化的發達，足徵佛教對於國家，有益無害。

為了適應新輸入的歐美文化，在江戶幕府，即有富永仲基主張將佛教當作合理的研究。為了抵禦基督教的迅速發展，又以闢邪顯正為護法的方針之一。特別是東西本願寺，各派遣本宗的英俊，至長崎、橫濱，研究基督教，努力於破邪學及護法學的鑽研。

新的學術研究　隨著政府新教育制度的確立，各佛教宗派，也確立了普通及專門的教育機關。為了接受西洋新的治學方法，在島地默雷等考察歐美歸國之後，即由真宗本願寺派，派出北畠道龍，大谷派派出南條文雄等，赴歐洲遊學。南條文雄於明治九年六月，與笠原研壽，同赴英國留學，文雄在英期間，依德國的大宗教學家馬克斯・穆勒博士（Dr. Max Müller，西元一八二三——一九〇〇年），學習梵文，至明治十七年五月歸國。明治十四年二月赴歐遊學的北畠道龍，也在十七年一月返日。他們回國之時，道經印度，深入內地，做了佛教聖跡的實地考察。

由於新方法的輸入，故在明治二十年前後，自由研究佛法的新風氣，便在日本普遍地展開，他們如飢如渴地吸收外來的新的東西，正像古代之對中國隋唐文化的渴慕一樣。因此，對於佛教原典的研究方面，出了南條文雄、笠原研壽、荻原雲來、高楠順次郎等梵文學者，又有河口慧海、寺本婉雅、青木文教等西藏文學者，以及高楠順次郎、長井真琴等巴利文學者；對於佛教歷史的研究方面，出了村上專精、境野黃洋等學者；對西洋哲學與佛教的比較研究方面，出了井上圓了、清澤滿之、居士大內青巒等學者。這種新的學術風氣，延續到大正年間，成果更加輝煌，除了上列的學者，尚有織田得能、常盤大定、姉崎正治、木村泰賢、望月信亨等人，都是望重一時的權威學者。甚至我中國新佛教的運動，也是受了日本的鼓勵，當楊仁山居士以使臣身分留英期間，遇到南條文雄，允助仁山居士將中國佚失的佛典由日本供給；結果，仁山居士成立了南京的金陵刻經處，又創辦了祇洹精舍，開了佛教新教育的先河，後來的太虛大師及歐陽竟無居士，都是出身於祇洹精舍。

人才輩出，端賴於教育之養成，故於大正年間（西元一九一二——一九二五年），佛教各宗的專科大學，也紛紛出現，例如：真宗本願寺派的龍谷大學，真宗大谷派的大谷大學，日蓮宗的立正大學，真言宗的高野山大學，曹洞宗的駒澤大學，淨土、天台及真言宗的豐山派，聯合創辦了大正大學。

新的研究方法一出現，對佛學的態度，便一反以往的含糊籠統而稱為圓融無礙的觀念。從明治後半期開始，即利用語言學的知識，站在歷史的角度，研究佛教思想的發展過程。因此而有大乘佛說非佛說論及佛教統一論的出現；而有原始佛教、小乘佛教、大乘佛教的分期研究。例如：清澤滿之對於《阿含》的研究，直探原始佛教的世尊本懷。這種方法學自歐美，日本學者所得的成績，如今卻早已超過了歐美。

古典刊行與信仰運動　他們一方面發展新佛教的思想，一方面又做舊佛教的整理與刊行。明治十三年（西元一八八〇年）印刷了《一切經》，又所謂《縮刷大藏經》。此後，又有《卍字大藏經》及《續藏經》的刊行。自大正至昭和之間，集合許多人才，校勘各種版本的藏經，加註並附梵文名詞，出版了一部《大正新脩大藏經》。此外，尚有陸續出版的《大日本佛教全書》、《日本大藏經》，各宗的全書、叢書，諸祖師先德的全集等等。昭和以來（西元一九二六—？年），又完成了《國譯一切經》(日文),以及直接由巴利文翻譯成日文的《南傳大藏經》的刊行。另有鷲尾順敬的《日本佛家人名辭書》,龍谷大學的《佛教大辭彙》,織田得能的《佛教大辭典》,望月信亨的《佛教大辭典》,宇井伯壽的《印度哲學研究》,辻善之助的《日本佛教史》,大東出版社的《佛書解說大辭典》,法藏館的《西域文化研究》和《近代佛教講座》,鈴木學術財團的《梵和大辭典》等,都是大部頭的文獻。

除了古典的刊行和整理,在信仰方面,也有了新的趨勢。明治三十年,清澤滿之倡出「精神主義」,標榜親鸞聖人;明治三十四年,高山樗牛倡出「日蓮主義」,標榜日蓮上人。以精神主義來醫治當前偏重物質的時代病痛;以日蓮主義來熱烈讚揚超人的自我靈性。他們兩人,均以治病之心,執筆為文,殷勤而嚴肅地宣說其主張,所以深受時人的感戴,解除了時人的苦悶。由精神主義,至明治三十五年,便發展為求道主義,到明治三十八年,又產生了無我愛的運動,至昭和時代,又引起了「懺悔生活」及「真理運動」。

到現在,日本的佛教,在西洋哲學及基督教的影響之下,完全脫離了中國佛教的型態和觀念。凡是普及於民間的教化運動者,才能有所發展,坐在山門之內修行而等著眾生來求度的，已在接受社會及現實的無情淘汰。明治之末的佛教信仰運動，操於真宗及日蓮宗之手。大正以後，民主思想抬頭，僧人獲得參政，佛教漸傾向於社會活動，例如：由創價學會於昭和三十九年（西元一九六四年）發展成為公明黨，勢力之大，已成了日本的第三大政黨。

新興教派　此乃由於東西方文化的接觸，使日本的神道及佛教，均起了反省及迎新的宗教改革運動，所以由神道教及佛教分裂出來的新興宗教，如雨後春筍般地紛紛出現。昭和二十年（西元一九四五年），即有四十四個教派團體，至昭和二十四年，不過四年期間，竟然激增至四百二十七個。即以佛教來說，根據一九五〇年出版的《宗教年鑑》統計，已從十三宗五十六派，增加到一百六十二派。

新興宗教分為大本教系統及法華信仰系統的兩大流。大本教是根據天理教及金光教的神話、信仰、教團而成立，乃受真宗及基督教的影響而來。法華信仰是由日蓮宗的再認識而產生，明治時代即有國柱會，大正時代後有靈友會，昭和時代又有妙道會、思親會、立正佼成會、創價學會等最為著名。以人數來說，立正佼成會及靈友會，均已超出百萬乃至三百萬，數年前立正佼成會以四十億日圓，建築了一座現代世界第一雄偉的佛教聖堂。創價學會則在急起直追，人數也由十萬而百萬千萬地上升之中。據一九六四年十二月三日的報章雜誌說：「今年十一月間的報導，日本九千九百萬人口中，創價學會擁有一千三百萬會員。」同時，尚在以每月增加十萬人的高速度上升之中。

這些新興宗教的共同原則，即是無不重視組織，他們以嚴密而堅強的組織力，來發展教務，吸收信徒。

佛教參政與團體活動 大正年間，民主潮流洶湧澎湃，佛教亦受其影響，往日以僧侶為「方外」的立場，至此有了改變。在大正三年（西元一九一四年），土屋詮教的〈宗制改革論〉中，即有三點主張：

（一）依據憲法第二十八條的精神，迅速完成新宗教法之制定。

（二）宗教法之制定，必須承認各宗之僧侶及教師，得與一般國民有同等之參政權。

（三）確認各宗派寺院為私法人，並予保護監督。

於是，在大正四年，佛教界的各宗管長，在西本願寺成立了佛教連合會，同時於大會中決議了參政問題與宗教行政之確立的兩大提案。到了大正十二年，以佛教連合會與護國團兩個組織，在東京增上寺共同召開了「僧侶參政權問題佛教大會」，向政府請願，而使此一運動達於高潮。

這一運動在當時雖未獲致結果，但在教內，卻掀起了好多次佛教徒大會，特別是各宗派的大法會。例如：大正十年，延曆寺的傳教大師圓寂千百年紀念大會；法隆寺等的聖德太子逝世千三百年紀念大會，日蓮宗的宗祖誕生七百年紀念大會；大正十二年，真宗各本山的開宗七百年紀念大會，以這些大法會的舉行，來提高並回顧各宗宗祖的信仰與思想，同時也在希望藉此活動的聲勢，以促成僧侶參政權獲得的早日實現。

明治以後，日本佛教固然在國內求生存謀發展，同時也像西洋的耶教一樣，把目標投向國外的開發，明治九年（清朝光緒二年，西元一八七六年），東本願寺即創別院於我國的上海，同時也在琉球傳教。明治十年以後，又向朝鮮傳教。甲午中日戰爭之後，臺灣即有了日本佛教的傳布。明治三十七年（清光緒三十年，西元一九〇四年），日俄戰爭之後，滿洲與樺太，也有了日本的佛教。同時真宗的西本願寺派，更向夏威夷及美國等地展開傳教活動，而且成績輝煌。第二次世界大戰期中，真宗在美國的各項設施，雖因戰敗而受重創，但其復甚速。今日在南北美洲的佛教活動，即以日本的真宗為主力，他們初期是對日本的僑民布教，現在已能純熟地運用美洲當地的語文及適合當地需要的方法，向美洲人傳播佛教。除了基本的思想精神是佛教的，看來他們已是基督教化的佛教。但也唯有深入社會，適應環境，才能吸收到近代的人來皈信佛教。

第三節　二次大戰以後的佛教

一般的光景　第二次世界大戰在佛元二四八九年（西元一九四五年），因日本投降而結束。

日本既是戰敗國，國內一切設施，均凋敝不堪，佛教在日本，當然也遭受到同樣的命運。

尤其是由於美軍占領日本的政策，希望使日本變成美式化，對於宗教，則鼓勵基督教的傳播而給予多方面的便利。特別由於日本國民物資的缺乏，基督教的救濟品，便使貧窮的日本人，在昭和二十四年（西元一九四九年）三月，京都府下竟有一千五百人集體受洗，成了基督教徒。

同樣地，在美國的日本佛教之教會，也運送大批的物資來救濟日本本土的佛教徒，特別是淨土真宗，在這方面得到的成效最為顯著。其他宗派，亦求向外獨立開展，對於南美、北美的傳教工作，日本則有好多位有修養的學者及高僧前往。其中尤其是鈴木大拙在歐美的活躍，以及他優美的英文著作，而使禪學成為風靡世界的宗教顯學。

但是，由於戰火的破壞，在都市的寺院，如淨土與日蓮各宗，頗受重創。戰後土地政策的解放分配，又使淨土真宗以外的各宗，受到經濟的破產。因此，佛教的前途黯淡無光。

可是宗派受到破產之際，戰後即有新興的自由佛教的活動代之而起，或者開創單獨建立寺院的新風氣，或者編纂日譯的佛教聖典，建立在家的新佛教會，他們出入於政界，例如：花山信勝、田島隆純、加賀尾秀忍。也有從事於監獄的佛教教誨師的工作。這為戰後的日本佛教，露出了希望的曙光。

至於各原來的宗派，也受了這種自由佛教徒的刺激，漸漸地要求有一個轉變步調的佛教運動了。

由於寺院經濟的困窘，寺院的住持們不得不去以做公教人員為副業，來維持生計，但這對於佛教教化的工作卻大受影響。另有許多寺院，則利用多餘的房舍，設辦保育園及幼稚園，戰後人口激增，故此也是供應社會實際的需要，全國各宗所辦的已有二、三千所。

現在，日本傳統的佛教，正受著新興佛教的攻勢，以《法華經》為中心思想的新佛教，其組織力之堅強，傳道精神之熱烈，信徒的數字，正在直線上升。但這稱作創價學會的新宗派，與全體佛教的統一，也是不可能的，因為原有的各宗派，和新興的佛教，頗有思想上的距離。

教育文化　教育與文化方面，倒是令人欣慰的，見於出版成果的，有《藏文大藏經》的刊行，《國譯大藏經》（日文）的續刊，成田氏的《梵語文典》，以及其他佛教關係的研究書、一般讀物、月刊、季刊、年刊等雜誌的發行，數量已很樂觀。

由於觀光事業的開發，在京都、奈良、鎌倉等地的古寺、名剎，固為信仰之所，亦轉而為觀光的對象。同時，寺院也因而有賴以維持佛教的命運。

戰後的日本佛教，已經大大地在變，日本由於民主教育及民主制度的建立，對各佛教宗派的刺激甚深，昔日的僧階、堂班等的權威，以及許多舊習慣的殘存，均已不受重視乃至自然放棄。各宗類似的機構，正像皇室的制度，現僅做為象徵，所謂「門跡」時代的舊夢，再也不會重現了。

最明顯地，日本已從讀經佛教的風氣，轉變成了教化佛教的型態。一部分的寺院建築，也脫卻了舊時模式而採取新的近代化的圖樣。

他們的僧侶蓄髮，已成為平常。

到那時為止，日本的佛教，似乎尚在新與舊的過渡階段，他們似乎尚未找到最好的路，所以尚沒有統一發展的可能。

但是，日本這個民族是相當堅強的，即使國家的經濟尚有許多的困難，他們卻已是超過了戰前的建設。經濟成長的速度，仍占亞洲首位，日本的佛教，也是如此，各宗派在極甚艱難的經濟狀況下，卻仍創造了足可使我中國人看了要無地自容的數字。

日本的佛教，在教育方面，有小學校九所，中學校五十一所，高等學校一百三十一所，短期大學四十一所，大學二十四所，那就是：東洋、上野學園、立正、大正、駒澤、愛知學院、同朋、日本福祉、京都女子、種智院、大谷、花園、龍谷、佛教、高野山、相愛女子、立正女大、東北福祉、淑德、武藏野女大、鶴見女大、光華女大、大谷女大、四天王寺女大。在這二十四所大學中設有大學院（研究所）

的，則有東洋、立正、大正、駒澤、大谷、龍谷、佛教、高野山等八所。一般公私立大學之設有佛教課程的，則有東京大學、東北大學、早稻田大學、北海道大學、國學院大學、東京教育大學、東京都大學、天理大學、金澤大學、九州大學等。

從明治二十一年（西元一八八八年）至昭和四十二年（西元一九六七年），在七十九年之間，日本佛教界出了二百七十六位文學（研究佛教的）博士，戰後即占了一百七十九位。至於碩士及學士的數字，真可以用「車載斗量」來形容了。他們有了那樣多的人才，佛教哪得不興？

著名的現代學者則有宇井伯壽、鈴木大拙、中村元、金倉圓照、山口益、宮本正尊、花山信勝、西義雄、坂本幸男、水野弘元、舟橋一哉、玉村竹二、關口真大、長尾雅人、佐佐木現順、塚本善隆、布施浩岳、道端良秀、安藤俊雄、横超慧日、結城令聞、梶芳光運、平川彰、玉成康四郎、上田義文、久松真一、松濤誠廉、伊藤義賢。這些學者，均有卓越的研究成果。單是這些學者們在戰後所提出的佛教專門著作，數量已夠驚人了，至於一般的出版物，實在多得難以計數。

在文化方面，每日刊之中，以《佛教タイムス》、《中外日報》、《文化時報》三種報紙為最有名的代表者。一般的報紙而闢「宗教欄」的，則有東京《每日新聞》、《讀賣新聞》，均於星期日刊出。有名的佛教雜誌，則有《大法輪》、《世界佛教》、《女性佛教》，最近復刊的英文佛教雜誌《東方佛教徒》（*The Eastern Buddhist*）。定期的雜誌、年刊、季刊、雙月刊、月刊、半月刊，共有三百六十多種。其中含有二種英文佛刊：*Our Aspirations* 季刊、*Young Buddhist's* 不定期刊。

佛教的出版社及書店有四十三家，佛教的新聞社有十家。

社會事業　在社會事業方面，佛教的養老院有一百一十六所，救護院有十三所，醫療保護院有二十六所，殘廢院有三所，授產所有十六所，人事相談（調解）所有二十四所。

另有兒童福利設施，計二百二十餘所；社會教育設施的圖書館三十八所，博物館四十九所；佛教個人活動之服務於社會者，有監獄的教誨師，有人權擁護委員，有各種調停委員，有教育委員、社會教育委員、公民館長及主事等。

其他尚在文學、音樂、廣播、電影、舞蹈、演劇、美術、建築等方面的佛教事業，在此不能盡舉。

前面說到，日本今日的寺院經濟並不充裕，佛教徒中的布教師，也得自己另謀兼職以維生計，他們卻把佛教由山門內送到了普及的民眾生活中去，為社會大眾的實際生活而服務，不是僅以誦經薦亡來餬口。他們在生活維艱的狀況下，維繫了佛教的慧命，並使之深入民間而適應時代的環境。他們為了求得安全的保障，便在各宗派內自行成立了「共濟會」，這種組織等於是保險制度，相互協助宗派內或有某寺某人的突發意外的災難。這種以宗派為大家庭的制度，自尚有檢討的餘地，他們如此的團結互助為發展保障本宗的努力與用心，實在就是日本佛教之所以不致被消滅的生存之道。

（以上資料係採自昭和三十六年出版的《佛教大年鑑》）

案：佛教在日本已經世俗化了，但是，時代的鞭子，正在催促著所有的宗教，都要走上「人間化」的道路，人間的，豈能脫離世俗的？否則，自己的生存也成了問題，焉能高唱超脫世間的高調？

第二篇

韓國佛教史略

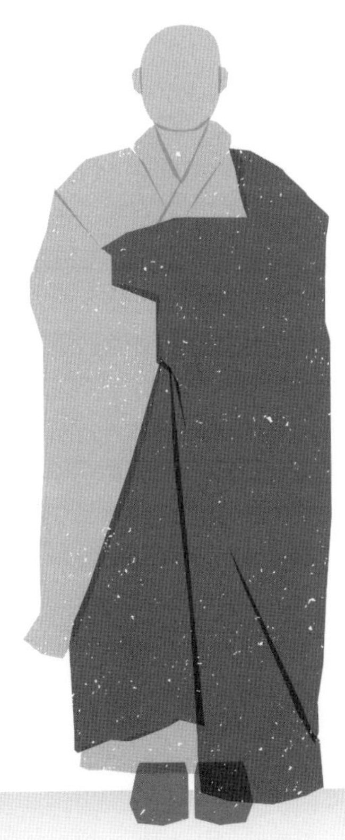

第一章　佛教初傳的時期

韓國，實際上是中國民族及中國文化的分支或延伸。據傳說，在中國唐堯二十五年，有神人降於太白山（今之寧邊妙香山）的檀木上，國人立為君王，所以稱為檀君。但是關於檀君王於韓國的古傳，均係出於稗史神話，不足徵信。韓國最早封君的記載，該是出於《史記》卷三十八的周武王封箕子於朝鮮而不臣。嗣後秦始皇統一天下，箕子的後裔箕否，便降於秦。到了漢朝代秦而有天下之時，箕否的兒子箕準，被燕人衛滿逐出了朝鮮；到了漢武帝元封三年（西元前一〇八年），又滅了衛滿的孫子右渠，而將朝鮮分為真番、臨屯、樂浪、玄菟的四個郡，成了漢家的領土之一部分。

到了漢宣帝以後，漢江以南的半島地帶，漸次分成三韓而配三國，那就是：馬韓配百濟，辰韓配新羅，卞韓配任那；但是在崔致遠〈上大師侍中狀〉中卻說：「馬韓則高句麗，卞韓則百濟，辰韓則新羅也。」後者雖是錯誤的說法，以後卻將錯就錯，一直沿用了下來。這三國鼎立爭衡的局面，維持了六百八十六年（西元前十八—西元六六八年），最後由新羅統一了三韓。

佛教的傳入，是在高句麗立國後的四百零九年，第十七代小獸林王二年（西元三七二年）時，中國的秦王苻堅，派遣使節以及沙門順道，贈送佛像和經卷到高句麗，這是佛教傳入韓國的開始。自此十三年後，在百濟溫祚王第十五代的枕流王即位之年（西元三八四年），又有印度沙門摩羅難陀，自中國東晉孝武帝境內來化。新羅國亦自高句麗接受了佛教，但到第二十三代的法興王十五年（西元五二八年），始見其三寶之興隆。

不過，佛教初傳高句麗時期，仍與其原有的習俗相混，例如：小獸林王之弟繼承王位之後，稱為故國壤王，即下教詔，崇信佛法，但他為的是求福。又在《北史．高句麗傳》載：「常以十月祭天」，「信佛法，敬鬼神，多淫祠」。可見其尚非流行正信的佛法。

唯在道教尚未傳入之前，高句麗諸王，多信佛法，十九代廣開土王，建有平壤九寺；二十一代文咨王，又建金剛寺。然到第二十七代，榮留王七年（西元六二四年），受到逆臣蓋蘇文的遊說，遣使向唐高祖上表，請傳道教，遂有道士叔達等八人帶了《道德經》，到達高句麗。王即將道士館建於佛寺。到了二十八代寶藏王時，道教已取佛教地位而代之，由於國王的倡導，國人遂爭相信奉五斗米教（漢末張道陵派的道教）。道教大盛之後，佛教衰頹，國勢日危，終於在寶藏王二十七年滅亡。

可是，正在王室崇信道教的先後，高句麗的佛教雖不受其本國歡迎，佛教卻出了幾位名僧，例如：惠亮遷至百濟為僧統；僧朗入中國，受梁武帝的器重；惠慈遊化日本，為聖德太子之師；曇徵對於日本文化的貢獻也大。

在百濟，初期的佛教中，也出了幾位名匠，例如：第二十六代的聖王四年（西元五二六年），沙門謙益，自印度求法回國，他在印度學梵文五年，洞曉天竺語言，深攻律部，莊嚴戒體，與梵僧倍達多三藏，齎梵本《阿毘曇》及五部律歸國，受到聖王以羽葆鼓吹而迎於郊外，安於興輪寺，召國內名釋二十八人，譯出律部七十二卷，而成為百濟的律宗之鼻祖。同時有曇旭及惠仁兩法師，著《律疏》三十六卷獻於王。

百濟的聖王，亦稱為聖明王，日本初有佛教，就是由於他的介紹之功。到了威德王時（西元五五四—五九七年），百濟佛教向日本的輸出尤其積極，佛像、經卷、經師、律師、禪師以及佛工、寺工等等，相繼贈與日本；其中以惠聰律師最著名，被許為三寶的棟樑。第二十九代法王元年（西元五九九年），下令禁殺生，放民眾所養鷹鷂，焚漁獵之具。第三十代武王（西元六〇〇—六四〇年）亦篤信佛法，有名的僧人例如寂於中國的惠現、遊化日本的觀勒等，均為武王時代的人。

再說新羅的佛教，雖早在第十九代訥祇王（西元四一七—四五七年）時，已有了傳布，民間之篤信佛教者，則在經過了一百十餘年後的法興王十五年時，才呈現興隆的氣象，十六年詔禁殺生，二十一年建大王興輪寺，乃為新羅王創寺之始。

到了第二十四代的真興王以後，新羅的佛教，突然現出了旭日昇天似的旺盛之勢，人才輩出，入印度及中國求法者甚多。例如玄光、圓光、元曉、義湘、慈藏、明朗、惠通等人，都是這一時代的新羅名德。

真興王奉佛甚篤，士人亦爭為皈崇，遣學僧覺德入梁求法，梁武帝贈佛舍利，王與百官奉迎於興輪寺之路前；沙門義信入天竺求法，白騾馱經而歸；當中國陳文帝時，遣劉思及學僧明觀，贈送給新羅的經論達一千七百餘卷。另有沙門玄光，入陳求法，向南嶽慧思禪師受業，得法華安樂行門，證法華三昧，返國後即弘傳天台教觀。又有法師安弘入北周求法，與于闐沙門、毘摩真諦等二人回國，帶返《楞伽經》、《勝鬘經》二經及佛舍利。

真興王敬信三寶，恭敬沙門，晚年之時，自己祝髮為僧，他的王妃也入永興寺為尼，一代護法君王，堪稱徹底。

真興王以下是真智王，僅三年便是二十六代真平王（西元五七九—六三一年），這時的高僧很多，而以圓光及元曉二人最有名。圓光來中國求法時，尚是一個二十五歲的居士，聽經之後，即有出塵志，遂得陳主之許，落髮受具，遊歷講肆，學成實及涅槃，又入虎丘山修定，是以綜涉四《阿含》，通達八禪定，講《成實論》，釋《般若經》，名望播於嶺表，一時來學者甚眾。隋開皇年間（西元五八一—六〇〇年），真平王聞師之名，敦請回國之後，常講大乘經典，為王臣之所皈嚮。年齒既高，每乘輿入宮，而其衣服及飲食，均由王后親自料理，不許他人佐助，禮遇之隆，可以想見。

元曉生於真平王三十四年（西元六一七年），他是一位奇特的佛教人物，本預備入唐求法，途中夜宿野外，因係鬼鄉而多祟，乃悟三界唯心、萬法唯識之旨，以為心外無法，便打消了入唐的念頭。自此，發言狂悖，示跡乖疏，乃至與瑤石宮寡公主私通，生了一個兒子叫作薛聰。可是，元曉父子，都是聰慧絕倫的人物。尤其是元曉，對於佛經的疏釋，多達八十一部，現存者，尚有十六部，他的疏釋範圍非常廣博，有《華嚴經》、《涅槃經》、《法華經》、《楞伽經》、《維摩經》、《般若經》、《勝鬘經》、《解深密經》、《大無量壽經》、《彌勒上生經》、《梵網經》等經疏，《大乘起信論》、《攝大乘論》、《中邊論》、《成實論》、《廣百論》、《阿毘曇》、《三論》等論疏。不過，元曉的思想雖有多少自相出入之處，而其主要的立足點，則為發揮一乘圓教。

新羅第二十七代善德女王的時代，出了一位慈藏法師，他在唐太宗貞觀十年（西元六三六年）來華求法，係一位持戒精進的比丘，真平王曾欲以斬殺之刑逼他出仕，他卻說：「吾寧一日持戒而死，不願百年破戒而生。」終於使王愧服，許他出家。來到中國以後，在終南山感得神人向他受戒，靈應極多，並得唐太宗賜絹二百疋；貞觀十七年，善德女王上表唐太宗，請慈藏還國，太宗邀他入宮，禮遇優渥，並賜他《大藏經》一部，以及像旛花蓋，帶回本國。回國後擔任大國統，大弘法化，由是而使國中之信佛受戒者，十之八九。到了第二十八代真德王三年（貞觀二十三年，西元六四九年），他使新羅服章，改準唐儀，這是新羅採用中國服儀之始。

密教入新羅，始於唐貞觀九年，即是善德女王四年，據《三國遺事》卷五的記載，是由於明朗於善德女王元年入唐，入龍宮傳密教。但明朗的事蹟不詳，入龍宮似亦傳說的附和。此後，有沙門惠通於第三十代文武王五年（唐高宗麟德二年，西元六六五年）傳入密教。據《三國遺事》卷五記載，惠通入唐，是依善無畏三藏傳受印訣而歸，並且頗多神異，為王女驅除毒龍，治癒怪疾。然而，考諸史實，善無畏是玄宗開元四年（西元七一六年）來華，比高宗麟德二年晚了五十一年，所以頗有可疑。惠通所傳密教，可能是西晉帛尸黎密多羅以來所譯的密典。

到了文武王三年（唐高宗龍朔三年，西元六六三年）滅了百濟，文武王八年（唐高宗總章元年，西元六六八年），又由唐將李勣等協助攻滅了高句麗，便結束了三國鼎立而完成了韓國的統一。

文武王十年，高僧義湘自唐求法回國，弘傳華嚴宗。義湘（西元六二五—七〇二年）二十歲出家，初伴元曉入唐，過遼東邊界，戍軍以為是間諜，囚禁了數十天，又把他們放還新羅，到了文武王元年，始搭乘唐朝使節的便船，來到中國，於終南山謁華嚴二祖智儼，入室受華嚴妙旨。回國後創浮石寺，開演華嚴一乘，聖德王元年，以七十八歲的高齡入寂。義湘的操行高潔，貴在如說而行，講宣之外，精勤修練，除了三衣瓶缽之餘，曾無他物。著有《法界品鈔記》、《大華嚴十門看法觀》、《華嚴一乘法界圖》等。他的弟子很多，著名者有十大德：悟真、智通、表訓、真定、真藏、道融、良圓、相源、能仁、義寂等。其中的智通及表訓，頗有神異，義寂則頗多著述，現存於藏中的有《梵網經菩薩戒本疏》。義湘與法藏賢首大師是同門同學，法藏於唐武后如意元年（西元六九二年）曾派門人勝詮帶給義湘一信，並贈所著《華嚴疏鈔》及《探玄記》等，義湘為《探玄記》掩室研討了十來天後，令門人真定、相圓、亮元、表訓四人，各講五卷，並說：「博我者藏公，起予者爾輩。」法藏在信中對義湘也是推崇備至，尊義湘為「海東新羅大華嚴法師」，又說：「如來滅後，光暉佛日，再轉法輪，令法久住者，其惟法師。」

與義湘同時而比義湘先來中國求法的，便是玄奘的大弟子圓測，據說他是新羅王之孫，三歲就出了家，到了中國，唐太宗賞其才，賜與度牒，先住京師元法寺，後隨玄奘三藏學，博通《瑜伽師地論》、《成唯識論》、《成實論》、《俱舍論》等論，以及大、小乘經，並與窺基競爭，其成就可知。在則天武后垂拱年間（西元六八五—六八八年），新羅的神文王累次上表，請圓測回國，他雖一度回國，但又來到了中國，最後也終老在中國，享壽八十四歲，著有《成唯識論疏》等十三部。隨他入唐的弟子勝莊及道證，也都是著名的唯識學家，各有著述。

在神文王（西元六八一—六九一年）時，新羅尚有一位大著作家憬興法師，被神文王封為國老，著有《俱舍論鈔》、《大涅槃經疏》、《法華經疏》、《成唯識論貶量》等二十五部，現存者有《無量壽經述贊》及《三彌勒經疏》。

到了第三十五代景德王（西元七四二—七六四年），又出了一位大著家大賢法師。大賢或名太賢，他是道證的弟子，是玄奘的第四傳，他先學華嚴，後入法相。據《三國遺事》記載，大賢亦頗多神異，當他住於南山茸長寺的時候，常旋繞丈六慈氏（彌勒）石像，石像之面亦隨大賢而轉；又於唐玄宗天寶十二年（西元七五三年）遇大旱，詔大賢入內殿講《金光明經》祈雨，宮內之井已天旱而枯，大賢默禱之時，即刻湧出高達七尺的水來。大賢深究相宗奧旨，刊定邪謬，遊刃於八識，所以後之新羅學者，亦皆遵其遺訓。著述計有四十二部，現存者尚有《藥師經古迹記》、《梵網經古迹記》、《梵網經菩薩戒本宗要》、《大乘起信論內義略探記》、《成唯識論學記》等。他的著述，多以「古迹」為名，以示他自己的謙抑，他是依諸家的疏釋，取要而錄之成書的，例如：《梵網經古迹記》，要義即是依據義寂與法藏之疏而製。

韓國，除了佛教的輸入早於日本，儒家的學藝，它也做了中日之間的轉運站，早在百濟古爾王五十二年（晉武帝太康六年，西元二八五年），即送博士王仁至日本，並獻《論語》及《千字文》，可見儒學流於三韓，為時很早。在百濟近仇首王元年（東晉孝武帝寧康三年，西元三七五年），亦說王為太子時戰勝高句麗時，將軍莫古解曰：「嘗聞道家之言，知足不辱，知止不殆；今所得多矣，何必求多？」可見老莊之學輸入三韓，為時也不遲。到了新羅聖德王十八年（唐玄宗開元七年，西元七一九年）建立的廣州甘山寺〈彌勒造像記〉，及十九年同寺的〈阿彌陀如來造像記〉，已見有將老莊的逍遙物外與佛教的玄寂常照，兩者相為調和的文詞。

在佛教的藝術方面，當新羅統一的時代，正是中國唐代文化的極盛階段，自六朝以來的佛教文物之輸入韓國者，因此也達於頂點，例如：北魏形式的大佛像，有石雕的，有銅鑄的，雕刻藝術，均極精彩；又有三層塔、九層塔，及十三層塔等的建築，有以銅十二萬斤鑄一口大鐘者。唐代宗時，新羅景德王獻來萬佛山一座，係以沉檀木雕成，高丈餘，與明珠美玉鑲嵌雕刻成一座假山，「山有巉岩怪石澗穴……微風入戶，蜂蝶翱翔，鸞雀飛舞，隱約視之，莫辨真偽，中安萬佛，大者逾方寸，小者八九分……相好悉備，更鏤金玉為流蘇、幡蓋、庵羅、薝蔔、花果、莊嚴；百步樓閣，台殿堂榭，都大雖微，勢皆活動，前有旋遶比丘像千餘軀，下列紫金鐘三，皆有閣、有蒲牢、鯨魚為撞，有風而鐘鳴，則旋僧皆仆，拜頭至地，隱隱有梵音，蓋關棙在乎鐘也。雖號萬佛，其實不可勝記。」（《三國遺事》卷三及《海東繹史》卷二十七）如果此記屬實，則新羅的佛教藝術，在距今一千二百年前，已是非常地偉大了。

第二章 禪宗勃興的時期

韓國的禪宗，雖亦分有九山的門派，但皆源於中國禪宗的分支。初傳禪宗於韓國的，是法朗及神行二人。

法朗在唐太宗時代（新羅善德女王時）來華，傳授四祖道信之心要，所以他是道信以下的旁出一支，與牛頭法融及五祖弘忍的時代相若而稍後。但他的傳記不詳，何時回國亦不得知。據崔致遠撰道憲國師智詵之碑文中說：「雙峰（四祖）子法朗，孫信行，曾孫遵範，玄孫惠隱，末孫大師智證也。」可見，信行為法朗的法嗣。

信行，也就是神行，年方壯，即學律，苦修二年後，見法朗於踟踞山而頓悟奧旨，勤求三年之後，渡海入唐，適逢凶荒，盜賊亂於邊界，中國官吏疑神行非善類，把他拘禁了二百四十天，事解，即參志空，志空是神秀的法孫，大照普寂的門人，參學三年，始開靈府。因此，他既是四祖的法孫，又是神秀的法孫，神秀也是四祖的法孫，輩分上懸隔了三代，而竟集中神行於一身。回國後，弘傳北宗禪法，至惠恭王十五年（唐代宗大曆十四年，西元七七九年）寂於斷俗寺，七十六歲。

當北宗禪的神行寂後四十餘年，又出了一位嗣法於西堂智藏的道義禪師，智藏是南宗馬祖道一的門人，與百丈懷海同時。道義於唐德宗興元元年（西元七八四年）來華，原來法號明寂。據《祖堂集》卷十七載：「後到曹溪，欲禮祖師之堂，門扇忽然自開，瞻禮三遍而出，門閉如故，次詣江西洪州開元寺，就於西堂智藏大師處……大師猶若摭石間之美玉，拾蚌中之真珠，謂曰：『誠可以傳法，非斯人而誰？』改名道義。」他在中國一住就是三十七年，於唐穆宗長慶元年（西元八二一年）回國，弘傳南宗之禪。南宗是頓悟禪，與先傳的講究禪觀等學的北宗禪不同，他以「無念無修」的直指為心印，所以雖被尊為國師，他的際遇卻很寂寞，甚至被人謗為魔說，或以為虛誕而不予崇重。雖然由道義傳廉居，再傳至體澄而形成迦智山派，列為禪宗的九山之一，但道義的餘勢則不及洪陟所傳的興盛；門派的形成，也落於洪陟之後。

洪陟，亦作洪直，別名南漢祖師，在憲德王時來華，而於興德王即位之初返國，興德王三年敕修實相寺，以洪陟為開祖，成為禪宗九山之第一山。興德王元年是唐敬宗寶曆二年（西元八二六年），比道義回國遲了五年，他傳的也是西堂心法，回國後受到興德王（宣康太子）的皈依，門下弟子有千餘人，而以嗣法的秀徹國師為第二祖。

洪陟回國後的第五年，又有一位慧昭禪師自唐回國，他在三十一歲時來華求法，謁於馬祖的門人神鑑，神鑑為他剃度，並傳受印契，三十七歲至嵩山少林寺受具足戒。他在中國住了二十七年才回本國，受到興德王的迎勞，嗣後又受到閔哀王的降璽書餽賜齋費，並賜慧昭之號。寂於文聖王十二年（唐宣宗大中四年，西元八五〇年），七十七歲。他為人樸實，粗服糲食，貴賤老幼，平等接引，守真忤俗，善於梵唄，臨終時對弟子們說：「萬法皆空，吾將行矣，一心為本，汝等勉之。無以塔藏形，無以銘記跡。」心行如此，實不愧為一代名德。

慧昭歸國後之九年，又有一位同為傳受西堂心印的惠哲禪師返國，他在唐憲宗元和九年（西元八一四年）來華，留學了二十五年，於唐文宗開成四年（西元八三九年）回去，新羅景文王元年入寂，七十七歲，追謚為寂忍禪師。門下有道詵國師、如禪師等，形成桐裡山一派法系，也為禪宗九山之一。

惠哲返國後的第六年，也就是唐武宗滅佛的那一年（西元八四五年，新羅文聖王七年），無染禪師在唐求法二十多年以後回國，他先參馬祖之嗣如滿，又參同為馬祖法嗣的寶徹，寶徹寂後，他在中國，遊化四方，以恤孤獨、視病痛為己任，雖祁寒酷暑，亦了無倦容，因有聞名遙禮而稱他為東方之大菩薩者。歸國後，住聖住寺，歷四十六代文聖王、四十七代憲安王、四十八代景文王、四十九代憲康王、五十代定康王、五十一代真聖女王，受六代君王的優隆禮遇而為國師，真聖女王二年，以八十九歲的高壽入寂。他的資質恭謹而慈風滿室，食必同於眾，衣必均於人，勞作服役必率先而行，運水負薪則無不親躬。門下二千人，著名者有僧亮、普慎、詢父、僧光等。真聖女王謚號大朗慧。遂形成新羅禪門九山之一的聖住山一系。

唐文宗年間，尚有一位梵日禪師，來華參馬祖門人鹽官齊安禪師，於武宗會昌年間（西元八四一—八四六年）歸去。他在朝禮曹溪祖塔時，有香雲繞於塔寺之前，靈鶴唳於樓台之上。回國後以「莫踏佛階級，切忌隨他悟」示人。由他以下，形成闍崛山一派。門下有朗圓及朗空等十人。

與梵日同年自中國回去的，另有一位道允，於唐敬宗寶曆元年來華，參禮南泉普願，並得普願嘆為：「吾宗法印歸東國矣。」

道允的弟子折中，七歲就出了家，十九歲參禮道允，得法後住於師子山，遂形成師子山一派。

以上所傳，多係馬祖一脈，唯由四祖旁出的法朗系下，也出了一位智詵禪師，他被崔致遠稱之為四祖的末孫。智詵是一位持律清苦、修持不懈的名德。自他以下，便形成曦陽山一派，弟子有楊孚、性蠲、繼徽等。

新羅僧參於青原行思系下的第一人，乃是行寂，他本來參於梵日，而於唐懿宗咸通十一年（西元八七〇年）來華，唐僖宗光啟元年（西元八八五年）歸國。他參石霜慶諸，慶諸是道吾圓智之嗣，圓智接藥山惟儼之法，惟儼是行思的法孫，希遷的法子。行寂於後梁貞明二年（西元九一六年）捨報，世壽八十五歲，神德王諡號朗空，弟子有信宗、周解、林儼等五百餘人。

傳入為仰宗的，乃是唐宣宗大中十二年來華的順之，他參禮仰山慧寂，並願為弟子，慧寂便笑著說：「來何遲，緣何晚，既有所志，任汝住留。」回國後，有時表相現法，以示徒眾證理的遲疾，稱為圓相，其有四對八相，依〇相配成牛⃝、犇⃝、卍⃝、王⃝、人⃝、厶⃝、佛⃝、土⃝，加以往回的判釋，因其理繁，在此從略。總之，這種圓相的安立，實是為仰宗的葛藤，因其易於流為定型刻板的作風。

又有傳承了玄昱及審希之法，而形成鳳林山一派。玄昱曾於唐穆宗長慶四年來華求法，至文宗開成二年返國。審希是玄昱的法嗣，玄昱寂於懿宗咸通九年，審希寂於後梁龍德三年（西元九二三年）。

我國後梁貞明四年（西元九一八年），正是高麗太祖的元年，再過十七年，新羅就亡了。

新羅將亡之際，慶猷及迴微二人，傳入了曹洞宗。慶猷於唐僖宗文德元年（西元八八八年）來華，參雲居道膺，雲居一見便說：「聞言識士，見面知心，萬里同居，千年一遇。」遂密傳法要。慶猷於後梁開平二年（西元九〇八年）返國，貞明七年入滅。迴微先參迦智山的體澄，後於唐昭宗大順二年（西元八九一年）來華，也參雲居道膺，膺說：「吾子歸矣，早知汝來。」遂密傳心印，他在唐昭宗天祐二年（西元九〇五年）返國。當時韓國僧同參於雲居道膺之門者，尚有高麗的利嚴及麗嚴二人，並稱為海東四無畏大士。

在新羅末季禪宗勃興，九山竟占其八，尚有須彌山一派，則在高麗境內。但是，天台宗也出了一位義通惟遠，他在後晉天福年間（西元九四二—九四三年）來華，當時正是新羅亡於高麗之初。他先訪法眼宗的天台德韶，有悟；再謁天台宗的螺溪義寂，聞一心三觀之旨，遂留下受業。久之，道聲播於四遠，欲返國弘化，但在路過四明，將上船，被郡守錢惟治留下了，錢惟治即是吳越忠懿王錢俶的兒子，吳越王世代崇佛，現雖降於宋，但其遺風猶在。錢惟治對義通加禮屈留，咨問心要，並說：「如曰利生，何必雞林乎？」雞林是高麗的別名。到了宋太宗太平興國四年（西元九七九年），四明知禮來從其學；七年，太宗賜其寺額曰「寶雲」；太宗雍熙元年（西元九八四年），慈雲遵式來從其學。四明與慈雲同為宋初中興天台的兩大師。可知，義通雖為韓國人，卻是中國佛教史上的重要人物，他在中國教化近二十年，且亦於太宗端拱元年（西元九八八年）寂於中國，壽六十二。

新羅王統末朝的佛教史上，尚有一位崔致遠居士，值得一提。他是新羅的文豪，新羅名僧的碑文，多成於他的手筆，為後人提供了許多佛教的史蹟。他也是中國留學生，十二歲來華，唐僖宗乾符元年（西元八七四年）十八歲中進士。二十八歲返國後做了幾任官，但於亂世多故，不唯不能行其志抱，而且有動輒得咎之累，於是他退隱於江海之濱及山林之間，以終其身。

高麗的興起，是由於新羅的衰弱。當時，群雄競起，各據一方，甄萱據南州，號稱後百濟；弓裔據高句麗之舊地，以泰封為國號。王建之父以松嶽郡投弓裔，弓裔即以王建為松嶽城主，時王建年僅二十，出征四方而戰功卓越。到了中國後梁貞明三年，弓裔的部下推戴王建為王，便立國號為高麗。王建即位第十七年，新羅歸降，而結束了其五十六王九百九十二年的王統；第十九年，討平後百濟，三韓又歸統一。

因此，高麗太祖之時，正是新羅禪宗興盛之際，太祖的祖父嘗於晚年離俗居寺，且以讀佛典終其身；其父隆建則與道詵禪師交往甚篤。所以，太祖本人，也是一位護法的君王，且與禪僧的關係特深。

據《東國通鑑》卷十二及《高麗史．太祖本紀》說：太祖之二年，創法王、慈雲、王輪、內帝釋、舍那、天禪（普膺）、新興、文殊、圓通、地藏等十寺；四年，建大興寺於五冠山，迎利嚴居之；五年，捨舊宅為廣明寺，又創日月寺於宮城之西北；七年，創帝釋院、九耀堂、神眾院、興國寺；十一年，有新羅僧洪慶，得自後唐閩府的《大藏經》一部到來，太祖迎置於帝釋院。據〈白雲山內院寺事蹟〉云：「高麗王太祖……敕諸州縣，建叢林，設禪院，造佛造塔，幾至三千五百餘所。」以此可見太祖對於佛教的熱心，絕非一般可比。

太祖對待僧人，也備極恭敬。對利嚴禪師執弟子禮；凡是當時境內的名德，無不禮迎問道，例如：傳曹洞宗的利嚴、慶甫、麗嚴，傳石霜宗風的兢讓，聖住山系的玄暉，曾經來華參詣投子山大同的璨幽，桐裡山系的允多；又待忠湛禪師以王師之禮，忠湛寂後，太祖還為他親製碑文。

禪宗九山之一的須彌山派，是由利嚴禪師的門下所形成。利嚴於唐昭宗乾寧三年（西元八九六年）來華，參雲居道膺，得法後於後梁太祖乾化元年（西元九一一年）歸國。高麗太祖十五年（西元九三二年）敕於開城（松嶽）西北海州之陽，擇靈山構精舍以利嚴居之，那就是須彌山廣照寺。利嚴寂於太祖十九年，六十七歲，門下之高弟有處光、道忍、貞能、慶崇等。到此時，韓國禪宗之九山門派，已完成了。

所謂九山，就是：洪陟系的實相山，道義系的迦智山，梵日系的闍崛山，哲鑑系的師子山，無染系的聖住山，玄昱系的鳳林山，道憲系的曦陽山，慧徹系的桐裡山，利嚴系的須彌山。這在前面，已經分別介紹過了。

第三章　禪教並行與祈禱佛教

高麗太祖在位二十六年，他是開國君王，但在上來的十九年中，尚是群雄分裂的局面，尤其是後百濟給他的壓力很大，甚至「與百濟王子月光戰，月光保美崇山，食足兵強，且敵如神，太祖力不能制。」（伽耶山海印寺之古籍）至第二主惠宗王，在位僅兩年，第三主定宗王也僅四年。所以，高麗文教的真正盛世，是從第四主光宗王開始。

光宗王在位也有二十六年，除了仿太祖之遺風，崇佛建寺敬僧之外，他也創了好多新制度；設立科舉，以詩、賦、頌及時務方策，進士取官，兼以明曉經籍、醫卜等而取業用；於是文風大興。又設僧科，仿照文官的科舉制度，遴選之後，授與僧階，分為禪師、大禪師、重大師、三重大師等德位。又創國師及王師的制度，至尊的高僧被禮為國師，次尊的高僧被奉為王師，此後，往往是以王師補缺國師的名位。

這一時期，所謂禪教並行，乃是指的禪宗及天台、華嚴、唯識等，同樣受到尊崇和有其發達的機會。

在禪宗方面，由智宗傳入了法眼宗。智宗於後周顯德六年（西元九五九年）來華，先參永明延壽禪師，據〈永明傳〉中說，當時高麗僧有三十六人，承受了永明的印記；智宗次參於國清寺的淨光，學天台。宋太祖開寶三年（西元九七〇年）返國後，大弘法化，他一生經歷高麗的定宗、光宗、景宗、成宗、穆宗、顯宗等六王，由大師、重大師、三重大師、禪師、王師，而至國師，德望之隆重，可以想見。

天台宗傳入韓國，始於新羅的玄光，見南嶽慧思，證法華三昧。據《佛祖統紀》稱：「九傳而至荊溪，荊溪復傳而至新羅，曰法融、曰理應、曰純英。」月窗居士金大鉉所著的〈禪學入門跋〉，則說：「我東之新羅中葉，高僧法融、理應、純英，聯錫遊唐，俱得天台下三世左谿東陽大師之妙法。」義天則說：「昔者元曉菩薩稱美於前，諦觀法師傳揚於後。」（《大覺國師文集》卷三）

總之，自玄光以後，天台宗在韓國是受重視的。相反地，到了唐末五代，天台的主要典籍，卻在中國找不到了，反而要去高麗求取了。據《佛祖統紀》卷十載：吳越王錢俶，因覽《永嘉集》而以「同除四住」（參《佛祖統紀》卷八）之語問德韶，韶答此是教義，可問天台義寂，寂說：「此智者妙玄，位妙中文，唐末教籍，流散海外，今不復存。」於是，吳越王遣使致書，帶了五十種寶物，往高麗求取。高麗即派諦觀，持天台教疏來華，見螺溪義寂，天台宗因此在中國復振。前面曾說到新羅的義通，也是投於義寂的門下，他們二人，實是同時代的人，巧的是二人均在中國來而不去的，諦觀在螺溪門下留住了十年而寂，他給中國最大的貢獻，除了送還了天台的教疏，還留了一部不朽的名著，那便是他所製作的《四教儀》。《佛祖統紀》卷十淨光旁出世家諦觀法師條「述曰：『（上略）此書即荊溪八教大意，觀師略加修治，易以今名，沒前人之功，深所不可』。」

在這以後的一百二十年，又有一位天台宗的名匠來華，那便是高麗文宗王的第四子義天，義天十一歲出家，十三歲就想入宋傳天台教法，而沒有得到國王的許可，到了三十歲（西元一〇八五年）才達成目的。那正是宋哲宗的時代，義天來華雖僅留了十四個月，卻是中韓兩國之間一件大事，哲宗兩度接見；他參遍了當時中國的各宗名德五十餘人；回國時帶去經書一千卷；受到高麗宣宗王及太后的熱烈歡迎，迎迓導儀之盛，被史家形容為前古無比。他的學德俱優，為韓國的佛教文化貢獻力量之大，堪稱空前絕後，寂年雖僅四十七歲，弟子幾達千人，有名者有百六十人，而他對於高麗佛教的影響之大，概可想見。義天不單是傳天台，他也自稱是

「海東傳華嚴大教沙門」。

事實上，高麗的佛教，在光宗以後，極其鼎盛，名僧也很多，唯其各王的成績多在建寺、受戒、齋僧上面，目的則多為了禳災祈福，據《宋史．高麗傳》稱其王城，有佛寺七十區之多。各王所設齋會之大，往往飯僧一萬、三萬，乃至五萬人，因此，流為祈禱的佛教，佛事興隆而法門腐敗，流弊叢生，到了太祖逝後六年，就有：「子背父母，奴婢背主，諸犯罪者，變形偽僧，及遊行丐乞之徒，來與諸僧相雜赴齋者亦多。」（《高麗史》卷九十三）

在十一主文宗王時，諸州府縣，逐年設輪經，而外放官吏多憑此機會斂財自肥；並有託佛事之名而遂醉飽娛樂之實者。文宗王十年有制云：「今有避役之徒，托號沙門，殖貨營生，耕畜為業，估販為風，進違戒律之文，退無清淨之約……冠俗之冠，服俗之服，憑托修營寺院以備旗鼓歌吹，出入閭閻，搪揬市井，與人相鬥，以致血傷。」所以，文宗王要：「沙汰中外寺院，其精修戒行者悉令安住，犯者以法論」了。（《高麗史》卷七）

文宗王二十一年，偉大的興王寺落成，該寺費時十二年，凡二千八百間，竣工時，特設燃燈大會五晝夜，「王備鹵簿，率百官行香，施納財櫬，佛事之盛，曠古未

有。」「諸方緇流，坌集無算。」「擇有戒行者一千赴會。」（《高麗史》卷八）

太祖的父親嘗與擅於風水陰陽之術的道詵禪師友善，歷代君王也頗重視道詵所傳的方術，因此到第十五主肅宗王時，竟有妖僧光器，偽造陰陽書，陰謀不軌；另有覺真，亦妄言陰陽以惑眾。十七主仁宗王時，有妙清利用陰陽密術誑王臣而造反。十五主肅宗王時，有后妃太子等登日月寺後之山岡，置酒為樂；又禁止群聚男女僧尼作萬佛會，因其實以宴樂為目的。但是肅宗王二年，設百高座於會慶殿，齋僧一萬；六年的仁王會，齋僧五萬；七年，設大藏會於神護寺，設齋飯僧，不可勝數。因為僧人太多了，國家卻窮了，肅宗王十年，就有如此的詔書：「今諸道州郡司牧，清廉憂恤者，十無一二……流亡相繼，十室九空。」（《東國通鑑》卷十九）人民貧困如此，又有女真來犯，僧徒既多，也就派上用處了：「肅宗九年，……選僧徒為降魔軍……每國家興師，亦發內外諸寺隨院僧徒，分屬諸軍。」（《燃藜室記述別集》卷十二）

這是非常明顯的，佛事太盛，未必就是佛法興隆，僧人太多，未必就是佛教的好現象，依佛偷生者多了，反而有損於教法，以致不得不藉王力來淘汰，來選擇！乃至徵用僧侶去從軍了！

當然，當時的高麗，尚能提倡文化及教育，例如第八主顯宗王雕刻藏經，雖其目的是為契丹大舉入寇，祈「依佛力攘敵」。義天自宋返國後，奏請自宋、遼、日本，購買釋典，刊行了一千零十部，計四千七百四十餘卷，實在是空前絕後的偉業。文宗王也頗提倡儒學，所以出了一位被譽為海東孔子的崔冲，崔冲設九齋以教誨後進，所謂九齋，便是樂聖、大中、敬業、誠明、造道、率性、進德、大和、待聘。因此名儒輩出，總稱為高麗十二徒。而其十二徒的學生，多寓於龍興及歸法兩寺，是以見出當時的儒生，與佛教頗能融和。

在太祖之時有興華嚴的疏文。

到文宗王時，有法相宗的韶顯，其晚年考證慈恩大師的章疏三十二部三百五十三卷，並募工開版，印行流通。

在文宗王時，瑜伽密教，也有可觀，有鼎賢國師者，因他神異頗多，所以歷受成宗、顯宗、德宗、文宗四王的優遇，加有大師、王師、國師的德位。

第十三主宣宗王（西元一〇八四—一〇九四年），便是義天來華的時代，他的崇佛事蹟，與文宗王大同，也受菩薩戒，也設大法會，飯僧也每達三萬。值得一提的是，由於普濟寺貞雙等的奏請，準禪宗九山的參學僧徒，依進士之例，三年一選。到第十五主肅宗王六年（西元一一〇一年）又開闢天台宗之大選，由當時天台宗的大德教雄，主盟選拔。先在光宗王時所設的僧科，是全體性的佛教科舉，自此，即增加了禪宗及天台宗宗內的僧選。前者為大選或佛選，後者為宗選。

第十七主仁宗王，在位二十四年，而其齋僧法會達三萬人者，前後凡十三次，由於君王大臣之信佛，多在祈福禳災，非為解脫生死，所以佛事愈盛，愈能培養妖妄之徒的野心，致有妖僧妙清，利用方術，惑亂朝廷而陰謀竊國！

第十八主毅宗王（西元一一四七——一一七〇年）以後，法門紊亂日深，王之元年，為求子嗣，敕講《華嚴經》五十日，真的使他如願，有了子嗣。十一年，有內侍榮儀進禳禬之說，謂國家基業之遠近，人君壽命之脩短，但視禳禱之勤怠而定，王惑於其說，乃令京內京外大張法會，又命諸寺以千萬日為法會之期限者。因此僧徒奔走爭寵，百姓之受害日深了！

第十九主明宗王（西元一一七一——一一九七年）天性懦弱，軍國大事，均委以武臣李義方，明宗王耽於聲色，而幸於諸寺，事於齋醮，一如前代各王。因此，權臣李義方，既專橫於朝廷，殺戮文官，也與僧徒發生摩擦。僧徒屢次集眾犯城，李義方則率兵殺僧焚寺，終為僧徒所殺。這是韓國僧徒干預朝政的集體行動之始。李義方死後，僧徒之得勢者，自由出入宮禁，致有出身於王室的僧徒，淫亂宮女及私通公主的穢聞傳出。自第二十一主至二十三主時（西元一二〇五——一二五九年），僧徒與崔獻忠黨爭殺伐，僧徒被殺者前後約八百餘人。王政與佛教，頹廢如此，難道是佛法本身的過失嗎？其實，諸王何嘗真的理解了佛法的正義！

當然，在此期間，高麗的佛教，也有好多清淨的僧寶，為著正法而努力。

正當宮廷佛教弊端叢生之時，出了一位李資玄居士。李資玄自號希夷子，他是高麗第十二主順宗王元年（西元一〇八三年）的進士，到第十三主宣宗王六年（西元一〇八九年），便棄官逃去，並自誓「此去不復入京城矣」，所以他是民間佛教的代表。睿宗王召他入京，他不去，王只好親自南下漢城問道。以前的禪宗九山，均有師承，但他是無師獨悟的禪者，據他自稱，是讀到《雪峰語錄》中的「盡乾坤是箇眼，汝向甚麼處蹲坐？」便於此言下豁然自悟。同時，李資玄也極推崇《楞嚴經》，他說：「吾窮讀《大藏》，偏閱群書，而《首楞嚴經》，乃符印心宗，發明要路。」（《東文選》卷六十四）大鑑國師（坦然）也曾遊於他的門下，他的風格，與高麗禪學獨立的第一人知訥禪師有相似處。

說起禪宗，在義天的同時，並與義天的道譽對峙者，有學一禪師，學一洞明禪旨而兼學三藏，尤於《大般若》而得三昧之力，能救療人之疾病。義天回國後，叢林衲子，屬於天台宗者，十有六七，以致禪宗凋零，學一便以倡興祖師禪的大責自任。當他以三昧力救治了肅宗王第四王子的重病之後，便受到王室的敬重，睿宗王臨終之前要拜他為王師，卻被他謝絕了。

坦然大鑑國師，十三歲即通六經之大義，十五歲即為明經生，故曾被肅宗王（在未即位時）招致宮中，做為其子睿宗王的師傅，但他竟然出家了。他受到肅宗、睿宗、毅宗，三王的禮遇，加有三重大師、禪師、大禪師、王師、國師。他有「廓落十方界，同為解脫門，休將生異見，坐在夢中魂」的遺偈傳世，可見他是得到禪味之真的人了。據說，坦然是黃龍慧南的第五傳，祖系是：黃龍慧南—晦堂祖心—靈源惟清—長靈守卓—無示介諶—坦然大鑑。坦然沒有來過中國，傳說是以所作的《四威儀頌》及《上堂語句》寄給介諶，介諶大為激賞，所以「即以衣缽遙傳」（《補閑集》卷下）。如此草率的傳法方式，似乎頗不可信，但是坦然曾與介諶通信的事，則可不必置疑。

第四章　知訥的曹溪宗

現在，我們就來介紹高麗禪宗的獨創者，知訥禪師。知訥是韓國佛教史上一位很突出的人物，他的時代是西元一一五八至一二一〇年，即中國的南宋高宗紹興二十八年至寧宗嘉定三年，這正是印度佛教滅亡的時候。

知訥，自號牧牛子，八歲出家，二十五歲中僧選，未幾即離京師南遊，他的門下雖有不少是王公大臣，死後也被第二十一主熙宗王諡為佛日普照國師，但他確與李資玄相似，乃是民間佛教的代表。所謂民間佛教，乃是區別於雜修雜行而以福祿權勢為主的宮廷佛教，民間佛教是以真修實悟而甘於淡泊素樸為主。

知訥的無師自悟，主要是得力於閱讀的工夫，當他閱《六祖壇經》至「真如自性起念，六根雖有聞覺知，不染萬境，而真性常自在」句時，驚喜而起；一日讀到《大慧普覺禪師語錄》的「禪不在靜處，不在鬧處，不在思量分別處，不在日用應緣處。」便在句下契會。嘗讀《大藏經》，得李長者的《華嚴論》，搜抉索隱，而潛心於圓頓之觀門。因此，知訥經常勸人誦《金剛經》，演《六祖壇經》，以開闡李長者的《華嚴論》。

知訥不只是一位禪者，也是一位思想家及著述家，並且，他的禪是以華嚴的教觀為立腳，所以在他的著述中，引用宗密、澄觀及永明延壽的語句最多，這與宗密以華嚴學者而來條理禪的路向，頗為相近。

知訥的著述，有如下的幾種：

（一）《真心直說》：此書理路井然，有組織、有秩序、有思想，乃是知訥晚年成熟的作品。此書的內容，分為：真心的正信、真心的異名、真心的妙體、真心的妙用、真心體用的一及異、真心在迷之時、真心息妄的方法、真心通於四威儀、真心的所在、真心的出生死、真心以息妄為正眾善為助、真心的功德、真心的功用證驗、真心是無知、真心之所往。此書的思想體系，大致是以法界圓融來說明真心的遍在、永存、體用、染淨等，即以真心而包羅萬法，實在就是華嚴宗的思想。此書共分十六章，如今所存者僅見十五章。

（二）〈修心訣〉：此文附於《真心直說》之後，係為教誡初發心學佛者而作，詳細說明初機學佛者的用心，由此可以略窺知訥的性格及風範。〈修心訣〉重要的論點，是力主入道之門，不出頓悟與漸修的兩門，先悟而後修，是其著眼處。

（三）〈圓頓成佛論〉：此文係說明禪是契於華嚴奧旨的，以期疏解學教者對於禪的誤解。

（四）〈看話決疑論〉：此文係為破除學者的疑惘，而說明禪宗看話頭的本義而作，其內容與〈圓頓成佛論〉大致相似。

（五）〈念佛要門〉：知訥鑑於當時一般念佛者，但信念佛可往生極樂，卻不斷十惡，無視因果、諂曲邪會，所以憐憫之，為作〈念佛要門〉，立十種念佛法：戒身念佛、戒口念佛、戒意念佛、動憶念佛、靜憶念佛、語持念佛、默持念佛、觀相念佛、無心念佛、真如念佛。此即是以三業清淨的條件、動靜語默的時機、由觀相及持名而至無念而自念的一種念佛法門。以十種念佛而發一念之真覺，真覺時為頓悟，十種念佛是漸修。可知知訥的思想是彼此呼應的。

此外，尚有評論宗密、神會等見解的文字。

知訥開創了曹溪山修禪社，成為九山之外的別立一宗。

知訥的弟子很多，本為天台宗的學者了世，後來也參於知訥門下；曹溪山的第二祖，則為無依子慧諶；繼承李資玄而振玄風的承迴，也嘗參於知訥的門下，此後以楞嚴禪之提倡而著名。

無依子慧諶（西元一一七七—一二三四年），相當於中國南宋孝宗至理宗時代的人，知訥死於南宋寧宗嘉定三年（高麗熙宗王六年，西元一二一〇年），他就奉王命繼主修禪社的法席，因為他是知訥最得意的一個嗣法弟子。當慧諶前去請求剃度的前夜，知訥曾在夢中見到雪竇重顯禪師入院而來，考驗之下，知道慧諶確非凡器。慧諶身歷高麗的熙宗、康宗、高宗等三王，弘化計二十四年。他著有《禪門綱要》一卷、上康宗王的〈心要〉一篇、《禪門拈頌》三十卷等。他一方面採集古來禪語，以資道學之用心，一方面也贊成以祈禱方式而祝天下之太平，形成了高麗佛教的特色，與中國的宗門，頗有不同。尚有值得注意的，慧諶主張禪儒一致之說，可見當時的高麗，儒學的勢力已經不可忽視；因此，慧諶雖以禪的立場自居，而他的詩文，才氣縱橫，有詩集兩卷，據說他酷似宋之慧洪覺範。

慧諶門下，有白蓮社的天頙，然而天頙係受鉢於了世圓妙國師，晚年襲為國師。

曹溪山的第三祖為清真國師。

曹溪山的第四祖，則為慧諶的另一位弟子混元真明國師。

真明國師之下，有天英禪師（西元一二一四—一二八六年）。天英十二歲時，參於慧諶，十五歲出家，繼而參三祖清真國師，後從真明國師咨問法要，所以，天英一身，參了曹溪山的二、三、四祖的先後三世。到了高宗王三十三年（西元一二四六年），柱國崔怡創立禪源社，先由真明主其法席，大張禪會，三十七年，高宗王即命天英主禪源社法席，忠烈王十二年入寂，壽七十二歲，他便是曹溪山的第五世。

曹溪山第六祖，是冲止，他在十九歲時高舉狀元，後依天英圓悟國師剃度受具，天英入寂，他便被大眾舉為五世的繼承者。

到此為止，我們看知訥一系的法脈是這樣的：

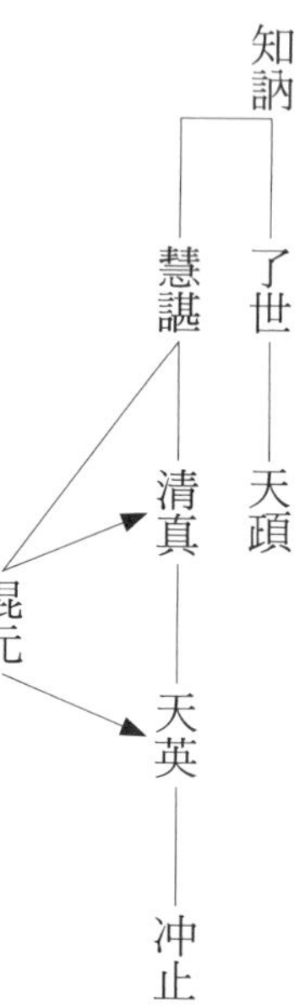

在這期間，尚有一位居士，他在韓國佛教史上的地位，不下於新羅時代的崔

致遠，那就是李奎報（西元一一六八—一二四一年），他是韓國一代文豪，窮究經史，遍覽佛書及道帙，著有《東國李相國全集》四十一卷，《後集》十二卷行於世。晚年篤信佛教，禮敬三寶，常誦《楞嚴經》，嗜讀《洗心經》。由於他讀了道書，所以他的風格，頗有類似中國魏晉的清談家之處，但他自稱「我亦參禪老居士」，唯其仍落於小乘的空觀，並有當時韓國佛教思想的通病，讚揚祈福免禍的佛事。

又從李奎報寫的《志謙傳》中，知道在元宗王十四年（西元一二七三年），由於天象屢變，而設消災道場於宮中，集五教兩宗的僧徒，祈禱平定賊亂。所謂五教，是指戒律、法性、法相、涅槃、圓融（大約是指的華嚴）；所謂兩宗，是指禪、天台。自義天歸國後，再興天台，知訥之後，有了曹溪山的禪宗，而天台亦被視為禪之一派，所以稱為兩宗。

但在忠烈王的時代，正是元世祖橫霸亞洲之際。位登九五、兵威八荒的元世祖，當然不會放棄對韓國的壓力，除了派遣斷事官達魯花赤，監督高麗的政務之外，並將公主嫁給了忠烈王為妃，掌握了宮中的大權。元朝信奉喇嘛教，公主初對於高麗的佛教，頗存輕藐，專橫凌辱，王也唯有忍氣吞聲。嗣後來了一個吐蕃西藏的僧侶，自稱是奉帝師發思巴之命，來為韓國祈福的。此僧行為乖張，飲酒食肉，夜宿娼家；啟建道場四日，吹螺擊鼓，備置金帛、鞍馬、雞羊，用麵做人及塔各百八為供物，戴花冠、執箭，最後以兵甲弓矢的戰士，載棄其供物於城門之西。然因公主施錢豐厚，致有他的徒眾爭奪錢財不均，終向公主告發，說他是假冒的，佛事也是偽作的。

到了忠烈王三十年（元成宗大德八年，西元一三〇四年），有一位中國禪師，江南的紹瓊（鐵山瓊），入韓弘化，傳載於《續指月錄》，他是雪巖祖欽的法嗣。受到忠烈王的隆禮，圓明國師及冲鑑二人，亦向紹瓊請授禪法，並敕修《百丈清規》，開始行於韓國。這是中國禪師對韓國佛教的一大貢獻。

就在忠烈王時，韓國也出了一位大著作家，那便是一然禪師（西元一二〇六—一二八九年），此人有點像知訥，「不由師訓，自然通曉」、「禪悅之餘，再閱藏經，窮究諸家章疏，旁涉儒書，兼通百家，而隨方利物，妙用縱橫，凡五十年間，為法道稱首。」（《朝鮮金石總覽》上）

一然本名見明，於忠烈王九年，禮為國尊，國尊就是以往的國師，為了避諱元朝的國師，所以稱為國尊。他的著作很多：《語錄》二卷、《祖圖》二卷、《重修曹洞五位》二卷、《大藏須知錄》三卷、《諸乘法數》七卷、《祖庭事苑》三十卷、《禪門拈頌事苑》三十卷、《三國遺事》五卷等。

從一然的法系上說，他是屬於九山之一的迦智山門下，他就學於海陽無量寺，剃度受具於陳田寺，開堂說法於京師禪月寺，圓寂於義興麟角寺，均係迦智山派下的寺剎。

可惜的是，一然的著書雖多，學問亦博，但他同樣受著當時思潮的影響，他的思想及信仰，均不是純粹的佛法本位者。

當時時代思潮，就是祈禱佛教。比如：到了第二十六主忠宣王時（西元一三〇九—一三一三年），嘗齋僧二千人，燃燈二千盞，一連五日，共為萬僧，稱為萬僧會；又齋僧一百零八萬，點燈一百零八萬，用於齋供的費用幾乎難以勝記！

一然的法嗣有混丘（西元一二五〇—一三二二年），混丘生來形貌端嚴，天性慈祥，親戚均以「小彌陀」呼之，所以在十歲時就出了家。參加禪宗九山的科選，登上上科，遂從一然參學，而玉嗣其法席，開堂說法。忠烈王下批為大禪師，忠宣王特授其為兩街都僧統，加大師子王法寶藏海國一之號；忠肅王冊為悟佛心宗解行圓滿鑑智王師；兩王樞衣請益，為前古所未有。著有《語錄》二卷、《歌頌雜著》二卷、《新編水陸儀文》二卷、《重編拈頌事苑》三十卷，行於叢林。

當時，尚有一位持律謹嚴的律師海圓（西元一二六一—一三四〇年），他兼通唯識，戒行清高，受到元朝安西王朔方向成宗帝的推崇，而招致入覲。武宗帝創大崇恩福元寺，仁宗帝皇慶元年落成，即命海圓為該寺第一世，因此道譽益著，名冠一時。

第五章　高麗後期的禪師及排佛運動

韓國的佛教，主要在於禪宗。但其禪風與中國則略有不同，韓國的禪師，能開新局面的也是不多。

高麗王氏王統的晚期，出了幾位禪師。最值得注意的，是一位來自印度的指空禪師，據指空《禪要錄．序》中說，他是自迦葉以後的第一百零八祖，名叫禪賢（Dhyāna-bhadra），指空（Sungadisga）是他的號，元朝泰定年間（西元一三二四—一三二七年），見了晉宗（鐵木兒），論對佛法，頗能稱旨。由中國到高麗，泰定四年，住於重修之乾洞禪寺。所到之處，法雨普被，而且神異頗多。他在未去高麗以前，住中國已經好多年了。

據他自稱曾祖及祖父均為伽毘羅國（Kaplia-vastu）之王，父為摩揭陀國（Magadha）之王，母為香至國（Kāñcipura）公主，他是八歲出家，依那爛陀（Nālanda）寺講師律賢（Vinaya-bhadra）披剃，到南印度楞伽國（Laṅkā）吉祥山，傳普明（Samanta-Prabhāsa）之法。

他是從北印度到燕京（北平的古名），再去四川至雲南，學會了雲南方言，請說戒經而燃頂焚臂者，官民皆然。羅羅人素不知佛僧，指空到時，也都全部發心，乃至飛鳥亦能唱念佛名；貴州元帥府的官員，因他而全部受了戒；貓蠻、猺獞、青紅、花竹、打牙、獨狫等諸山地土著，也都帶了奇異的菜餚，來求受戒。他到了高麗，又被元帝召了回來，元文宗親臨聽他說法，順帝的皇后及太子，迎他入延華閣請問佛法。因此，指空禪師既是韓國佛教史上的人物，也是中國佛教史上的人物。

有高麗人韋氏，請指空授戒，又有高麗人金氏，隨指空出家，並捨其在燕京的住宅為寺，請指空居之，指空題此寺額為「法源」。指空的壽命極長，雲南悟禪師七歲時隨他出家，他已是周甲之年，悟禪師七十五歲時，指空始入寂，那是元順帝至正二十三年（西元一三六三年），再過五年，就是明太祖元年了；再過三十年（西元一三九三年），高麗即亡於朝鮮。

指空著有《禪要錄》傳於世，《禪要錄》是以頓入無生大解脫門為指要，依以戒、定、慧三學而說解脫之道，其思想的基礎，是在於般若。

指空的相貌很奇特，辮髮白鬚，神氣墨瑩，服食極侈，平居儼然，望而生畏。

行化則棒喝並行，禪機峻峭，雖沒有長留高麗，然而高麗的禪觀，卻是由指空而再興，所以被譽為梵僧中的臨濟、德山。

在曹溪圓悟國師天英之下，有復丘禪師，復丘十歲時就於天英剃度，未幾，天英圓寂，遺囑復丘隨大禪師道英請益，二十一歲，高中禪選的上上科。自此，觀心於泉石，逍遙於雲林，不近名利，十多年之後，住於月南的松廣大道場，前後凡四十餘年，所做福國利生之事，不勝枚舉。至正十二年，恭愍王冊為王師，寂於恭愍王四年（元朝至正十五年），八十六歲。

在恭愍王時，尚有一位普愚禪師，號太古，又名普虛。十三歲投檜巖寺的廣智出家。十九歲，參「萬法歸一」之話頭，一日，疑團頓消，而作「佛祖與山河，無口悉吞卻」之句。三十七歲，在松都（開城）的栴檀園，參究「無」字，次年正月初七日五更，豁然大悟，因作「打破牢關後，清風吹太古」之句。忠穆王二年，元順帝至正六年，四十六歲，來華。第二年，至湖州霞霧山天湖庵，見到石屋清珙，為其印證，並奇之，便問他：「子既經如是境界，更有祖關，知否？」普愚答稱：「何關之有？」清珙教他：「工夫正而知見白矣，然宜一一放下，若不爾也，斯為理障，礙正知見矣。」他卻回說：「放下久矣。」第二天，他們兩人又繼續問答了好多話，終將袈裟付與普愚，用表傳法之信。

普愚回國時，經過燕京，元順帝請他在永寧（或永明）寺開堂說法，並賜金襴袈裟及沉香等物。至正八年，回高麗，他希望韜光息影，躬耕山野，長養聖胎，但是恭愍王對他太敬重了，請他出山，封他為王師，請他說法，直到明朝洪武十五年（西元一三八二年），以八十二歲的高齡入滅，此時，距離高麗滅亡也僅十二年了。

從法系上說，石屋（福源）清珙，是徑山師範的第三傳，仰山祖欽的法孫，道場及庵（宗信）的法子，乃是臨濟義玄的十九代，楊岐方會的十二代。那麼，太古普愚是臨濟義玄的二十代，亦即第十九世孫了。

太古有其傳者雪棲所編的語錄行世，其中有一篇對恭愍王所說的心要，主旨在於提倡第一義。太古的看話工夫，是以公案來斷截分別知見，這與宋末圓悟大慧等的看話全同。他又有〈示樂庵居士的念佛略要〉，主張「心外無佛，佛外無心」，「但直下念自性彌陀，十二時中，四威儀內，以阿彌陀佛名字，貼在心頭眼前；心眼佛名，打成一片……久久成功，則忽爾之間，心念斷絕，阿彌陀佛真體卓爾現前。當是時也，方信道舊來不動名為佛。」這與宋末的念佛公案，也如出一轍。

高麗末期的另一位大禪師，便是慧勤，舊名元慧，號懶翁（西元一三二〇—

一三七六年），他的世壽僅五十七歲，卻生歷高麗的忠肅、忠惠、忠穆、忠定、恭愍，及辛禑等六王，所以他也是有代表性的歷史人物。

慧勤在二十歲時，見一鄰友死了，他便有感而請問父老輩：「死何之？」父老輩中竟無一人能答，他便痛悼不已！因此而就出了家，先投功德山妙寂庵的了然祝髮，了然見他機根靈利，便囑他別求餘師。元順帝至正四年，在楊州天寶山檜巖寺，見日本的石翁和尚，精修四年，一日忽然開悟。至正八年三月，來華至燕京法源寺，初參梵僧指空和尚，在參學期間，與指空曾有幾度針鋒相對的機關話，從他們的對答中，可以看出雙方對於中國禪宗的公案，均相當地熟，而且運用靈活，應對自如，不落老套。離開指空和尚之後，又參平山處林，處林問他：「曾見什麼人來？」答：「曾見西天指空來。」又問：「指空日用何事？」答：「指空日用千劍。」「指空千劍且置，將汝一劍來。」慧勤便以坐具把處林打倒在禪床上，處林大叫：「這賊殺我！」慧勤連忙扶起了處林，便說：「吾劍能殺人亦能活人。」處林便哈哈大笑。留住數月之後，便將雪巖所傳及庵宗信的法衣一領、拂子一枝付囑表信。

此後，又回到燕京法源寺，接受了指空的衣拂。

因此，慧勤的禪脈，是在中國傳去的，並且傳了西天指空及平山處林的兩支法脈。平山處林乃是石屋清珙的法兄弟，所以，懶翁慧勤又與太古普愚是同一法祖的法兄弟了。

至正十五年，元順帝詔慧勤住京師廣濟寺。

至正十八年春，辭別指空東還。回國後受到恭愍王的禮敬，弘化不懈。恭愍王十九年（明太祖洪武三年），也就是指空死後的第八年的秋季，住於檜巖寺，九月十日，奉召入京，在廣明寺，大會禪及天台兩宗之衲子，舉行「工夫選」，恭愍王親臨觀察，慧勤拈香之後陞法座，對大眾說：「破卻古今之窠臼，掃盡凡聖之蹤由，割斷衲子命根，抖擻眾生疑網。操縱在握，變通在機，三世諸佛，歷代祖師，其揆一也。在會諸德，請以實答。」於是，大眾以次入對，曲躬流汗，皆曰未會，或者理雖通而礙於事，或者狂態失言，一句便退。最後來了一位幻庵混修，慧勤歷問三句三關，混修通透無遺。這也是高麗末期的一樁佛教大事。

慧勤的思想，與普愚不同，他著重四生六趣之存在，無非是法。又主張娑婆即淨土之說。他能文善詩，確為高麗末期難得之龍象。

在「工夫選」中最傑出的人物是混修（西元一三二〇—一三九二年），混修是太古普愚的法嗣，也是懶翁慧勤的高足，明太祖洪武二十五年，七十三歲圓寂，他正好趕上高麗滅亡而朝鮮開國。他是以工夫選中出了名，所謂三句三關的對答，是如此的：

混修立於堂門階下，慧勤問他：「如何是當門句？」
修即上階而答：「不落左右中中而立。」
問：「如何是入門句？」
修即入門：「入已還同未入時。」
問：「如何是門內句？」
答：「內外本空，中云何立。」
慧勤即以三關審問：「山何岳邊止？」
修答：「逢高即下，遇下即止。」
問：「水何到成渠？」
答：「大海潛流，到處成渠。」
問：「飯何白米做？」
答：「如蒸沙石，豈成嘉餐。」

慧勤因此首肯。

洪武十六年，辛禑王冊混修國師；末代的恭讓王，再封他為國師。朝鮮太祖元年，混修圓寂，太祖諡為普覺國師。混修是一位禪匠，而且是一位大書法家呢！

同出於太古普愚門下的，據說有大禪師九十人，禪師及其他者千三百人。除了混修最著名之外，尚有王師圓應尊者粲英。混修門下有龜谷覺雲。從普愚下傳者共有七代：初祖普愚、二祖混修、三祖覺雲、四祖淨心、五祖智嚴、六祖靈觀、七祖休靜。

此期間尚有一位千熙（西元一三〇七—一三八二年），他在元順帝至正二十四年，五十八歲時來華，先到杭州，至正二十六年，參聖安寺的萬峰禪師，傳法授衣付禪棒。萬峰是千巖元長的法嗣、中峰明本的法孫，因此，千熙該是中峰國師的重法孫了。當年他就東還高麗，受到恭愍王的渥禮勞慰。至正二十七年，恭愍王封他為國師，懶翁普愚主持工夫選時，請他為證明師。著有《三寶一鏡觀》若干卷行世。

高麗末期的義學與禪宗，已無甚區別，可記的教學者，僅子安一人（西元一二四〇—一三二七年），他在二十九歲時，即被拜為三重大師，主講《成唯識論》

時，此宗之耆宿也都執卷聞教於其座下，主法之盛況，被形容為「前古未曾有」，撰述經論章疏，凡九十二卷，又疏記《心地觀經》，元之諸講師見了，亦無不讚美歡喜。可見子安是一位當時難得的義學家了。

然而，我們知道，韓國的佛教，是以高麗王朝的時代為黃金歲月，王氏共傳三十四王，計四百七十五年，沒有一王不崇信佛教，沒有一年不舉行佛事，雖然宮廷佛教未必盡如佛法的理想，但國王的竭誠護法，確為佛教光大的主因，並將法雨普施於全體國民，佛教對於韓國國民的安慰貢獻，高麗的政權，功不可沒。可是，一到李氏王統的朝鮮之時，佛教就江河日下了！其實，這一現象，在高麗末期，已很嚴重了。

首先要說，高麗的文教風氣，自太祖以下，至成宗王時，已經立定了學政的基礎，文教制度的確立與改革，以儒學取士任官，而使文風大興。到了忠烈王十五年（元朝至元二十六年），安裕（又名安珦）隨王訪華至燕京，得到《朱子全書》，而輸入了宋之理學，朱子學在韓國的提倡，安裕為第一人，然而，倡道朱子學，即形成了排斥佛教的第一步，並種下了後來李朝廢佛毀釋的遠因。

安裕的學生白頤正，又入元朝傳受程朱之學。元仁宗延祐元年（西元一三一四年），忠烈王已讓位，他自己則來中國，構築萬卷堂於燕京，並召李齊賢於府中，而與當時元朝的名儒閻復、姚燧、趙孟頫、虞集等交往，考究書史。當時又有博士柳衍等，自中國江南購返經籍一萬八百卷，元仁宗也賜忠烈王書籍四千三百七十一冊，計一萬七千卷。這對於韓國後來在儒學上的發展，幫助很大。

自安珦傳白頤正，白頤正傳李齊賢，李齊賢傳李穡，李穡傳權近，權近傳卞季良，這是高麗儒學的系統。唯李齊賢及李穡，尚為崇信佛教的儒者，而且李齊賢對於禪宗，參究頗有心得。與李穡同時的成均館博士鄭夢周，便以排佛做為宣揚儒教的方策了。李穡的學生權近，以及與權近同時的鄭道傳二人，因其後來掌握李朝初期的文教實權，毀釋排佛之舉，更見激烈了。

高麗末期，倡排佛論者已不少，但以鄭道傳的排佛論最為深刻而激烈。鄭道傳亦曾遊於李穡之門，並與鄭夢周為友，他也是成均館博士，恭愍王二十年，授太常博士，在辛禑王時結交了朝鮮太祖李成桂，並獻計廢除高麗最後之二王，逼恭讓王以禪位之美名，把政權交給了李成桂。所以鄭道傳既是朝鮮功臣，復是高麗的逆臣，高麗之亡，就是亡在他的手上。但到朝鮮太祖七年，又因陰謀作亂而伏誅。他著有《三峰集》，在該書之卷九，載有〈佛氏雜辨〉等文。他自己說著有〈佛氏雜辨〉十五篇，今所見者僅得十四篇，或加〈闢異端之辨〉共計十五篇。他的排佛闢釋論，讀來確實有氣勢澎湃之感，但自其文內容而論，他所讀佛典極少，除了以周濂溪的《太極圖說》，以及程朱之理氣論等為其依憑之外，別無其自發的見解，不過效顰宋儒之伎倆，陰採禪學的思想，陽造排佛的意氣而已。採拾禪家語錄的片言集語，斷章《楞嚴經》、《圓覺經》、《金剛經》等經的一句、兩句，肆意歪曲，並以韓愈〈諫迎佛骨表〉為其論證，雖然痛論激語滿紙，實亦類似兒戲，論理的基礎極其脆弱。

同時，崇佛過盛而不加約制之時，必有妖妄之徒，乘機惑世取寵。在恭愍王時，有妖僧遍照，不學無德，但他黠慧而機辯，喜於矯飾，枯槁其形，不論盛夏或隆冬，僅服破衲一襲，深得國王敬重，言聽計從，干預政事，於是，士大夫之妻，均以神僧視之，而來聽法求福，但他密受奸臣以兩個處女之淫供，恣威作福，斥去忠良。恭愍王竟封他為真平侯，又加保世功臣等等的職銜。終於更改在俗姓名為辛旽，權傾一時，而貪淫日甚，貨賂輻湊。居家則飲酒啗肉，恣意聲色，見王則清談茹素飲茗而已。國王信佛而弊害之盛如此，當非偶然。

恭愍王十年，遂有如此的禁令：「釋教本尚清淨，而其徒以罪福之說，誑誘

寡婦孤女，祝髮為尼，雜處無別，……醜聲時聞，汙染風俗，自今一切禁之。」（《東國通鑑》卷四十七）

辛禑王八年，有妖人伊金，自稱是彌勒佛，宣說吃牛馬之肉者必死，有財貨而不分與人者必死，愚弄鄉民，惑亂大眾，眾人奔相皈信，敬之如佛，無賴之徒，和而從之，轉相誣誑。

因此，太古普愚有憂國憂教的言論。居士李穡，在恭愍王元年上書，論及佛教之頹敗及其救弊之道。恭愍王十九年，明太祖頒璽書，提出警告：「不敬不汰，則善惡不分。」主張禮敬德僧而汰除冗僧。

辛昌王即位之年（明洪武二十一年），典法判書趙仁沃，上疏：「近世以來，諸寺僧徒，不顧其師寡欲之教。土田之租，奴婢之傭，不以供佛僧，而以自富其身，出入寡婦之家，汙染風俗，賄賂權勢之門，希求巨利。」於是提出辦法：寺產應：「載諸公案，計僧徒之數而給之，禁住持竊用；凡留宿人家之僧，以犯奸論；貴賤婦女，雖父母喪，毋得詣寺，違者以失節論，其為尼者，以失行論；敢祝婦人髮者，加以重罪；鄉吏驛吏，及公私奴婢，勿許為僧尼，僧徒恆留宿人家者，俾充軍籍，其主家亦論罪。」（《東國通鑑》卷五十三）

趙仁沃是排佛的人物，當無疑問，雖其誇大與強調僧徒之失行如此，卻也不是空穴來風，所以他的辦法是如此地苛刻。雖其未必全為當局者接受，然他的影響卻是不可忽視的。

因此，到了恭讓王二年（洪武二十三年）六月，便有一位前典醫副正金璵上書，說了公道話：「今狂儒之淺見薄識者，不顧三韓之大體，徒以破寺斥僧為懷。噫！聖祖（案：係指高麗太祖）創業之深智（案：係指觀山水地脈而創寺祈福），反不如豎儒之計乎？伏望殿下，上順聖祖之弘願，重營佛寺，加給田丁，以興釋教。」（《高麗史》卷四十六）

可是高麗王朝已到強弩之末，排佛論者，已經形成了優勢。故到恭讓王三年四月，禁令婦女往來佛寺。同時，有成均館博士金貂，上疏排佛，主張驅逐出家之輩，還於本業，請破五教兩宗，補充軍士。另有成均館之生員朴礎等，也上書，請勒令佛者還其鄉，以充兵賦，焚其書，以絕根本！

到此為止，韓國的佛教，在內部頹敗及儒生排擊之下，已是奄奄一息了！可見，佛教如不設法從淨化人間的實際工作上著手努力，而但從祈禱禍福等的觀念上做宣傳，縱然鼎盛一時，也必趨於衰亡！

第六章　李朝的興儒排佛運動

朝鮮的太祖李成桂，天資剛毅而聰敏，在高麗恭愍王時做官，先伐倭寇而獲奇勝，又與元將納哈出戰有功，至高麗恭讓王時，受到王的信賴，威望壓倒朝廷內外，到了明太祖洪武二十五年（西元一三九二年），放逐恭讓王至原州，他便自立為王，這就是朝鮮。

李成桂本人，尚能繼承前代信佛之餘緒，修於佛事，並尊信沙門無學，待之以師禮。無學善於看風水，所以為李太祖勘輿建新都之地，那就是後來的京城府。不過，李成桂的信佛見地不高，他協助幻庵混修造《大藏經》，安於瑞雲寺，目的是為求有為之功德；他拜無學為王師，不是為受無學的禪旨，而是求一看風水的相士；重創演福寺，重營伽耶山海印寺古塔，與群臣發願而安《大藏經》於塔中，是祈福國利民。故其仍不出於祈禱佛教的崇信。

可是，李成桂在位僅六年（西元一三九二——一三九八年），便讓位給第二子芳果，那便是定宗王，芳果便開始崇重儒學了，在京城內，設東南西北中之五部學堂，獎勵儒學。兩年之後，又傳位給太祖的第五子芳遠，這便是太宗（西元一四○一—一四一八年）。太祖很不喜歡芳遠，所以太宗即位後，太祖就到咸興去了，太宗請無學去遊說，才把太祖勸回京城，承認了芳遠的繼承權。

然而，自太宗開始，便來了一連串的排佛措施。

太宗二年，從書雲觀上書的建議，將諸寺土田的租收，用作軍資，諸寺的奴婢，分屬諸官司。這是李朝排佛，先從控制佛教經濟下手的第一步驟。

太宗六年，由於議政府之啟請，減少寺剎的數量：曹溪及總持（密宗）二宗合為七十寺，天台疏字宗、法事宗合為四十三寺，華嚴宗、道門宗合為四十三寺，慈恩宗三十六寺，中道宗、神印宗合為三十寺，南山宗、始興宗各為十寺，共計僅留二百四十二寺。這比作當時實有數千寺的景況來，無異是在消滅佛教了！

太宗一生之中，做了唯一的佛事便是在十二年建開慶寺，印《大藏經》納之於海印寺。其餘的凡關於佛教的措施，都是排斥的。十三年，大旱，承政院奏請，集僧祈雨，王說：「旱極必無雨，若有雨即不用釋氏之力。」並說：「卿等勿再論佛。」

韓國歷代王室的山陵乃至士大夫之墓旁，均建僧舍及齋庵，早已成為例規，但是，太宗則說：「山陵者，乃吾百歲後所往之地，有緇徒近於吾旁，吾必不安。」看他是多麼地憎恨佛教了。

第四主為世宗（西元一四一九—一四五〇年），他是太宗第三子，極崇儒學，乃至躬親講究經史。三年，以儒禮立太子。同年，廢止王室的年終還願；舊例，每歲年初，遣人祈福於佛宇山川，稱為年終還願。四年，又廢止經行之儀；所謂經行，是在春、秋兩季的第二月，僧侶誦《般若經》，由鳴螺、執幡蓋及香火者前導，遊行於街巷，禳止災難的一種祈禱佛事。

世宗王六年，將佛教合併為禪教二宗。將曹溪、天台、總南（總持宗及南山宗；總持宗為真言宗，南山宗為律宗）三宗，合為禪宗；華嚴、慈恩、中神（中道及神印；中道即三論宗，神印即結印之密教）、始興四宗，合為教宗。量宜置三十六寺，分隸兩宗，優給田地。揀取年行俱高者，為兩宗行首，令察僧中之事。在太宗時，尚有二百四十二寺，現在雖然「優給田地」，但是，合法的寺院，內外總共僅有三十六座了！又據《燃藜室記述別集》卷十三所說，世宗王元年時，命罷五教，只留兩宗，並盡革內外寺社之奴婢土田歸官。

正當儒生用事而朝廷排佛的時候，竟然出了一位天台宗的行乎。行乎於世宗王十九年（明英宗正統二年，西元一四三七年），「重創興天寺，大聚僧徒，新受度牒者，一歲之內幾至數萬。太學生等上疏曰：『我太祖慮浮屠之害，嚴立僧徒之禁，太宗灼知其弊，減革寺社，十存一二，……及我殿下，先廢內願堂，仍減宗門，且令僧徒禁入城市，……今者行乎住止興天，……民之敬服無異懶翁，雖以宗親貴戚，躬詣桑門，恭行弟子之禮，……下令攸司，斷行乎之頭，以絕邪妄之根。』」（《燃藜室記述別集》卷十三）

儒生仇視佛教如此，竟然奏請朝廷力斬高僧之頭。

「世宗癸卯，京外只留三十六寺，餘悉罷之。」（《名臣錄》）可知在京內已經不留佛寺，並且禁止僧人入城。

世宗王是一位聰明的君主，他自己通天文學，並發明天體運行的活動模型。韓國諺文的創製，也是他的功勞。二十八年（明英宗正統十一年）設置諺文局於禁中，命申叔舟及成三問等創製子母音二十八字，由明人翰林學士黃瓚相助，合於漢字的音韻，字形模仿蒙古文，綴字發音則模仿梵語。據世宗御製的序文說：「國之語音，異乎中國，與文字不相流通，故愚民有所欲言，而終不得伸其情者多矣，予為此憫然，新制二十八字，欲使人人易習，便於日用耳。」在這以前，韓國通用漢字漢文，從此開始，才有了他們自己的文字，而其綴字發音，均係仿照梵語，佛教對韓國的貢獻可以想見了。

因此，到了世宗王晚年，又想到了佛教，二十九年，命首陽大君李瑈，撰《釋譜詳節》，乃係「爰采諸經」而「繪成世尊成道之迹，又以正音加譯解，庶幾人人易曉而皈依三寶焉。」（該書首陽大君之序）同時在二十四年，營造壯麗的內佛堂，二十五年，設興天寺重修慶讚會，三十二年，命建內佛堂，雖有郡臣諫阻亦不聽。又命兩個王子（李瑈、李瑢）往就俊和尚（可能是五冠山興聖寺的弘濬），學習經律。

首陽大君李瑈，後來便是第七主世祖王（西元一四五六——一四六八年），第五主文宗王僅兩年，第六主端宗王僅三年，李瑈殺了端宗及成三問等而即王位，即位第二年，又遇世子死了，所以頗有悔心，尤其他曾學過佛，並撰過佛書，故而手書《金剛經》，又命讎校《楞嚴經》、《法華經》等經，校正《永嘉集》諸本之同異，集印〈證道歌〉之彥琪、宏德、祖庭註，印行《法華經》、《楞嚴經》、《翻譯名義集》等。三年，校印出存版於海印寺的《大藏經》五十部，分藏於各道之名山巨剎，凡所用紙三十八萬八千九百餘帖，役糧五千石，可見其偉大了。

世祖王由於沙門信眉、守眉、學悅、學祖，以及太宗王的第二子孝寧大君之協助，而做了許多佛事，建寺、齋施、造塔、設法會、印經。這算是李朝的一位護法君王。

到第九主睿宗王元年（西元一四六九年），定度僧之法，收丁錢正布三十匹，給一份度牒。又定禪教兩宗，每三年一選試，各取三十人。並許寺剎之新創及古蹟之重修，太妃為資世祖王之冥福而創建奉先寺於楊州。

然而好景不長，第十主成宗王（西元一四七〇——一四九四年）即位後，便以文教之振興做為治國之要道，他自己精通經史百家之書，特別潛心於性理之儒學，因此而用儒生之言，排斥佛教。二年，禁止京中有念佛之所，驅逐城中所有的巫覡之輩。據《慵齋叢話》卷一說：「凡干佛事，台諫極言其弊，由是士大夫家畏憲章物議，雖遭喪忌，俱依（儒）法行祭，不供僧佛，其因仍不廢者，惟無賴下民，然不得恣意為之。又嚴度僧之禁，州郡推刷無牒者，長髮還俗，中外寺剎皆空。」

六年，撤毀城內外尼寺二十三所，將經書藏於成均館尊經閣。

好在貞熹王后信佛，十一年，重修砥平的龍門寺；仁粹太妃也崇佛，十九年，重修海印寺。但是，儒生的力量很大，竟敢燒掉仁粹太妃所造的佛像，並且得到成宗王的支持，說：「儒生闢佛，可賞而不可罪。」

到第十一主燕山君（西元一四九五—一五〇五年）時，首先由於他的祖母仁粹太妃信佛，所以隨從太妃之意，為成宗王追福而設水陸法會，在圓覺寺印佛經，在廣州造奉恩寺；太妃又為燕山君祈壽祝福，發願印《大藏經》八千餘卷。可是，到他即位第十年，當太妃一死，忽然大肆排佛：下令搬出三角山藏義寺的佛像，而放逐僧徒，將教宗的首剎興德寺的佛像撤廢，寺舍供作官用；把禪宗首剎興天寺的佛像移至檜巖寺並廢止；尤甚者，竟將圓覺寺改成了妓女院。

第十二主中宗王（西元一五〇六—一五四四年）即位之後，便將興天寺改作公廨，儒生又將該寺的舍利閣燒掉。二年，廢止僧科。七年，毀掉圓覺寺；並將慶州塔左的大銅像，銷毀改製軍器。十一年，令廢忌辰設齋薦福之國俗。十三年，撤棄城南之尼舍，毀佛像。中宗王做了唯一的佛事，便是於十五年，命沙門學祖印出海印寺版的《大藏經》一部，並集百八法師，轉讀三日。

第十四主明宗王（西元一五四六—一五六七年）即位，由於其母文定王后攝政的機會，總算又把佛教稍微興了一興。王后敬信沙門普雨，光揚佛法。四年，就尼寺淨業院之舊基，構築新仁壽宮。六年，恢復禪教兩宗的僧科。王后為了復興佛教鼓勵出家，可是，未能制定一套制度，以致民家竟有四、五子全都出家為僧而避兵役者，於是僧徒日繁，軍額日縮。此期間，以奉恩寺為禪宗首刹，由普雨住持統攝之；以奉先寺為教宗首刹，由守真住持統攝之。

因為佛教復興，又引起了儒生的反抗，他們所選的目標，便是普雨。在李珥所謂「論妖僧普雨」的疏中說：「今茲普雨之事，舉國同憤，欲磔其肉，以至國子抗疏，兩司交章，玉堂進箚，累日不已。」（《靖陵誌》）普雨受到攝政后的敬信，大弘教化，在朝的儒臣，便視他如眼中之釘。文定王后在生之日，要想殺掉普雨是做不到的，但到二十年，文定王后一死，台諫等便聯名上書請誅普雨，王在重壓之下，乃把普雨流放到濟州去，明宗王沒有下令殺死普雨，普雨卻被該州的牧使所殺！為教殉難而死於儒生之手的高僧，行乎之後，又是一人了。二十一年，因普雨之力而再興的兩宗僧科又廢止。

從太祖以來，到此為止的一百七十五年之中，佛教的慧命，可謂是不絕如縷。但是也出了幾位名德。

朝鮮太祖的相士無學自超（西元一三二七—一四〇五年），十八歲有出家志，元順帝至正六年（西元一三四六年）冬二十歲，閱《楞嚴經》有悟。二十七歲入元，到燕京，參西天指空，又遇懶翁慧勤也正在中國，慧勤許他為：「相識滿天下，知心能幾人，爾與我一家矣。」無學於至正十六年三十歲東還。十九年夏，慧勤授拂子，洪武四年，即付衣鉢，所以，無學是懶翁的法嗣。洪武二十五年，高麗恭讓王封他為王師，朝鮮李太祖於同年七月即位，十一月也封無學為王師。

無學的法嗣有己和（西元一三七六—一四三三年），己和號得通，以其所居之室稱為涵虛堂，後人多以涵虛堂稱他。他幼時學習經史文章，二十一歲時，深感人世無常而發心出家。洪武三十年到檜巖寺參無學，後來遊歷諸山，過了七年，再到檜巖寺，獨居一室，杜絕視聽，苦參苦修，曾有兩度悟境現前。又過了兩年，便出來講《般若經》，大弘法化，宣揚祖風。明成祖永樂十二年（西元一四一四年），在慈母山（平山）煙峰寺，選一小室，名為涵虛堂。著有《涵虛堂語錄》、《圓覺疏》三卷、《般若五家說誼》一卷、《顯正論》一卷等。己和具有衲僧的風格，只是他的「心常身滅」的見解，是跟著老莊的思想走了，與大乘禪的本旨，相去何止千里！值得注意的是他的《顯正論》，旨在破斥儒士排佛的謬論而顯佛教的正義，歸結是提出了儒、釋一致論的看法，觀察他的論點，和宋人契嵩的〈輔教篇〉

相似。

得通的門人有五冠山興聖寺的弘濬，弘濬可能就是朝鮮世祖王在做王子時所參學的俊和尚。

受世祖王尊信者，有信眉、守眉、學悅、學祖等人。

守眉初參龜谷覺雲，晚入碧溪正心（亦作淨心）之室，龜谷嗣混修，混修嗣幻庵，幻庵嗣太古，正心則嗣龜谷，唯其正心的法系很雜，據《佛祖源流》所說，正心「遠嗣龜谷，又入明傳臨濟宗下摠統和尚法印而來」。

守眉的法門，在世祖王時，學者麇至，鼎盛一時，被世祖王封為王師，賜號妙覺。

信眉是守眉的道友，稱為慧覺尊者，世祖王在潛邸（尚未即位）時，曾受信眉的輔導而皈信佛教，世祖王自己說：「自予潛邸以來，我慧覺尊者（信眉），早相知遇，道合心和，每提攝於塵路，使我恆懷淨念，不沉欲坑，致有今日，非師功耶？」（〈五台山上院寺重創勸善文〉，王之附記）

就在世祖王的時代，尚有一位金時習（西元一四三五—一四九三年），他三歲即能賦詩屬文，五歲出入於太學，被稱為神童，世宗王聞其之名，召到承政院，由朴以昌試他，確實不凡，世宗王嘉其聰敏，賜帛五十匹。後來，聽說世祖王廢了端宗而自立，他便佯狂而入佛門，自號雪岑。金時習的學識淵博而心行灑落，所以很得道俗之敬重。世祖王召他赴法會，他竟自投廁圊中，僅露半面。四十七歲時，蓄髮、娶妻、吃肉，不久妻子死了，他又再度還山。此人不能算是僧人，但他的思想很清高，以「天子不得臣，諸侯不得友」自鳴。從他的《雜著》中，可以見其思想，雖以佛法為見地，仍本於儒教為主，與佛法的正義，多少有所違背。在他的《梅月堂詩集》中，所見的禪偈也很少，所以，他實在是個儒生而傾向於佛教者。在佛經方面，金時習撰有《法華讚》，他以為天台教觀應屬於禪，但向來講《法華經》者，均泥於教文而不曾以禪的角度來勘辨它，因此他覺得可惜，他便以禪的見地來說明七卷《法華經》的大意。讚文有一千數百字，在此不能抄錄。

在中宗王時代，有一位智嚴（西元一四六四——一五三四年），他的骨相奇秀，雄武過人，自幼學書習劍，明孝宗弘治四年（西元一四九一年），隨成宗王討伐入寇的朔方，立有戰功，但於征罷之後，即嘆說：「大丈夫生斯世也，不守心地，役役馳勞，縱得汗馬之功，徒尚虛名耳。」因此，入山出家了，當時他是二十八歲。後來他也是碧溪正心的法嗣，與守眉有同門之誼。他於看大慧宗杲的語錄「佛性無」的話下，打破了向來的疑團，又看高峰原妙的語錄，頓時抖落以前的見解。因此，智嚴的平生所發揮者，乃是大慧及高峰的禪風，智嚴不唯弘揚禪風，同時也講經教，他的圓寂，便是正在講《法華經》到〈方便品〉的時候。有時以禪導，有時以教化；有時以《禪源集別行錄》引導初學，有時又用《禪要語錄》以除學者知斛之病，舒卷自在，不可思議。因其所居稱為碧松堂，號為埜老，著有《碧松堂埜老頌》一卷。

現在，要說到那位死於儒生之手的普雨。普雨著有《虛應堂集》、詩一卷、《禪偈雜著》一卷、文一卷。他的知見正確，尚不失為禪宗正統思想的繼承者，唯其太注重空觀，所以有時不免會墮於空寂的偏見。但在當時，能有他這樣的人，努力禪教之復興，已很難能可貴。

智嚴門下有休翁一禪（西元一四八八——一五六八年），一禪幼失怙恃，於十三歲出家，服勤三年，十六歲剃度，二十四歲以後參方，至智異山參智嚴，智嚴一見他就很器重，並示一偈：「風飕飕月皎皎，雲冪冪水潺潺，欲識個事，須參祖師關。」一禪因此即留心活句，樂而忘憂。明世宗嘉靖十五年（西元一五三六年），中宗王用僧軍防邊，一禪路經役場，飄然獨往，大官見他風采非凡，留他住了半月，京城士庶，聞其德音，爭來施捨，日多一日。因此，也被儒士控了一狀，以惑世罪名，拘禁起來，依法審訊時，他的態度從容，而且言直理通，所以把他放了。但他處於排佛之風非常激烈的時代中，仍念念不忘忠孝，其資質之純正，可以想見。

與一禪同門的，有芙蓉堂靈觀（西元一四八五—一五七一年），也是十三歲出家，投苦行禪子學法三年後落髮，不過他是有父母的，並且是私自逃出來的。到了中年之後才參智嚴，才消散了他二十年來的宿疑。靈觀的稟性溫雅，情無憎愛，雖得一匙飯，若見有人在側，也必分之共食。同時，他對星象、天文、醫術無一不通，常有懷《中庸》或挾《莊子》的人，來向他請教決疑。所以在湖嶺兩南（湖南及嶺南）地方的白衣而學通三教的，均是受了靈觀的影響。

芙蓉靈觀門下，有西山清虛堂休靜及浮休善修。尤其是休靜的化導力極大，因此此後的韓國名德，幾乎都是出於靈觀派下的子孫了。

第七章 佛教義軍及其龍象

在前面已經有過介紹，佛教在韓國史上，有僧兵或降魔軍的活動，那是出於政府排佛的一種手段。

到了明朝萬曆二十年，也就是李朝宣祖王二十六年（西元一五九二年），日本的豐臣秀吉，發大軍入寇朝鮮，韓兵大敗，宣祖王蒙塵出走至義州避難，國家危亡，猶如累卵。

李朝歷代排佛崇儒，此時正是佛教報國的時機，故有芙蓉靈觀的法嗣清虛休靜，以垂老之身，捨瓶鉢而執劍戟，自告奮勇，向宣祖王請命：「國內緇徒之老病不任行伍者，臣令在地焚修，以祈神助，其餘臣皆統率，悉赴軍前，以效忠赤。」僧人從軍，本為佛制不許，但在當時的韓國，這是求其自保而保國的最佳途徑，所以休靜的請命是很明智的抉擇。他統率了六千多名佛教義軍，與明朝派遣來的援軍並肩作戰，終於打敗了日本的倭兵。明朝的提督李如松、經略宋應昌等，也因聞休靜報國之名而送帖致敬。兵罷之後，即以兵事付囑他的弟子惟政等處理，他則依然還歸妙香山修持，宣祖王三十七年（西元一六〇四年），八十五歲圓寂。弟子千餘人，知名者七十人，為一方之宗主者，亦不下四、五人。著有《禪教釋》、《禪教訣》、《雲水壇》、《三家龜鑑》各一卷，《清虛堂集》八卷。

休靜門下的麟鳳甚多，而以松雲惟政（西元一五四四—一六一〇年）為第一高足，代理休靜盡瘁於國事而與休靜並稱，號四溟大師。

惟政十三歲時學《孟子》，一夕廢卷而嘆曰：「俗學賤陋，世緣膠擾，豈若學無漏之學乎？」因而出家。他是一個禪教並重，善於詩文，又擅於辯才的人，所以在豐臣秀吉退兵之後，惟政便一度奉命出使日本，交涉國際事務。著有《四溟集》傳於世。但在清虛門下，惟政偏於教宗，另一位彥機禪師，則屬於禪宗。從惟政以下開出了松雲派。

彥機（西元一五八一—一六四四年），號鞭羊堂，他是惟政的同門，是休靜晚年的弟子，從幼年時代即生活在寺院裡，後傳了休靜的衣缽，又參訪了許多耆宿長老，及其開堂說法，廣演禪教，因此而得悟解者，不勝枚舉。著有《鞭羊堂集》三卷。自他以下，便開出了鞭羊派。

休靜的另一高弟，叫作逍遙太能（西元一五六二——一六四九年），也是十三歲出家，後來在休靜會下，與雲谷冲徽、松月應祥，號稱法門三傑。他在開堂揮塵、說法談玄時，年僅二十。忠君憂國，不讓惟政。遺有《逍遙堂集》，門下開出一派，稱為逍遙派。

休靜之下，另有一位中觀海眼，他的生歿年月不詳，但他門下開出了一個中觀派，他自幼聰慧，有神童之稱，亦嘗舉義兵，參加壬辰（萬曆二十年）之役。著有《中觀集》一書傳於世。

海眼的同門，有一位靜觀一禪（西元一五三三——一六〇八年），自幼出家，精修博學，淹貫諸乘，參休靜，得心法，著有《靜觀集》一卷，他的詩偈，頗富禪味。他對於當時的法門，悲感非常，他在〈都大將年兄〉之文中說：「於戲！季法之衰，世又亂極，民無安堵，僧不寧居，賊之殘害，人之勞苦，不可道也。而益增悽感者，僧衣俗服，驅使從軍，東西奔走，或就死於賊手，或逃生於閭閻，塵習依然，復萌于中，全忘出家之志，永廢律軌之行。希赴虛名，火馳不返，禪風將息，從可知矣！」這一段話說得何其痛心！

詠月堂清學（西元一五七〇——一六五四年），也是休靜的弟子，著有《詠月集》一卷。光海君十年（明神宗萬曆四十五年），為了經營宮殿，召集僧侶與俗人，混雜一起，同服勞役，清學即上疏抗議，請施仁恩，使僧眾生得其所。可見當時朝鮮佛教之受凌虐困迫之甚了。

在壬辰之役，有一位為國捐軀的名僧靈奎，也是休靜的弟子。朝廷不重視佛教，佛門的僧人卻有一片報國的丹心，靈奎聽說日軍入寇，宣祖王蒙塵，痛哭了三天，便率領義僧數百人，自薦為將。臨危不退，戰死於沙場！

清虛休靜門下之知名者，尚有敬軒著有《霽月集》，印悟著有《青梅集》，性淨成立了性淨派，學鄰、一玉等，均為清虛的入室弟子。

在休靜的同時，尚有同出於芙蓉之門的浮休善修（西元一五四三——一六一五年），但他卻與休靜的弟子惟政齊名，並稱為當時佛門的二難。浮休善修為人皤腹脩眉，長身豐頰，惟失左手。得法後借覽相國盧守慎的藏書，凡七年，無書不讀。著有《浮休堂集》五卷，為其高徒覺性所編。寂後，光海君追加「弘覺登階」之號。

光海君是繼承宣祖王而登位的朝鮮第十五主，他就是徵集僧徒赴役，營造仁慶、慶德、慈壽三個宮殿的國王。設營造都監，由八路徵集木材，於是，發八路僧軍赴役，緇髡滿於京城，因其服此勞役而給僧徒度牒。

惟政的弟子松月應祥（西元一五七二—一六四五年），他的功勞，便是於仁祖王二年，王集八道僧人築南漢山城，特命應祥為監工。後以功勞任其為八道都總攝（僧大將），應祥則堅辭不受，可見應祥旨在藉此以護佛教，不在功名祿位也。

與應祥同時受命監工的，尚有善修的高足覺性（西元一五七五—一六六〇年）。這要說到第十七主仁祖王（西元一六二三—一六四九年），仁祖王元年，禁止僧尼入京城，但到二年，由於平安兵使李適叛逆，陷京城，王奉太妃出走公州，竟又命設僧軍，以城內之開運寺為緇營，隸屬於守禦營；並以沙門覺性為八道都總攝，築南漢山城，覺性總算被王奴役有功，封為「報恩闡教圓照國一都大禪師」。雖然，政府對待佛教如此之苛虐，但僧徒猶能臨危受命以報國家。覺性著有《禪源集圖中決疑》一卷、《看話決疑》一卷、《釋門喪儀抄》一卷。

真所謂亂世見忠臣，在仁祖王十四年（明崇禎九年，西元一六三六年），清太宗即位，發大兵進攻朝鮮，長驅直入，逼於京畿，仁祖王避入南漢山城，又被清兵圍困，終於乞降稱臣。在此期間，有一位虛白明照（西元一五九三—一六六一年），領義僧、募義糧，堅守安州（平安南道）。明照是松月應祥的弟子，自清虛休靜至虛白明照，已歷四傳，他們都是在亂世的軍伍之中，做著懸若游絲般的佛化工作。

應祥門下，尚有雙彥（西元一五九一——一六五八年）及覺敏等，均為一時俊秀。

可是，李朝有一個不變的原則，那就是排斥佛教，儘管於國難之際，僧人之精忠報國者竟如此之多。所以到了第十九主顯宗王時（西元一六六〇——一六七四年），又下了一道破佛令：「禁止良民削髮為僧尼，並令各地官員使出家者一一還俗，違者科罪。」同時撤毀都城之尼院，以其材料改建北學。

這時，出了一位處能，處能是覺性的法嗣，為顯宗王的破佛，上了一份〈諫廢釋教疏〉，縱論古今治道之成敗與教法之汙隆，博引經史，據內外之典籍，做堂堂正義之公論。這是一篇很有價值的護教之作，全文載於《大覺登階白谷集》。

鞭羊彥機的門下，有一位楓潭義諶（西元一五九二——一六六五年），器量宏深，聰慧絕倫，通解三藏之大法，以頓悟為其存心，扶樹宗門，被譽為海東中興之祖。弟子數百人，得其奧旨者四十八人，而以霜峰淨源、月潭雪霽、月渚道安、楓溪明察、雪峰自澄、青松道正、碧波法澄、幻宴莊六等人為最著。淨源、道安、雪霽，又各自成立一派。

消遙太能的法嗣，有枕肱懸辯及海運敬悅。懸辯著有《枕肱集》二卷，文才縱橫，通老莊及儒家之學，並有以諺文所作之〈歸山曲〉、〈太平曲〉、〈青鶴洞歌〉、〈往生歌〉，今收於《枕肱集》卷下。枕肱之嗣有護巖堂若休（西元一六六四—一七三八年），英祖王十二年（乾隆元年，西元一七三六年）任八道都總攝，為資憲大夫，僧軍大將，赴北漢山，又請止僧人之役丁，並撰清規，以正僧眾之威儀。

此所謂八道都總攝、僧軍大將等的名目，完全是李朝中世對佛教迫害所加的美名，旨在消滅佛教，故以僧為軍，以名德為將。

海運敬悅（西元一五八〇—一六四六年）下傳醉如三愚（西元一六二二—一六八四年），三愚傳華嶽文信（西元一六二九—一七〇七年）。

碧巖覺性之高弟有翠微守初（西元一五九〇—一六六八年），守初先在浮休門下為沙彌，當時的覺性為首座，有一天，浮休對覺性說：「異日大吾道者必此沙彌，吾耄且疾，非久於世，以付汝，好自將護。」後來，守初遍參諸方宗匠，欲旁修外學，乃入京城，出入翰相之門，討論墳典，咀嚼精華。明崇禎二年，應大眾禮請，於玉川之靈鷲山開堂，學徒湊至。崇禎五年，抵關北，說法於悟通、雪峰諸山，大振宗風於嶺外。崇禎十一年，南還，省覺性，後往曹溪道場先後十年，福慧雙修，道望愈增。清康熙六年（西元一六六七年），憩於黃岡之深源，節度使成杙，別乘尹遇甲，皆來皈依。著有《歌詩》一卷，門人得其骨髓而為人之師範者，三十二人。

守初之宗風，乃以禪教融會，聖道與淨土之合一，雖稱臨濟宗之正傳，卻信往生淨土之說；但也不是專信他力之淨業，乃主張以雜善為往生之因。故他有兩句話：「泰華萬仞勞寸趾而可登，淨土九蓮修片善而能致。」（《翠微大師集》）

守初是位非常清高的名德，他說：「凡林下之人，內無所守，而挾外務利，徒自以文身者，一朝失其所挾，則將未免顛覆叢林，汙穢佛法之患矣，願師更勿以此事累及疏慵幸甚。」（《翠微大師集》）這幾句話出於答希古上人的一封信中，因為相國張維，命希古上人結社於北山，屢請守初前去主持，卻被他謝絕了。

柏庵性聰（西元一六三一——一七〇〇年），是翠微守初的法嗣，十三歲出家，十八歲參謁守初，徒學九年，傳其法。自三十歲遍遊名山，兼通外典，善於詩，當時之士大夫金文谷、鄭東溟、南壺谷、吳西坡等，均因他而成了空門之友。性聰的最大貢獻，是對於諸經之刊行。據說：「康熙辛酉秋，千函萬軸之船，自無何而來漂湖南荏子島，至丙寅春，柏庵和尚得此全寶，剞劂而眼目人天。」（《天鏡集》所載之〈重刻金剛經疏記序〉）這一條船不知從何處去的，性聰見到時，上面載有明朝的平林葉居士祺胤所校刊的《華嚴經疏鈔》、《大明法數》、《會玄記》、《金剛記》、《起信記》、四大師所錄淨土諸書等，計一百九十卷。但是，尚有流散於別處者，經過性聰不辭辛勞，遍蒐博訪，共得四百餘卷，經數年而刊行於世。他自己著有《私集》二卷、〈經序〉九首、《淨土讚百詠》，並行於世。照他的思想而言，也是歸心於淨土往生的人。

性聰的法嗣，是無用秀演（西元一六五一——一七一九年）。秀演十九歲出家後，即宴默經年。嗣受剃度師之教，參於枕肱座下，又依枕肱之示，謂柏庵性聰於曹溪山隱寂蘭若。他是宗教並重、學行雙修的人，但到最後，仍以專心念阿彌陀佛而逝。就他的思想而言，乃是立足於三教一致的見地，在其所著《無用堂遺稿》中可以見到，他的詩偈文章，多用老莊之遺意，又主張儒、佛同詮之說。

無用秀演的法嗣，是影海若坦（西元一六六八—一七五四年），十歲投楞伽寺長老得牛，十七歲初見無用，十八歲披剃受戒，二十二歲受學經法，工夫精進，二十八歲以後篤信萬法唯心之旨，懇切參研，以致廢寢忘食，三十七歲受鳳山之請，初入慈受庵，來學者數百計。他的博學宏識，精於內典，兼通陰陽術數之學，操守清嚴，臨眾莊重，以禮法自持，著有《文集》三卷，已佚兩卷，現僅存詩一卷。

無竟子秀（西元一六六四—一七三七年），是清虛休靜的第六傳，清虛—靜觀一禪—任性冲彥—圓應志勤—秋溪有文—無竟子秀，是其法系。子秀長於詩文，著有《無竟集》，他也是三教一致論的主張者。

前面說到楓潭義諶的門下，開出三派。現在再予介紹：

月潭雪霽（西元一六三二—一七〇四年），十三歲出家，十六歲落髮受戒，後從楓潭，深受器重提獎，析達禪教之宗旨，亦出入於文藝詩書而能出口成章，最愛《華嚴拈頌》而每誦不絕口，大樹法幢，開導後學，得其旨者數十百人。門下出有喚醒志安，亦張鞭羊派之家風。

霜峰堂淨源（西元一六二七—一七〇九年），他出家雖早，但到三十歲才扣楓潭之室。此後，一缽一錫，歷訪國內名山名德，所到之處，凡是拈鎚豎拂者皆敬而避座，向他摳衣問法者常滿座。住於伽耶山海印寺之際，定《涅槃》等三百餘部之口訣；在曦陽山鳳巖寺之時，造《都序節要科文》；淨源尤精於《華嚴經》，經有四科而逸其三，經其緣文究義遂定為三科，使讀之者能不遺其旨，後得唐本，相對參校，果然無有差違，因受學者歎服。

月渚道安（西元一六三八—一七一五年），他是楓潭的高足之一，窮通禪教二宗，身長七尺，風采莊重，望之如泰山，就之如熏風。常留心華嚴法界，彷彿清涼澄觀，每勸人念佛往生，依稀廬山慧遠。清康熙三年，自金剛山入妙香山，講究華嚴之大義，世稱華嚴之宗主，座下聽眾數百人，法席之盛，當世未有。著有《月渚堂大師集》上、下兩卷。

月渚的法嗣有雪巖秋鵬（西元一六五一——一七〇六年），秋鵬接了道安的衣缽之後，遊化南方，諸釋子望其風者無不心醉，他精通經論而戒行高潔，接人無問貴賤，目光射人而談鋒如火。唯按其所著《雪巖集》三卷的內容，入於禪理者不深，道破禪之精髓的句子也很少，相反地倒含有幾分道家的色彩。另著有《雪巖雜著》二卷，第一卷已缺。

《禪門五宗綱要》的著者，喚醒堂志安（西元一六六四——一七二九年），是月潭雪霽的法嗣，十五歲在彌智山龍門寺落髮，受具於霜峰淨源，十七歲求法於月潭雪霽，得法後，精研內典，以致寢息俱忘。二十七歲聽說慕雲震言（覺性的法嗣）設法會於金山直指寺，便往從學，但是慕雲對他敬服不已，而對數百徒眾介紹他說：「吾今可以輟獅子座矣，汝等禮師之。」說完話，慕雲即潛出而居於他山靜修去了。志安從此領眾，大振宗風。志安演法，異於尋常，辭旨幽妙，了無疑滯；並且所到之處，每現神異。清世宗雍正三年（西元一七二五年），設華嚴大法會於金溝（全羅北道）金山寺，會眾凡千四百人。雍正七年，遭人誣告入獄，未幾又流放至耽羅（今之濟州島），到此七日便示寂了。他的《禪門五宗綱要》，係採集諸書之要義而成，他的弟子涵月海源之序中說：「正其偽，補其闕，於雲門三句，引青山叟之解；於曹洞五位，引荊溪師之註。通其義，顯其要。」

晦庵定慧（西元一六八五—一七四一年），他是碧巖覺性的法重孫，慕雲震言的法孫，伽耶山葆光圓旻的法嗣。定慧的識見精敏，聰慧過人，日誦經文五百行，一讀能誦，一誦不忘。通曉《華嚴經》，講之數十遍，妙悟絕倫。著有《華嚴經疏隱科》、《諸經論疏句絕》、《禪源集都序著柄》、《別行錄私記畫足》等行於世。他是一位難得的名德，研究佛乘，使之一一消歸於自家之風光；披尋經藏，能夠言言契合於眾生之日用。所以他的講授方法之妙，乃是獨步於當時的。

第八章　朝鮮末期的佛教

清虛門下，分為松雲、鞭羊、逍遙、無染之四派。據稱，松雲傳教宗，鞭羊傳禪宗。松雲派，自松雲惟政、松月應祥、春坡雙彥、虛谷懶白、銘巖釋齊、月坡沖徽相傳。鞭羊派，自鞭羊彥機、楓潭義諶，月潭雪霽、喚醒志安、涵月海源相傳。這兩派到了雪松演初，便合而為一，故被稱為禪教混合。

因為，演初（西元一六七六——一七五〇年）初師釋齊，後參志安，皆傳其法故。月渚的法孫，霜月璽篈（西元一六八七——一七六七年）也揚化於此時。十五歲落髮，十八歲參詣月渚之高弟雪巖秋鵬，既而又遍謁諸山之老匠。他聲如洪鐘，圓面大耳，坐若泥塑。他有一個特別的行持，便是每於子夜，必拜北斗，拜北斗是密教的作法，係依於《妙見菩薩神咒經》、《妙見菩薩陀羅尼經》等。他嘗對人說：「學者如無返觀工夫，雖日誦千言，無益於己。」又說：「一日念頭不著實功，便對食愧飯。」著有《霜月集》。

喚醒志安的上足有虎巖體淨，體淨的法嗣有楓嶽堂普印，也出現於此時。

龍潭慥冠（西元一七〇〇——一七六二年），是霜月璽篈的法子，三十三歲以後，聞化門於迴門之深源、動樂之道林、智異之諸庵，以拈頌之旨，接引龍象，以圓頓之法，主持叢林，凡二十餘年。從慥冠的遺偈：「先登九品蓮台上，仰對彌陀舊主人」看來，他是主張極樂往生的。

其實，朝鮮時代的韓國佛教，深受中國宋明以後佛教思潮的感染，禪淨雙修，成為時風，談起教理，便是華嚴，這是因為圭峰以禪者合於華嚴的緣故，自牧牛子以來，韓國佛教的思想，便已成了定型。

得喚醒之心要的，有一位華月聖訥（西元一七〇三——一七六三年），接得心法之後，當喚醒設華嚴法會於湖南之金山寺之時，法眾千有四百，聖訥登座論道，便如河決風生，而使全體聆聽會眾，闃然無聲。

與聖訥同門的，尚有一位碧霞大愚（西元一六七六——一七六三年），他於經教之外，通於子史，晚年喜禪頌，手不釋卷。他的眉間有白毫，參問之者，一見他的面貌，也能消落妄念。

涵月海源（西元一六九一——一七七〇年），入喚醒之室四十餘年，盡得宗門之妙詮。修持嚴正而接眾溫慈，臨終念佛而逝。他曾為喚醒的《禪門五宗綱要》補綴並作序，海源自己著有詩集二卷，稱為《天鏡集》，天鏡乃是他的別號。

雪巖秋鵬的法嗣，尚有虛靜堂法宗（西元一六七〇——一七三三），他先參月渚，後得法於月渚之嗣秋鵬，成為月渚的法孫，著有《虛靜集》。

月波兌律（西元一六九五——一七七五？年），曾參謁慧月幻庵等之法席，依安陵之圓寂學《大乘起信論》及《般若經》等經論，又謁南詢、虎巖、影海、霜月等大宗師，究《華嚴經》、《圓覺經》、《楞伽經》、《拈頌》等。就中以虎巖之提攜，使其得力最大。後來在香山之佛智、松嶽之盤龍、龍門之內院等處，大建法幢，達三十餘年，年過六十，以老病罷講，近八十歲時遺囑弟子，寂年不詳，著有《月波集》。

秋波泓宥（西元一七一八——一七七四年），泓宥是浮休的六世法孫，他是一個天才，十歲時即能讀書數十百卷，十七歲出家，先從學於龍潭冠公，後遍參諸山名師，終投寒巖岸公之門，傳其心印，成為一代宗師，接人殆三十餘年。泓宥也像當時的其他宗師一樣，兼通儒、釋，並帶有老莊的遺風，歸心則為西方的淨土，如其臨終偈云：「衲子平生慷慨志，時時豎起般若刀，好從一念彌陀佛，直往西方極樂橋。」他是一個多血多淚的人，有熱情、有誠意，待人接物，溫熙如春，親切似蜜，這是其他宗師所少有的。尤其他每勸人忠孝於君親，語語能打動人之肺腑。

默庵最訥（西元一七一七—一七九〇年），十四歲投全羅南道樂安郡的澄光寺，十八歲為僧，十九歲始就曹溪的楓巖世察受經，四、五年間，所受所學，如器瀉瓶。隨後歷參虎巖、晦庵、龍潭、霜月等諸大宗匠。二十七歲復歸楓巖，開法席於大光寺之靈泉蘭若，於禪教兩門，每有發前人之所未發的新義。最訥對於今古典籍詩書百家之言，無不博通，三藏教海，尤有游刃之妙，可惜體弱多病，未能盡展其法幢於全國者為憾。最訥的著述有《華嚴科圖》及《諸經問答盤著會要》各一卷，《內外雜著》十卷，又有與蓮潭有一論性理之學的文字一篇。但因他的多病，所以有多神的迷信觀念，以為他的病弱是由於惡神的作祟。且主張禪與儒合一的思想，說什麼：「《詩》、《書》、《語》、《孟》、《庸》、《學》中，格言不一，而禪亦在其中也。」

曾與默庵論戰的，有一位蓮潭有一（西元一七二〇—一七九九年），自幼即學經史，十八歲出塵，十九歲祝髮受戒，二十歲聽大芚寺之碧霞講《楞嚴經》，又隨寶林寺的龍巖學《大乘起信論》及《金剛經》。二十二歲隨侍海印寺的虎巖體淨，二十六歲參雪坡尚彥，研究《華嚴經》，頗多發明，二十八歲許入雪坡之室，前後共參十大法師，二十九歲之後，開演大法，一連三十餘年，常隨眾近百人。著述頗多：四集《私記》各一卷、《起信蛇足》一卷、《金剛蝦目》一卷、《圓覺私記》二卷、《楞嚴私記》、《玄談私記》二卷、《大教遺忘記》五卷、《諸經會要》一卷、《拈頌著柄》二卷、《林下錄》三卷、文二卷。從《林下錄》見其思想，乃是一心說的倡導者，他說：「聖凡人畜皆同，虛徹靈明，卓然獨存，不生不滅，亙古亙今，此如虛空，無處不在，無時間斷也。」他的立足是《大乘起信論》的唯心觀，但他一方主張絕對的唯心，另一方又力證客觀的地獄及極樂之實有。同樣地，有一的禪，也雜有老莊的思想，說什麼：「西竺仙經輸白馬，東關夫子駕青牛。」「記得南華曾解道，大鵬斥鷃本同遊。」但在朝鮮末期的佛教中，能有蓮潭這樣博學而著述豐富的宗師，實在覺得可貴。

朝鮮第二十三主正宗王（西元一七七七—一八〇〇年）創龍珠寺，為資福之齋社。並因向釋王寺當年太祖奉安的五百應真求得冑子，故於十四年施土田給該寺。在位二十四年，銳意政治之興革，最大的功績是對文學的重視，編纂刊行了許多大部頭的文獻，作風有類於清之康熙、乾隆二帝。

雪坡尚彥（西元一七〇七—一七九一年），就在這個時期弘揚大法。雪坡十九歲出家，後來受教於蓮峰及虎巖二老，又參於晦庵，以法系來說，雪坡是清虛的七世孫，又是喚醒的法孫。他在三十三歲開始陞座說法，三乘五教，無一不通，尤其精於《華嚴經》，過去清涼國師所撰的《鈔中疏科》，其義隱晦，為講者所病，經尚彥一看，以圈表之，謂疏謂科，各得其所。

正宗王的時代，尚有一位大宗師，鏡巖應允（西元一七四三—一八〇四年），應允也是一個天才，五歲入學，九歲即通經史，而能詩文，十三歲喪父，十五歲出家，遍參諸老，終歸於秋波之門。二十八歲開堂化眾，凡二十餘年，又從喚庵和尚受禪，因此而被學者推之為兩宗之大宗師，著有《鏡巖集》三卷，破斥儒士排佛，強調極樂往生，主張三教一致。

應允的同時，有一位兒庵慧藏（西元一七七二—一八一一年），歷事蓮潭有一及雲潭鼎馹，後拈香於晶巖即圓。他酷好《周易》、《論語》，探究其奧旨，又於曆律、性理之書的精校研磨，亦非一般俗儒之所及，對於內典，則好《楞嚴經》、《大乘起信論》，著有《兒庵集》三卷。

朝鮮末期，有一位思想突出的人物，白坡亘璇（西元一七六七—一八五二年），十二歲出家，自幼穎悟。受西來之宗旨於雪坡尚彥，他的法統則受自雪峰日，雪峰日是尚彥的法孫、退庵的法子。開堂說法，來學者雲集，儼然是禪門的中興之大宗匠，並謂得律、華嚴、禪之精髓。著書等身，行於世者有：《定慧結社文》、《禪文手鏡》、《法寶壇經要解》、《五宗綱要私記》、《禪門拈頌私記》、《金剛八解鏡》、《高峰禪要私記》、《龜鑑集》等，另在金剛山神溪寺藏有白坡著的《太古歌釋》及《識智辨說》二書。從白坡的著述之多，可以知道他是一位博學而且能文的名德。於教，是以不思議法界為旨；於禪，則以頓悟自性為宗，可謂能得禪教之妙諦了。唯白坡的禪，乃以荷澤、圭峰、牧牛子的格局為心要，這可說是自牧牛子以來韓國禪宗的特色。

可惜，白坡喜歡以自己的杜撰，偽託為古說，例如他說：「六祖示眾云：有一物，上拄天，下拄地（徹上徹下），明如日（用），黑如漆（機），常在動用中（一切處披露分明），動用中收不得（一切處摸索不著），汝等諸人喚作什麼？神會童子，時年十三，出眾云：諸佛之本源，神會之佛性。祖曰：我喚作一物尚不中，哪堪喚作本源佛性？汝他後設有把茅蓋頭，只作得箇知解宗徒。」（《定慧結社文》）實則此非六祖所言，《六祖壇經》亦無如此的文字。

白坡又信三處傳心之妄說：「格外禪法，亦不出此三處傳中：分座不變也，拈花隨緣也，槨示雙趺二義齊示也。」（《定慧結社文》）這指的是釋迦於三處傳心法給迦葉的故事，白坡用來配當殺活雙具的不變隨緣之說。以多子塔前之分半座，為唯殺無活；以靈山拈花微笑，為殺活雙具；以佛入滅後，迦葉趕到，佛自槨中出示雙腳，為殺活齊示。其實，以此三事配為禪宗的三處傳心之說，在史實上是沒有根據的。

白坡且以南嶽懷讓所得為祖師禪，以青原行思所得為如來禪，也是荒誕不經之判。所謂如來禪，是指的單殺不活的格外禪；祖師禪，是指的殺活兼具覓心不得的佛祖嫡子，一般的經教則稱為義理禪。

白坡又以如來祖師二禪配五宗，將溈仰、法眼、曹洞，判為墮於遍計所執性之妄情，而屬於如來禪。他自己是站在臨濟門下的，臨濟宗當然是向上一竅的本分真如的祖師禪了。雲門雖被他列入祖師禪下，仍以為：「但明截斷，而未能現說機用，故不及臨濟宗也。」這又是他的武斷的判析。

總之，白坡亘璇善於思想，可惜取材不夠慎重，組織不夠周全，想像每有武斷，往往失之於偏妄之見，以致引起後來好多人的駁斥。

草衣意恂（西元一七八六—一八六六年），就是起而痛擊白坡之說的人之一，草衣十五歲出家，十九歲後遍參知識，學通三藏，拈香於玩虎倫佑（倫佑是蓮潭有一的法孫，白蓮濤演的法子），受禪於金潭，演教之餘，學習梵文，又善繪神像，受學儒書，研習詩賦，精通教理而恢拓禪境，可見他是一位博學多才的人物了。著有《草衣集》二卷、《東茶頌》一卷、《一枝庵遺稿》等。

在草衣的《禪門四辨漫語》中，記其嘗遇到六隱老人白坡的法孫，論及白坡的《禪文手鏡》及《五宗綱要私記》，違反古義。他說：「古德云：祖師西來，特唱此事……持王子寶刀，用本分手段，殺人活人，得大自在……若分座果是單殺，是世尊非好手也，清源（青原）單傳殺，而不知活，則清源亦非好手也，豈有此理哉！」此駁很妙，如果青原果真如此，六祖豈會傳法給他？因為白坡主張：「分座之殺，但殺無活，故為如來禪；拈花之活，兼殺故，具足機用，而為祖師禪。」以草衣之見，這實在說不通。其他尚有各點駁斥，例如破白坡以為雲門宗不及臨濟宗的話說：「雲門但明截斷，而未能現機用，故未及臨濟。然則，離機用外，別有截斷隨波，離截斷隨波外，別有機用乎？是誠執言而迷義者也。」

意恂的同時，有默庵最訥的法嗣海鵬展翎（西元一八二六年寂），此人遊刃於禪教，德冠於叢林，文章珠聯，故亦名聞於士林，具有衲僧的風格，而為當時湖南（全羅南北二道）的七高朋之一（盧質、李學傳、金玨、沈斗永、李三萬、釋展翎、釋意恂，為七高朋），著有《壯遊大方錄》。

海鵬的同時，有月荷戒悟（西元一七七三——一八四九年），著有《月荷集》四卷，他的法系不詳。

雷默的法孫，仁峰的法子，有映虛善影（西元一七九二——一八八〇年），他的詩文集叫作《櫟山集》。雷默是涵月海源的法孫，翫月軌泓的法子。

聞名於當時的，尚有沖虛旨冊（西元一七二一——一八〇九年），此人好學而善於文章，尤愛老莊之學，精研經論，有拔群之譽。性仁慈而好施捨，每遺留食物養烏鵲，所以常有禽鳥成群隨其後。以詩偈與縉紳交遊，又長於筆札，通於曆術醫方，著有《沖虛集》，可見他是一位名士型的名僧了。

另有一位大德，翰醒枕溟（西元一八〇一——一八七六年），十五歲出家，受經於雲興寺大雲，受禪於龜巖寺白坡，二十八歲開講於松廣寺之普照庵。明年，移錫於仙巖寺之大乘庵，自此主講凡三十多年。枕溟是一位持戒謹嚴、行持精進的名德，不與女人同室而坐，衣不搗練，食不美饌，日進兩餐必用缽而不用盤於鍮之具。或於子夜起坐而嘆曰：「古來佛佛祖祖，必從此路而得入也，而名相俱絕，真所謂摸索不得，如空裡栽花，水中撈月。」又每於子夜時分，必鳴鐸，大唱彌陀十聲，雖醉睡俗子，亦皆因而驚起，同聲念佛。

枕溟是浮休的十一世孫，他的弟子很多，傳法者：華山晤善、普運應俊、雪渚妙善、影巖尚欣、萬巖大淳；傳講者：函溟太先；傳禪者：雪竇有炯、優曇洪基、鏡潭瑞寬、龍湖海珠等。

浮休的末代法孫，優曇洪基（西元一八二二—一八八一年），早喪怙恃，天資穎悟，好讀書，至年弱冠，遍遊名山，忽生出塵之想，因而出家參學，後來開堂豎幢，來學者如市。他精於禪學而尤通於華嚴，平常言語，不及俗事，而其拈宗教、演禪旨，無不恰到妙諦，言波詞瀾，每如水湧風激。到晚年時，撰《禪門證正錄》一卷，以敘佛祖傳心之奧旨，用破白坡亘璇的《禪文手鏡》之妄見。

《禪門證正錄》亦名《掃灑先庭錄》，其實，優曇破了白坡的妄說，但他自己也有謬論，例如他說：「殺下出曹洞一宗，活下出臨濟、雲門、溈仰、法眼四宗。」同樣也是妄說。

在優曇洪基之同時，有混元世煥（西元一八五三—一八八九年），世煥幼喪父母，十六歲出家，好學，通諸史百家，為影波聖奎的法孫，他的文才縱橫，可惜去世太早了！著有《混元集》。

其次有梵海覺岸（西元一八二〇——一八九六年），十四歲出家，十六歲薙染，就荷衣受十戒，依草衣稟具足戒，參究內典之外，又受儒學。二十七歲佩縞衣始悟（可能就是草衣意恂乎）之法印，開堂於真佛庵，講《華嚴經》，論禪旨，說《梵網經》，演《毘尼》，被譽為三教學人之教父，十二宗師之嫡孫（位於全羅南道海南郡由高麗道詵禪師開創的大興寺，該寺歷代以來出有十二宗師及十二位講師。楓潭、醉如、月渚、華嶽、雪巖、喚醒、大愚、懷淨、璽箌、體淨、海源、有一，為十二宗師。覺岸就是得的該寺——後依山名改稱為大芚寺的縞衣之法）。覺岸的著述很多，計有：《警訓記》、《遺教經記》、《四十二章經記》、《史略私記》、《通鑑私記》、《古文真寶私記》、《東萊博議私記》、《四碑記》、《名數集》、《東詩選》各一卷，又有〈東師傳〉四篇、詩稿二篇、文稿二篇行於世。不過他的思想，並不太純，相信奇異事蹟，同樣地，他以禪者自居，又以淨業為歸。

當時有佛門三傑，其一即為函溟太先（西元一八二四——一九〇二年）。其二即為雪竇有炯（西元一八二四——一八八九年）。另一位是鏡潭瑞寬。他們的年庚相同，道學相等，門徒又相均，所以被稱為三傑。

雪竇有炯著有《禪源溯流》，以破草衣意恂的《禪門四辨漫語》及優曇洪基的《禪門證正錄》，而為白坡辯護。不用說，白坡妄謬在前，有炯出而為其辯護，當然也就不能不是訛謬之論了。

總之，朝鮮末期的禪，已經非常地衰頹，雖有少數名德，見解亦多涉妄謬。我們現在所寫的人物，已到了朝鮮李太王的時代，這是朝鮮李王朝的最後第二個國王，末代李王僅四年，朝鮮就被日本兼併，結束了它的歷史。

李氏王朝共計二十八王，歷時五百十九年（西元一三九二—一九一〇年），李朝的政策是崇儒排佛。例如自仁祖王元年禁止僧尼入京城，二百七十三年後（光緒二十一年，西元一八九五年），才由於日本戰勝了滿清派遣去平壤、黃海的軍隊，訂立馬關條約之後，日蓮宗的僧人佐野前勵到了朝鮮，促使朝鮮解除了這項禁令。但是，佛教並未因此而在韓國消滅，當朝鮮滅亡時，竟然尚有寺剎一千三百餘所，僧尼七千一百人。

相反地，由於崇儒的關係，朝鮮國內的書院林立，初為講論道義，後則評論朝政，往往一人先唱，隨即眾口同聲，傳檄國內，數旬之間即遍於全國，稱之為儒通。凡朝廷每任免一人，即造成儒士的議論沸騰；漸漸形成私怨的黨爭，相互攻擊，一進一退，朝廷人事，猶如潮汐（幣原氏《韓國政爭志》）！不得已，在李太王的父親大院君攝政之時，見其流弊太大，便把書院撤棄了。

附註：本文的原作《朝鮮禪教史》，忽滑谷快天著，係二十四開本長達五五五頁，約四十六萬字，以編年列傳的方式，共分：教學傳來之代（計六章）、禪道蔚興之代（計三章）、禪教並立三代（計十二章）、禪教衰頹之代（計十七章）四編。大概是以三韓的佛教、新羅的佛教、高麗的佛教、朝鮮的佛教，如此分編的。我在節譯的時候，為了篇章的字數，所以分成了八章。同時，在原則上，本文也是用的編年列傳式，但是為了敘述的方便起見，有時也不一定依照編年的次序。

第九章　近代的韓國佛教

我們知道，韓國最後的李氏王朝，是崇儒排佛的，迄至日本兼併之後，佛教始受到公平的待遇，而漸漸復甦。始則設立佛教專門學校於漢城，繼則組織全國各地的佛教總會、佛教青年同盟、佛教研究會等，而使佛教納入統一的體系，從事於佛教文化思想的普及民間之工作，以導國民進於大乘入世的正信。這實是可喜的現象。

然而，韓國國土，南方為美軍占領，北方為俄軍占領。因此，北部各寺，變成了軍營，佛像破壞，法物廢棄，僧侶離散。多數僧人以及其他的宗教信徒，被送至北滿洲或西伯利亞，終身服役於煤礦及其他的奴工，工作繁重而營養惡劣，凡被送去者，殊少再有生還的希望！

再說南部的佛教，雖未受到北部相等的厄運，美國也不曾以政治力傳播西方的宗教，但基督教對韓國的工作，卻付出了相當的努力，也得到了很多的方便。於是，佛教失去了維持的能力，碩果僅存的佛教專門學校，也變成了東國大學，佛教僅成為其哲學系中的一個分科而已。

可怕的韓戰終於佛元二四九六年（西元一九五三年）七月二十七日停止。然在戰爭結束之後，若干潛伏分子，間有隱匿於各佛教寺院的，因此也殃及於各寺的僧侶，遭受警察機關的監視和懷疑，一般的民眾信徒，為了避免無妄之災的涉及，對於佛寺，也就裹足不前了。

這是殘酷的戰亂帶給韓國佛教的景象。

本來，於一九四八年獨立後的韓國，其憲法第十二條即規定：「凡國民均有良心信教之自由；宗教與政治分離，不再有國教之存在。」並由立法院公布「寺院保護法」。所以佛教可不受政治的影響而自由發展，因此在一九四九年四月，南韓佛教聯盟，提出南北韓和平統一的願望，而在平壤召開了有北韓代表參加的南北協商會議。又於第二年佛誕日，雙方再派代表集會於平壤，正式成立了韓國佛教徒聯盟。

可惜，到聯盟成立的次年（西元一九五〇年），韓戰爆發，南北交通阻絕，有名的寺院如楊州的奉先寺、求禮的華嚴寺、京城內的曹溪寺之一部，也遭戰爭所破壞。由於政治的分裂，南北韓的佛教聯盟，也終歸於瓦解。

目前的韓國佛教，除了南北的分裂外，即在南韓一地，比丘僧與優婆塞僧，出家教士與結婚的教士之間，也有紛爭。不過，韓國的佛教，已在走向時代的新興之途。

現今韓國的佛教，分作兩大派：舊的曹溪宗，新的圓佛教。這兩派都是正信的佛教，前者是傳統的禪宗，後者是新興的時代佛教。

據五年前的統計，曹溪宗有大小寺院三百餘所，信徒約有三百萬人。

圓佛教創於一九一六年，由少太山九位志同道合的大宗師成立，以使佛教大眾化及生活化為宗旨，以勤儉之儲蓄，集成事業之基金，初在全羅南道設立而開拓耕地，以和樂共營過其共同的生活，現在已於全國各地分設有一百五十多個支部，每一支部即為一個布教所，信徒已達百萬以上。其值得介紹者，約有如下四點：

（一）寺院（布教所），不置於山中，而設於都市、農村、漁村等信徒之集中地區。

（二）信仰之對象，為真理與佛陀之表相，即是一圓相。

（三）廢止僧侶依靠施主佛供等為生活的制度，而以集團的共同作業，來營自給自足的生活。

（四）不偏重於僅做靈魂之救濟，必須根據現實生活而期得心物之兩全。

圓佛教的事業很多：

（一）教育事業：禪院兩所、大學一所、高等學校兩所、中學校兩所、高等公民學校兩所、幼稚園四所、夜學校六十三所。計有學生五千五百多名，教師二百三十六位。

（二）社會事業：孤兒院四所，學生九百人，教師四十人；養老院兩所，收容七十人，教師二十人。

（三）醫療事業：綜合病院一所、療養所兩所、漢方（中）醫院一所、診療所一所、藥房一所。

（四）其他：有果樹園、耕田、印刷所、劇場、煉炭工場等的生產事業。

韓國現代的佛教，除了圓佛教的圓光大學外，尚有曹溪宗的東國大學及海印大學，這三所佛教大學，即是佛教布教師的養成所。圓光大學內另設有韓國佛教問題研究所，對於現今的韓國佛教，做多角度的廣泛慎重之長期研究。

在文化宣傳方面，圓佛教辦有機關雜誌《圓光》定期刊物一種；另有鎮海市仁寺洞一道傳山妙法寺辦有《法華》雜誌一種。

至於實施共產主義的北韓，在「朝鮮人民共和國」的憲法第十四條規定：「國民有宗教信仰及舉行儀式之自由。教會與國家分離，學校與教會分離。宗教團體得自由從事宗教事業與儀式之舉行。」北韓的佛教聯盟，要加入「祖國戰線」，其有六人之聯盟員，即為「最高人民會議」的代表員。

北韓雖也標榜宗教信仰自由，可是北韓的佛教活動卻等於零。我們所得到的資料，只是佛教之遭受破壞及迫害而已。

被破壞燒毀的寺院，著名者有：金剛山的榆岾寺之破毀，及該寺被視為國寶的五十三尊金佛像之盜走，其中二十餘尊已被運至莫斯科，其餘的則全部失蹤！另有長安寺、神溪寺、安邊的釋王寺、咸興的歸住寺、妙香山的普賢寺、海州的神光寺、平壤的永明寺、九月山的見葉寺、安岳的成佛寺、安州的七佛寺等等，或被全毀，或被部分毀壞。

韓國史上的反佛王朝，嘗以僧侶做為戰士，名之為「僧兵」。北韓的政權，便沿用了這條古「例」，青年僧均被徵入「人民軍」。

（本章資料採自：1.《現代佛教文選》四六七—四六九頁，2.《佛教大年鑑》九一—九三、七八二頁）

案：本文是作者計畫中《世界佛教史綱》韓國部分的草稿，主要的參考資料是日本忽滑谷快天的《朝鮮禪教史》，那是一部數十萬字的鉅著，本文僅僅抽譯其精華。因此，此是編譯，而非撰作。同時，作者的日文水準不高，若有錯失之處，尚祈識者指教，以備再稿時補正為感。

附錄一

越南佛教史略

在中國鄰近的國家之中，越南和韓國及日本相同，同樣是接受了中國的文化而成長的國家，若從政教的關係及地理的接壤而言，越南則更類似韓國之與中國的淵源。所以，由中國人來寫越南的佛教史，特別有親切感。

打開中國的歷史地圖，我們就可看到，今日越南的河內，本是屬於中國版圖的一個地方：

秦始皇時代，河內稱為象郡。

漢武帝時代，河內稱為交趾郡。

西晉時代，越南稱為交州。

唐代的越南，設立安南都護府，及靜海節度使。

不過，當時的越南，僅指現在的北越而言。佛教的輸入，亦即沿著中國向南的路線，漸次到了越南。

一、佛教傳入的初期

現在的越南，位於中國廣西及雲南的南鄰，它的西鄰是寮國及柬埔寨，東面及南面則臨南海，由北至南，是一個細長形的國家。

佛教傳入越南的最早傳說，也有很多。

一般相信，第一個將佛教傳到越南的人，是漢獻帝初平年間（西元一九〇—一九三年），有一位蒼梧（今之廣西梧州）人叫牟子，他精通儒、道，而醉心於佛教，據《佛祖歷代通載》卷五（《大正藏》四十九．五一〇頁中）說他：「會靈帝崩後，天下擾亂，獨交州差安，北方異人咸來在焉，多為神仙辟穀長生之術。牟子常以五經難之。」這就是《牟子理惑論》的成因。唯以牟子的年代，近世學者，多有置疑，故以僅作參考。

其次，見於《梁高僧傳》卷一的「康僧會傳」：「世居天竺，其父因商賈，移于交趾。會年十餘歲，二親並終，至孝服畢出家。」「篤至好學，明解三藏。」

根據這一記載，康僧會時，越南已經有人出家，並且有了三藏教典。他的生年雖不詳，圓寂是在晉武帝太康元年（西元二八〇年）。

到了晉惠帝永平四年（西元二九四年），有天竺沙門耆域至洛陽，這是一位神異僧，《佛祖歷代通載》卷六（《大正藏》四十九．五一八頁下）記有他的事蹟，並說：「初域來交廣，並有靈異。」可見耆域也到過交州及廣州弘傳佛法的了。根據越南的《古珠法雲佛本行語錄》的資料說，和耆域同來交廣之地的，尚有一位丘陀羅。

從這些資料之中，我們僅能找到零星的記載，卻不能證實當時越南佛教的如何盛行。

此後，越南即因中國與印度方面由海路發生直接的交往，而成了中途站，到了西元第八世紀之頃，其受印度的影響很多。主要的資料，見於義淨三藏《大唐西域求法高僧傳》。

明遠法師，是益州（今之四川）清城人，梵名振多提婆，「既慨聖教陵遲，遂乃振錫南遊，屆於交阯，鼓舶鯨波，到訶陵國（今之爪哇），次至師子洲（錫蘭）。」（卷上，《大正藏》五十一．三頁下）

僧伽跋摩，康居國人，他是唐高宗時代來華的，後來奉高宗敕令：「往交阯採藥，于時交州，時屬大儉，人物餓饑。於日日中，營辦飲食，救濟孤苦，悲心內結，涕泣外流，時人號為常啼菩薩也。纔染微疾，奄爾而終，春秋六十餘矣。」（卷上，《大正藏》五十一．四頁下）

曇潤法師，洛陽人：「善咒術、學玄理、探律典、翫醫明」，「振錫江表，拯物為懷，漸次南行，達于交阯，住經載稔，緇素欽風。」（卷上，《大正藏》五十一．四頁下—五頁上）

慧命禪師，從海路赴天竺，船經占波（今之南越），遇風暴。（卷下，《大正藏》五十一．七頁中）

智弘律師，洛陽人，及荊州江陵的無行禪師，相伴至交阯，過了一夏，再往室利佛逝國（今之印尼蘇門答臘）。（卷下，《大正藏》五十一．九頁上）

在交州出身的僧人，見於《大唐西域求法高僧傳》的，也有好多。例如：運期、解脫天、窺沖、慧琰等四人即是。

運期：「交州人也，與曇潤同遊，仗智賢受具，旋迴南海，十有餘年，善崑崙音，頗知梵語。」（卷上，《大正藏》五十一．四頁上）運期也是成都會寧律師的

弟子，會寧嘗與訶陵國的智賢（若那跋陀羅）共譯出小乘《涅槃經》，送回京師之後，又還往交趾。（《宋高僧傳》卷二）

解脫天的梵名為木叉提婆，此人：「汎舶南溟，經遊諸國，到大覺寺，遍禮聖蹤，於此而殞，年可二十四、五耳。」（卷上，《大正藏》五十一．四頁上）

窺沖是明遠的弟子，隨師遊南海，經師子洲，向西印度：「其人稟性聰叡，善誦梵經。」「到王舍城，遘疾竹園，淹留而卒，年三十許。」（卷上，《大正藏》五十一．四頁中）

在我們見到的資料來說，越南的初期佛教，沒有系統可求，僅從過往該地及其僧人遊學的零星記載中，得到若干消息而已。

二、佛教的發展與朝廷

自從西元第二世紀至第十世紀前半紀，為佛教的第一期，也即是移入期；從第十世紀之後半紀至第十四世紀之末，為佛教的第二期，也即是發展期。

佛教在越南的發展，頗得力於越南朝廷的擁護。越南王統之成立，是在宋太祖開寶元年（西元九六八年），由丁部領成立了大瞿越，是為丁朝，歷兩主而亡，計十二年（西元九六八—九八〇年）。

丁先皇崇信佛教，於太平二年（西元九七一年），定文、武、僧之三道的品階，並賜僧統吳真流以匡越大師之號，另授張麻尼為僧錄，鄧玄光為崇真威儀之職銜。

丁朝亡後，即為黎朝代起。

黎朝第一位皇帝，叫作大行皇帝黎桓（西元九八一—一〇〇五年在位），唯其也僅三主二十九年而亡，在第三主黎龍鋌應天十四年（西元一〇〇七年）之春，遣其弟明昶及掌書記之官黃成雅，入宋進獻白犀，並乞《大藏經》，二年後，如願而歸。

佛教黃金時代之出現，是在李朝王統繼起之後。

李公蘊為李朝的太祖（西元一〇一〇—一〇二八年在位），定都於昇龍城（今之河內），改國號稱大越，文治武功，都很卓越。因他幼時受教育於佛教僧侶，曾住於古法寺，他的父親李慶文，亦為僧統萬行禪師的弟子，故其親炙佛教，殊為深刻。當他即位，便賜衣服於僧人。順天元年（西元一〇一〇年），詔出府錢二萬緡，於天德府建寺八所，並立碑錄功；又於首都昇龍城內，營造宮殿，建築興天御寺、五鳳星樓，及其他的寺院，城外則創建勝嚴寺、天王寺等的寺院。更下詔諸邑，使之修復寺觀。順天二年，又於城外建四大寺。

佛教由於太祖之保護，便打下了盛大及發展的基礎。而其接受宋朝的影響很大，或迎三藏教典，或仿宋制，以考試天下百姓而度為僧，並設戒場以傳授戒法。太祖則親幸建於昇龍城內的真教寺，可見其皈依佛教之虔誠了。

第二主太宗（西元一〇二八—一〇五四年在位），他對佛教之崇奉，也不讓於其父。天成四年（西元一〇三一年）之秋，親向無言通系下的禪僧禪老，參學禪學，同時他也建了好多座的寺院，於寺院落成，便設法會，詔赦天下。前後大赦，計有三次。又於乾符有道二年（西元一〇四〇年）十月，命工匠雕刻佛像千餘，繪畫佛像千餘，製作寶幡萬餘，竣工之時，開羅漢會，又行大赦，並免天下稅錢之半。除此之外，尚有許多的佛事，據說由王室飭建的寺觀達九十五幢，因佛事而豁免人民之稅者，先後兩度。最後於西元一〇四九年，因夢見觀世音菩薩帶往瞻拜蓮花法座，便敕建延祐寺，該寺仿照蓮花形，建於河內城人造湖中的木柱上，所以俗稱獨柱寺，可惜此寺的三寶座，已於西元一九五四年法軍將行撤退時，被暗行破壞了。

第三主聖宗（西元一〇五四—一〇七二年在位），聖宗不但信奉佛教，甚至被越南人形容為越南的阿育王。當他御宇之前三年，宋朝的軍隊初與占城交鋒，奏凱班師後，將俘虜分發各官為僕役，承受此優待的官僚中，有一僧官，一日因事外出，歸時即見在他的語錄帙上，有被修改的字跡，不禁愕然；經查問之後，始知是一俘虜來的囚兵所為，此僧官即將事啟奏朝廷，上宣此一囚兵入朝，以佛理詰之，應對如流，至是方知此囚兵乃是中國的一位禪師，法號草堂，因在占城行化而被當作俘虜逮捕了。朝廷即命其入越南僧籍，住於開國寺，大張法筵，並得聖宗之崇敬而執弟子禮。

聖宗信奉佛教而行仁政，嘗於某冬因觀音現身宮中，即以大悲之旨，眷念貧苦民眾，以及獄中囚犯之疾苦，故其每行賑濟及恩赦之盛舉。龍瑞太平三年（西元一〇五六年），建立崇慶報天寺，並築十二層塔，又以銅萬二千斤，鑄造洪鐘，帝親作鐘銘。又因幸寺觀，求後嗣應驗，乃大喜而再行大赦。

同時，在聖宗之際，儒教也開始受到尊崇，於神武二年（西元一〇七〇年），敕修文廟，塑周公及孔子等像，並畫七十二賢之像。唯到了仁宗之時，才下詔初設科舉制度，而使儒教獲得了普遍流行於民間之機運。

第四主仁宗（西元一〇七二—一一二七年在位），仁宗於廣佑三年（宋哲宗元祐二年，西元一〇八七年）擊退宋朝大軍之侵略，又進攻了南方的真臘及占城，並使之來朝納貢，可知此是一位英主。他對佛教也備極崇奉，除了修理許多佛寺，並以枯頭禪師為國師，參與國政，而與丁黎二朝的匡越大師無異。其他佛事，也不比以前諸王為差。他在位六十五年，擇才用人，內治外征，實為李朝的鼎盛時代。

第五主神宗在位十年。

第六主英宗（西元一一三八—一一七五年在位），對於佛教，亦頗崇信，師事毘尼多流支系下的明空禪師，建立了永隆聖福寺，又修理了首都的真教寺。

第七主高宗（西元一一七六—一二一〇年在位），雖亦皈信佛教，但是此時的國內各地，盜賊蓬起，內亂頻仍，國勢日衰。致到第八主惠宗（西元一二一一—一二二四年）時，饑饉遍野，民生困苦，帝遂因發狂，終將政務委於次女佛金，自己則隱於真教寺出家去了，號惠光大師。

惠宗的堂妻舅陳守度，乃是一位野心勃勃的人物，趁此機會，他便代取李朝而有天下，結束了李朝二百一十五年的歷史。惠光大師亦終為陳守度所弒，後葬於寶光寺。

陳煚，也就是陳朝的太宗（西元一二二五—一二五八年在位），他對佛教也有很深的因緣，據說當他幼時，在驛亭休息，遇有一位僧人來對他預言了將來的際遇，所以當他即位之後，便在每個驛亭塑置了佛像。到了天應政平十六年（西元一二四七年），實行佛、儒、道三教之考試，以成績錄取，分為甲、乙兩等，以備登用。其後二年，修理建於李太宗時的延祐寺，並行大赦。此後又以國帑，建立寺院，鑄造銅鐘。

第二主聖宗（西元一二五八—一二七八年在位），這是中國宋末元初的時代，聖宗與前王相同，保護佛教，建立有普明寺。

第三主仁宗（西元一二七九—一二九三年在位），此時，元朝的軍隊，曾從陸海兩路，進攻安南，西元一二七九年、一二八五年、一二八七年，蒙古軍三次打進越南，國都一再淪陷，但越南欲堅持其獨立的願望，所以也擊破了南方的占城，兼併了中部的順化。但仁宗晚年，讓位之後，即入禪道，出家赴安子山，隱於臥雲庵，號竹林大士。著有《禪林鐵嘴錄》、《僧伽碎事》各一卷。

陳朝第四主英宗（西元一二九三—一三一四年在位），因為元朝不再入侵，遂遣陳克用入元求《大藏經》，歸越之後，留於天長府，並刊行副本。又詔印行佛教法事道場的文書格式，頒布全國。興隆十一年（西元一三〇三年）正月，於普明寺設無量法會，布施金銀錢帛，賑濟天下之貧民，同時授《戒施經》。興隆十六年，上皇仁宗入寂。其後有來自北方的胡僧瑜祇婆藍之女多羅聲，入於宮中，胡僧修禪定而行神祕法，深得英宗信任，因此而使佛教流於墮落之境，可見元朝的喇嘛教之弊風，也吹到了越南。而英宗晚年，也像仁宗一樣，禪位出家了。

第五主明宗（西元一三一四—一三二九年在位），信佛並讀《金剛經》。此時有一感人的故事，傳說陳明宗曾將他的岳父因事囚於資福寺，並欲使其餓死，可是憲慈皇后極崇佛教，即以衣服浸水，投入獄中，讓她的父親吸飲。她同時也想到了韋提希夫人救助頻婆沙羅王的崇高行為，便勸她的父親誦《觀無量壽經》、觀想阿彌陀佛。

第六主憲宗、七主裕宗、八主藝宗、九主睿宗各代，佛教式微，未有特別的史事傳流記載。而在裕宗時代，中國的政權又有了變更，已從元朝亡入明朝。越南的陳朝，勢力也日漸衰落，國內盜賊蜂起，國外則有南方的占城屢屢入寇。占城與安南之間，自古以來，即常有事端，時戰時和，打來打去。大體上說，安南是屬於中國文化的範圍，占城則與扶南、真臘（此兩古國均在今之泰國東部柬埔寨內）關係密切，而屬於印度文化的範圍，由於文化習慣不同，國民情感相背，故當安南強盛時代，即征服占城而使之入貢，安南衰落之際，占城便來入寇安南。因此，到了陳朝第十主廢帝之時（西元一三七八—一三八八年），由於進擊占城而兵力疲憊，竟然命僧人為之助力，選僧人之健壯者為兵，以防占城之入寇。唯正在此國步艱難之日，曾應明朝之需要，選送二十名僧人至明之金陵，在此之先則已有阮宗道及阮算入明，並且得到明朝的厚遇，此也可能是明朝對越南的一種懷柔政策罷。

然而，陳朝的國勢愈衰，對佛教則愈不利，第十一主順宗光泰九年（西元一三九六年）正月，行僧道之淘汰，僧人未滿五十歲者一律參加考試，唯有通於釋教者得與僧堂之位置。這是精簡佛教，實則是限制佛教。

終於，由於胡氏之僭奪，以及明朝大軍之入侵，陳朝的王統，便在西元一四〇〇年結束了。先後十二主，歷時一百七十五年。

三、禪宗三大系

佛教在越南的發展，確有賴助於各朝王室的保護及提倡。在丁黎兩朝之際，對於佛教的依重，除了信仰的因素，尤具有文化的因素，當時的越南，文化落後，知識未曾普及，才識之士，實在不多。唯有佛教的僧人之中，受有高度文化的熏習，智慧才具，均非一般俗人可比。建國保民，有賴於僧人的才能及智慧，乃是必然的趨勢。

佛教最大的關鍵，卻是在於李朝的全力推展，李朝先後八主，無一主不是三寶的有力外護，所以李朝對於佛教的功德，在越南佛教史上，足可永垂千古而使越南的佛子們懷念不已。越佛史上的許多高僧，也多出現於那個時代。一到陳朝之後，教勢即走下坡了。越南的佛教，主要是受中國的影響，也許中國的義學，未能在南方生根，所以越南佛教的特色，也僅是盛於中國南方的禪宗的支系，在義學上則未見有其宏大的發揮及表現。

到此為止，越南的佛教，可歸納為禪宗的三大系：

（一）毘尼多流支的法統。

（二）無言通的法統。

（三）草堂的法統。

這根據安南人阮文玾的研究，而知其大致的情形如此。此期間的主要佛史文獻，則為《禪苑傳燈輯錄》上卷、《禪苑集英語錄》下卷。然據考證，此兩書名雖異，實為同一書的上、下卷而已。

現在讓我們介紹這三個禪系的人物：

（一）毘尼多流支的禪系：毘尼多流支，他雖不是中國禪宗派下的人，卻是中國禪宗初祖達摩的法孫，毘尼多流支接法於僧璨，僧璨接法於達摩，故其仍與中國的禪統有關。他是南印度人，先受教於僧璨，後來約在西元第六世紀之末頃，可能是五八〇年，來到越南，住法雲寺，並在那裡傳授禪法。此後十四年，他也就在那裡圓寂了。

毘尼多流支的弟子，著名者有法賢，止住於越南，唐高祖武德九年（西元六二六年）入寂。此後，自三祖至七祖的事蹟不明。第八祖定空禪師，建有瓊林寺，寂於唐憲宗元和三年（西元八〇八年）。第九祖通善。第十代出有羅貴安、法順、摩訶、無礙，計四人，其中之法順，著有《菩薩號懺悔文》傳世。十一代知名者有禪翁、崇範、廣淨等三人。十二代則有萬行、定慧、道行、持缽、純真等五人。十三代為惠生、禪嚴、明空、本寂，以及其他二位，共計六人。十四代出有慶喜、淨如、淨眼、廣福等四人，其中的慶喜，著有《悟道歌詩集》行世。十五代則為戒空、法融、草一等三人。十六代是智、真空、道林等三禪師。十七代，妙因、圓學、靜禪之三人，其中的妙因係比丘尼。十八代的圓通，著有《諸佛跡緣事》、《洪鐘文碑記》、《僧家雜錄》。十九代的依山，乃是這一系可以考察的最後一人，寂於西元十三世紀之初，大約是中國南宋寧宗的時代。

（二）無言通的禪系：無言通自稱是得法於中國的百丈懷海，故這一系，是由中國人自中國傳到越南的，無言通的年代，相當與黃檗、溈山同門同時，百丈大師寂於唐憲宗元和九年（西元八一四年），九十五歲；黃檗希運寂於唐宣宗大中二年至九年之間（西元八四八—八五五年）；溈山靈祐寂於唐宣宗大中七年（西元八五三年）。準此推測，無言通當為西元九世紀前半期的宗匠，他是廣州人，俗姓鄭，雖是百丈的弟子，亦曾及馬祖之門，後於唐憲宗元和十五年（西元八二〇年），遊化至安南北寧之仙遊縣建初寺，接受該寺感誠之供養，並授禪法予感誠禪師，嗣後即終老於此。

因此，無言通系的第一代，即為感誠。二代為善會。三代為雲峰。四代為匡越大師吳真流，他是一位文才卓犖的學者，丁朝開國，即聞名延攬，先於西元九七〇年封為僧統，掌理政務，整頓僧綱；翌年，丁先皇念其護國庇民之功，即晉封為太師，並賜匡越之號。第五代則有多寶。第六代有禪老與定香二人，禪老即是李太宗的受學師。由於禪老之力，加上李太宗的擁護，故到第七代時，以太宗為首，另有圓照、究旨、寶性、明心、廣智，以及其他之名匠，其中尤其以圓照禪師最為出色，名聲極隆，他著有《藥師十二願文》、《讚圓覺經》、《十二菩薩行修證道場》、《參道顯決》等行於世。第八代有通辨、滿覺、悟印、悟法華，共計四人。第九代共有九人，著名者有道惠、辨才、寶鑑、空路、本淨，辨才著有《照對錄》。第十代共有十一人，重要者有明智、信學、淨空、大捨、淨力、智寶、長原、淨戒、覺海、願學，這是李朝的全盛時代，禪宗各派，均呈欣欣向榮之狀，所以人才輩出。十一代有廣嚴。十二代出有著了一部《南宗嗣法圖》的作者常照禪師。十三代則以通師、神儀、法界之三人為有名。十四代是息慮、現光、隱空。十五代是應王、道圓、一宗，另外尚有三人，共計六位。這到了西元十三世紀前半期的時代，他同毘尼多流支一系的情形一樣，自此以後，無言通系下的法脈，也無從稽考了。

（三）草堂的禪系：草堂禪師，前面已經說到，他是中國人，當李朝第三主聖宗時代，行化於占城之際，被當作囚兵逮捕而進入安南的。

草堂系的第一代弟子，即為李聖宗、般若、遇赦等三人。第二代有吳益、紹明、空路、定覺。第三代則為李英宗、杜武、梵音、杜都。第四代是張三藏、真玄、杜常。第五代為李高宗、海淨、阮識、范奉御。此到第十三世紀初即入陳朝，陳朝以後的教團史，因為資料不獲，文獻無徵，所以不甚了然。

唯於陳朝之初，由三主仁宗禪位出家，號竹林大士，參禪著述，並教化弟子千餘人，結果開出了竹林派，他著有兩部傑作，即是《禪宗指南歌》、《御製課虛集》，從其教理的內容考察，可能屬於臨濟禪，而其禪法則謂出於慧忠的系統，詳細法脈，則不甚明瞭。

此後，陳朝的君主，尚有出家者，唯彼等之法系難考，陳朝的僧侶之中，也有幾位著作家，例如法螺著有《斷策錄》十卷、玄光著有《玉鞭集》一卷、嘉慶著有《悟道集》一卷、寶黨著有《圓通集》二卷等。再往後，不知由於何種因緣，禪宗一時絕跡，至西元十七世紀時，頓由淨土宗取代了禪宗的地位，新成立了竹林蓮宗一派，以阿彌陀佛為其主要之中心，乃至形成以後北越佛教的主流。這可能與中國自宋明以後，倡導禪淨雙修，以及明末清代的高揚彌陀淨土，有甚大關係。

四、佛教的衰落

越南的佛教，自陳朝滅亡，即告衰落。

西元一四〇〇年，陳朝亡後，國內大亂，加之明朝的中國大軍入寇，故於明成祖永樂十二年至明宣宗宣德二年（西元一四一四—一四二七年），十餘年間又成了中國的保護國。到了黎朝的太祖黎利起來擊退了明軍，即王位而稱國號為大越，越南又告獨立。

當時的中國明朝政府，正從事於儒學之獎勵，所以黎太祖（西元一四二八—一四三三年在位）雖擊退了明軍，但對明朝的文化制度，卻大肆吸收移植，其結果則使儒學與文學，極一時之盛；在宗教方面，道教及喇嘛教之勢力，亦日益隆起。反之，正統的佛教，卻落於衰退。遂而儒、道、釋三教混合的新局面，也跟著出現。在明朝保護期間，中國的太守，嘗下令沒收佛教經書，徹底破壞各地寺觀。黎太祖順天二年（西元一四二九年），嘗行僧道之考試，不知誦經不持戒律者，一律敕令還俗。

黎朝二王太宗（西元一四三四—一四四二年在位）時，佛教又一度抬頭，太宗於紹平元年（西元一四三四年），修理寺院，設盂蘭盆會，同時赦釋囚犯，並賜僧錢二百二十緡。翌年，鑄造國太母之金像，命僧人行開光點眼之法，並於其廟祝禱。太宗也同樣重視儒教，紹平二年二月，創行祭孔之釋奠，並成為以後之永式；又於同年十二月，發行了新刊之《四書大全》。

經過三主仁宗，至四主聖宗（西元一四六〇——一四九七年在位）時，即行抑佛重儒之政策，光順二年（西元一四六一年）禁止寺觀之新造，又於光順六年，命禮官改革民俗，此謂矯正民間溺信佛教之弊，監視僧侶之行蹤。對於儒教，則備加重用，制定春、秋二季祭孔之禮，同時增建文廟以及儒家其他的諸多設施。此時的國勢頗強，乃係黎朝的盛世。唯其於重儒抑佛的政策，並無關聯，因其重用儒教之後的結果，至第五主到第十主期間，國內外的動亂，又相繼而現。在此階段，政治紊亂，佛教的活動，也無特別可記述之處。

由於內亂，權臣莫登庸弒第九昭宗而僭奪王位，在莫氏支配政權數年之後，黎朝再興，然其政權竟又歸於重臣鄭檢操縱，唯其仍奉黎朝之王統而占領越北的東京地方。適巧與阮氏在順化，支配了南部地方而對峙。在名目上，此期間仍為黎朝的王統，實際上卻是鄭氏與阮氏分割而治的局面。在二百餘年間保持了王統的不絕，黎氏的朝廷卻是威勢盡失，是稱為後黎朝。

在後黎朝時代（西元一五三三—一七九一年），王室重奉儒教，民間則對佛教保有相當信仰，鄭氏亦嘗用意於佛教。唯因長期的內戰變亂，民力凋弊，故對寺院的建立不多。

基督教傳入越南之後，發生有多種弊害，故於後黎朝第九主玄宗景治元年（西元一六六三年）及十二主裕宗永盛八年（西元一七一二年），兩度下令禁止基督教之傳播。

裕宗永盛十五年，鄭棡修理福龍寺，經營達數年之久，勞役人民，民間頗有不平之怨聲，甚至要求修理之工程中止。不過，鄭棡修寺的動機，是在造成遊覽之勝地，並非出於真正崇佛之意圖。

又有鄭杠，建立瓊林寺及崇嚴寺，石工萬名，日夜不停，並以徵服勞役代替稅捐之繳納。鄭杠又建壺天寺與香海寺，並由百官獻銅，鑄造大佛像。可是到了後黎朝的末主愍帝昭統元年（西元一七八七年），由於軍用的支出浩大，國庫空虛，銅之需要孔急，遂有阮有整之奏請，令各地寺觀的銅像銅器，送至京師，鑄造昭統通寶的錢幣了。

由於北方的鄭氏及南方的阮氏，均欲收拾民心之歸向，人民信佛者多，所以為了建寺而大興土木。故在南方的阮氏，也曾下旨建立天姆寺，今日之順化，尚有其遺跡，此寺三寶殿之雄偉，及其所鑄之鐘有異常之金聲，是為兩大特點。一般人皆肯定地說，今在順化附近各區之大多數寺觀工程，也均由於當年阮氏各主之功德所賜，傳至今日，尚為越南佛子所津津樂道。

就在後黎朝的末際，起兵於西山的阮文岳，聲勢也頗壯大。於是，越南的政局，形成了鼎足而三的分裂狀態，東京的鄭氏、順化的阮氏，加上西山的阮氏，就把越南割據了。

於是，北越的黎朝，求助於中國清朝的軍隊，結果清軍卻大敗，黎朝也就從此滅亡。占據順化地方的阮氏政權阮福映，一時也亡命逃出了國外，後得法國的援助，才漸次回復其勢力，終於擊破了西山的阮氏而統一了全國。

阮福映遂於西元一八〇二年（中國清仁宗嘉慶七年）即王位，改稱年號為嘉隆，建立了阮朝。

當時的阮朝，領有東京、安南、交趾，真臘則為其保護國。可見其威勢，已較前數朝代的版圖為大了，這也就是後來被稱為越南三邦的範圍，含有今日的越南、柬埔寨、寮國在內。

然而，阮朝得到法國的援助而統一全國，它所付出的代價則是相當地大。法國到了西元一八八六年占領了越南，至翌年，終於在越南組織了印度支那政府，設置總督，統轄全域。

本來，我國對於越南保有宗主權，越南內政獨立，但受中國的保護。阮福映引入了法國的勢力，後來為了傳教問題，而彼此的關係惡化，法國便以武力脅迫清朝政府，這便是中國近代史上有名的中法越南的戰爭，也是中國的國恥之一，因為越南的宗主權終由於清朝軍事失利而喪失。

於是，越南的阮氏王朝，成了法國的傀儡，徒擁虛名，而無實權。

雖然如此，阮朝王室，對於內政的處理，尚有一部分的影響力。正因如此，對於佛教是很不利的。一方面，法國的政府大力推行天主教的傳教事業，一方面，阮朝的王室則採用儒教，朝廷各項制度，無不以儒教為準。

阮福映於平定國內之後，即於嘉隆三年（西元一八〇四年）八月，建太廟於皇城之左，又詣文廟而行秋祭。

翌年初，敕禮部於吉日祭天地。此後屢於春、秋兩季親行文廟之祭，並擴大建築文廟的規模，阮福映為阮朝的世祖，其後各主，即以世祖所定的制度朝儀為式的慣例。

阮朝對於佛教的限制極苛，僧徒被黜，而由御賜之流至各寺觀為寺監或法師，所以各寺觀僅存外表之形式，破戒視為尋常，宗教的精神全失，同時，政府設置僧籍，以便控制；限制寺院購置地產，限制寺院接受十方善信的財物布施，以期抑制佛教的發展，致使真修實學的僧人，不獲安心弘法之所，反使一般偽借佛教以行惑世之實的假佛教徒，得到了機會。

五、混雜信仰的佛教

在第二次世界大戰之前，越南的民間信仰，與中國的極為相近，除了少數天主基督的信徒之外，都會承認他是信仰佛教的，可是此所謂佛教，絕對不是純粹的三寶弟子，而是混合了佛、儒、道三教觀念和成分的信仰。

在農村之中，有各式神祇的崇拜，呈現出類似多神的複雜型態。

從其外貌上看，越南寺院的建築，與中國相似，僧侶的生活，也類似中國，除了南部受有小乘佛教傳播而同於上座部的型態之外，大多數的越南佛教，跟中國是極為類似的北傳形式。他們的佛塔，也保留著中國的色彩。他們的經典，也是中國的文字。他們的佛殿內部，中央供釋尊像，右供阿彌陀佛像，左供彌勒菩薩像，這是指的比較純粹的寺院。

因此，除了少數的佛教僧侶，一般的人民之自稱為佛教徒者，即無法辨別佛、儒、道的界限。於是，一般以佛教為生的佛教徒，每每成為從事於精靈崇拜等的妖術師，而在民間看來，以為這也就是佛教。

因此，在許多混合信仰的佛寺之中，他們的正殿中央，備有五、六段壇台，安置了各種的偶像。最前列的一段，普通是供佛的誕生像，左右則為阿難與目犍連二尊者。其次供置道教諸神、冥府之王、北極星、南極星。最上一段安置佛教的三寶、孔子、老子諸像。至左右兩個脇壇，普通是供觀音、彌勒、文殊等大菩薩，以及守護諸天、著名的祖師等的偶像。又有地獄圖、羅漢圖、道教諸神仙圖，描繪於樑間者。

他們信仰靈魂的輪迴之說，雖然正信的佛教不主張有固定的靈魂，但是輪迴的觀念，使得大家既有安慰也自願自動地行善止惡。他們信仰諸佛在此世界的人類之上方，監視保護此一世界，並相信有佛教的守護諸天，守護信佛的人們。

在佛事方面，一般的有七月十五日的盂蘭盆會，這是民間的盛會，相信此日地獄門開放，各人的祖先亡靈，來到人間受惠。所以各家門前，均備供食物，並以紙做的衣服、金錢，入夜焚化。在這一天，各寺塔內，也舉行大袈裟供養之儀式。

每月陰曆的一日及十五日，各寺塔內也舉行一定的儀式。

與佛教寺院相等的，有儒教的文廟，及道教的關聖廟，也並存於越南的各地。農村部落尚有各村的守護神的供祀，這有類於中國的土地祠，越南人稱之為亭的建築物，也屢見不鮮。跟中國、印度、日本的民俗一樣，越南人也有崇拜大樹之神靈的習慣，並且非常普遍。

類似的民間信仰，與其說是信的佛教，不如說是信仰超人的存在，一種神祕力量的祈求。

正由於宗教信仰的混淆複雜，即有一些人士希望把它們有系統地統一起來，所以產生了一個結合了佛教、道教、基督教所混淆而成的高台教，這是越南的一支新宗教。

六、蓬勃的現代佛教

第二次世界大戰，對於全人類是一大浩劫，但在戰爭結束之後，世界的形勢便進入了一個新的局面。

民國三十四年（西元一九四五年）日本投降，便終止了二次大戰，大戰的終止，也為各弱小的國家民族帶來了自治與獨立的新機運，西方列強的殖民主義，便隨著這一新形勢而日漸萎縮後退。越南在法國殖民統治了六十多年之後，終於也在西元一九四九年獨立了。

可惜的是，越南也和中國一樣，中國剛從日本軍閥的蹂躪下得到了勝利，轉眼間又陷入內戰分裂的局面。越南獲得獨立不允，也由於內戰的緣故，而在一九五四年奠邊府的慘敗，便依日內瓦協定，將越南自十七度線為分界，切成了兩半。直到目前（西元一九六六年），南越的居民，尚在與來自北越的軍隊，作著殊死的戰鬥。不過，越南的阮氏王朝，也因南北的分裂而結束了。

可是，越南的佛教，因受了中國於民國之後的佛學傳播之影響，他們在厭倦了西方殖民主義者的統治之餘，就把熱烈的希望和安慰的追求，投向了佛教。所以到了西元一九二〇年，便在越南的北、中、南三處，普遍地掀起了振興佛教的運動。經過十一年的困苦奮鬥，至一九三一年，即有一個佛學會首先在西貢（今胡志明市）創立，命名為南圻佛學研究會；一九三二年，越中又成立了佛學會；一九三四年，北越學會也相繼成立。

這些佛學會雖各有章程，但卻有其共同的目標，因為復興禪宗、整頓皈依、造就佛教的青年而努力。同時，他們為了佛法的普及，便開始倡用越語代替了以往所用的漢文。許多譯自大、小乘的越文經典及雜誌，也就開始出版。

這一佛教的振興運動，不數年之間，即得到了全國的歡迎，上流社會的智識界，亦多自動轉移了他們的思想而擁護佛教的復興，從間接的鼓勵到直接的合作，捐輸財物、宣揚教義，這是令人感奮的現象。

後來雖因二次大戰的爆發，而使這一運動一度停頓。然到越南獲得獨立之後，民族的意識，使他們不喜歡西方人的宗教，對科學及民主的認識，也使西方的神教黯然失色，佛教因之重振。至西元一九四九年，由於素蓮及智海兩大師的領導，以及一般居士的盡心協助，設立孤兒及私塾各一所，成立救濟戰爭難民的各慈善機構，並設立一個印刷館。在河內、在順化，悉力策畫僧伽之重聚、制度之整頓、寺院之重修、雜誌之復刊、翻譯及著作之恢復。

是以，到一九五〇年，中越、北越成立了聯合性的新佛學會，第二年五月六日，又在順化召開全國佛學會議，參加的代表有僧伽及居士五十多人，決議統一各居士會，規定統一儀式，普及教理於民眾，造就青年佛子。

在此統一佛教的名義下，在一九五二年九月，因金蘭代表團出席在日本召開的第二次世佛友誼會之便，隨奉一佛陀舍利贈予日本，當該代表團乘船經泊西貢的二十四小時之間，響應號召參加禮敬舍利而集會的佛教徒，達十萬人，這是越南獨立之後在西貢從未有過的盛大場面。尤其難得的，人雖眾多，而秩序井然，虔誠非常，感人至深。

從此以後，由南到北，振興佛教的運動，到處受到熱烈的歡迎，而使各種雜派的宗教勢力，一一來向佛教歸附。各慈善機構、佛學堂、佛教私塾、佛教青年機構等等，也紛紛增加，隨處發展。可惜未久之間，日內瓦協定，把越南分裂為二，北越與南越佛教的統一發展，唯有待之於來日了。

但是，南越的佛教，目前仍在為佛法的昌明及國家的利益，作著艱苦的努力。他們竭力使佛教洗脫混雜的迷信，竭力從事於佛學的宣揚及教導，竭力實踐佛陀的教訓。所以不論僧俗，凡參加振興運動者，均須從修心養性中力求精進，他們要以自覺、覺他、自度、度他的精神自期，他們不再誤用大乘「菩薩行」之藉口而行非法，卻要向大乘佛法中提起營養以滋補其精神。他們完全公認各派正統的教理，歌誦原始佛教，但也不放棄龍樹、馬鳴、世親等之根據於原始基礎上的各種論說，亦如他們不放棄淨土法門為參禪途徑之一相同。

可見，越南的佛教，正在邁向新紀元的新境界。目前的越南人民，除了天主教信徒之外，約有百分之八十的佛教徒，不過在此百分之八十中，有些舊的各種信仰者，未必是正信的佛子，只是他們無不信仰釋迦世尊。至於新佛教的運動者，在越中及越北為多，兩年前在越中的新興運動者有二百萬人，南越則尚不滿兩萬人。

推動這一新興佛教運動的，就是越南佛教總會，歷年以來，他們召開了許多次大會，在此總會之內，包括有：

（一）越中僧伽教會。

（二）南越僧伽教會。

（三）北越駐南部之僧伽教會。

（四）中部駐南部佛教會。

（五）越南佛教會（即北越駐南部者）。

（六）南越佛學會。

現在的總會地址，自佛元二五〇二年（西元一九五八年）四月起，由印光寺遷至西貢清光縣太街八十九號的舍利寺。

一九五六至五八年度的總會職司為：會主淨潔和尚，總書記梅壽傳居士，副書記善定大師及胡琴居士，司庫主任阮文雅居士，副主任阮高翔居士，司儀委員心珠大師，弘法善華大師，訓育智守大師，訓練青年佛子智光大師，文化陳清協居士，訓練慈善（佛教）黎文琴居士，檢察顧問善明大師等。

總會下的「南越僧伽教會」，工作極為積極，他們的成績也很顯著：

（一）設立佛學堂。

（二）訓練住持人才。

（三）普通佛學的流動演講。

（四）調整傳授皈戒的方式，取消皈依一師之儀式，改為皈依集體的僧伽。整頓尼眾，今有中央及省級各理事會，由一尼長另外擔任僧綱。

（五）保送僧人出國留學。

（六）翻譯律典為越文及越文佛書之著作。

（七）與佛學會合作，編輯《慈光》雜誌，與總會合作，出版《越南佛教》雜誌，社址設於堤岸萬幸街六三五號的印光寺。

總會下的「南越佛學會」，成績尤其輝煌，該會成立於佛元二四九四年（西元一九五〇年）九月。它的宗旨在於團結正信的四眾佛子，奉持正法，實踐如來慈悲的德性。他們反對一切迷信，如燒紙錢、求籤問卜、星相、算命、私祠妖術之解厄。同時利用報紙、書籍、廣播等的各種工具，宣揚佛陀的正法，統一佛教儀式，訓練佛教青年，推行慈濟事業。他們積極擴展會務至各省各縣各市，積極地吸收會員，對內教育訓練，對外醫濟服務貧困。

值得特別一提的，是組織「佛子家庭」，此名詞是指集合了各團體的兒童、少年、青年，及佛教會員的子弟，由南越佛學會加以組織結合，由各地的「佛子家庭」，結合組織了各地的佛教子弟，自成一個團體，予於道德思想及佛教生活的教育，他們的口號是「悲、智、勇」，他們有統一式樣的服飾。目的在養成佛教子弟知道集體生活，知自立、知進退，以備將來為人為己，弘法利生。他們以白蓮花為徽號。這種佛子家庭的組織，現在幾乎已遍及越南各地，計有十六個「家庭」，已散布於西貢及各省。

南越佛學會，經十五個月的施工而建成現代化的舍利寺，現在已成為南越佛教的領導中心，寺中每週末晚上來聽經的人，經常有三百上下，多為智識分子及青年男女；每星期日早晨到寺誦經及聽聞佛法的人數，或尚更多。寺內自備有播音機、自動發電機、電影機，以用作說法的工具。

該會設有慈善組織，由女性教友負責，從事於各醫院、保生院的訪問，發給病人贈品，送給嬰兒衣服等。

該會籌備於每月最少一次，印送各種袖珍本的佛化小冊，向大眾解釋佛教根本教理，尤其著重監獄中的犯人為贈送的對象，以期用佛法的感化，使之成為向善而新生的人。

寫到這裡，我們不能忘了佛元二五〇七年（西元一九六三年）的越南教難，那是由於吳廷琰的家族政權，為了左袒他們自己所信的天主教，有計畫地迫害了佛教。吳廷琰本人未必在起初時即仇視佛教，而是由於佛教的新興運動迅速發展，才使他們想到利用政治權力來抑制佛教並迫害佛教，以圖天主教的勢力能在越南鞏固，尤其是吳廷琰的兄長，是天主教的越南主教。

遺憾的是，佛教徒為了護教，而由廣德大師為始，連續有善美法師、妙光尼師、善惠長老、光香法師、清穗法師、元香法師等七位僧尼，先後以汽油浸透了衣服，引火自焚殉教。終於國際輿論譁然，國內群情激憤，導致了軍事政變，推翻了吳氏政權，吳氏兄弟也在政變中不幸遇難。所以，這一宗教迫害的事件，佛教受害固大，吳氏也同樣付出了最高的生命之代價！

佛教經此教難而獲得了勝利之後，組織更加堅強，工作更加積極，號召力及影響力之大，已駕凌乎各原有任何派系之上。但迄本文執筆時為止，來看越南的佛教，無疑地他們是深切的愛國，不惜任何代價地護持佛教而宣揚佛陀的正法，但尚未曾見出有其政治的野心夾雜其中，這也正是佛法本位的佛教精神。

七、參考書目

本篇的寫作，係參考：

（一）龍山章真的《南方佛教の様態》。

（二）金山正好的《東亞佛教史》。

（三）望月信亨的〈佛教大年表〉。
（四）念常的《佛祖歷代通載》。
（五）慧皎的《高僧傳》。
（六）義淨的《大唐西域求法高僧傳》。
（七）《中國歷史地圖》（正中版）。
（八）高中歷史教科書。
（九）越南佛教會出版，芸芸譯的《越南佛教史略》，本篇第六節的資料，多係採自這本約一萬二千多字的小書，我要感謝淨海法師請傳諦法師將它抄了一份給我。

如果要進一步地研究越南佛教史，則另可參考：

（一）《禪苑傳燈輯錄》上卷。
（二）《禪苑集英語錄》下卷。
（三）《三祖實錄》。
（四）《御製禪苑統要繼燈錄》。
（五）《三教一源流》。

（六）《三教通考》。

（七）《古珠法雲佛本行語錄》。

（八）《古珠四法譜錄》。

（九）《聖跡寶錄》。

（一〇）一般的史籍則有《安南志略》、《大南一統志》、《大越史記》、《大越史記全書》、《欽定越史通鑑綱目》的正史類亦有關於佛教的事項。此外尚有研究阮朝佛教的資料，可參閱《大南實錄》、《大南列傳》、《大南會典》等。

（一九六六年四月二十七日稿於關房）

附錄二

美國佛教的源流

首先謝謝本會副會長沈家楨長者為我所做的介紹。

美國佛教的歷史相當年輕，佛教在世界史上的活動，則源遠而流長。今天我們慶祝釋迦牟尼佛的聖誕，依照南傳上座部的算法，今年是佛滅紀元二千五百二十年，加上佛陀的世壽八十年，正好是第二千六百個佛陀的聖誕日，所以意義特別重大。

佛教的創教主釋迦牟尼佛，出生於印度，他的傳教活動，大概沒有超出恆河流域的範圍；當他滅度之後一百六十年，佛教始向印度的本土之外傳布。由於佛陀的弟子以及再傳弟子們各自的個性和專長的不同，加上各自所處地域及其社會背景的各異，漸漸地便由統一的所謂原始的或根本的佛教思想，演變成了分張的、發展的所謂部派佛教。我們通常所稱的小乘佛教，實際上便是指的部派佛教。

部派佛教之中，分門別戶，支派眾多，歸納起來，則不出上座部及大眾部的兩大主流。上座部流向國外，迄今依舊存活著的，便是錫蘭、緬甸、泰國等地流行的佛教；大眾部在印度，屬進步開明的部派，後來由於大乘佛教的隆盛，大眾部便隱沒了。

印度的大乘佛教，從其思想史的發展上看，分為初、中、後的三期，上面說到，自印度向南方國家傳出的是小乘佛教的上座部，另一支自印度向西北方傳到中國和西藏的是大乘佛教。傳到中國的，是印度初、中兩期而以中期為主的大乘佛教，傳到西藏的，則為印度晚期的大乘佛教。到西元十二世紀末，由於伊斯蘭教王朝在印度興起，佛教遭受了徹底的消滅。幸好，在印度滅亡了的佛教，卻在印度之外的地區，得到了生存發展的因緣。

中國最初之有佛教，有信史可據的，是在西元六十五年，即是東漢明帝時代，經過七百年漫長的歲月，於中印兩地許多傳法及求法高僧的不斷努力，將成立於印度的大、小乘各種佛教典籍，譯成了漢文，到了唐玄宗的時代（西元七一三—七五六年），中國的大乘佛教，在思想的類別上，已形成了：三論、天台、禪、華嚴、唯識、律、淨土、密等八宗。

佛教在中國，發展了數百年之後，也向外國傳布，首先是韓國，其次是日本，再次是越南。韓國最初有佛教是在西元第四世紀後半葉，日本則於西元第六世紀前半葉，先從韓國，再從中國引進了佛教。因此，韓國與日本的佛教，其思想系統和中國的一樣。

西藏之有佛教，是在西元第七世紀前半葉，正好是印度的大乘密教開始發展的時代，雖然密教的基礎也是建立在大乘顯教的理論上面，其特色則在重視師資傳承的密教儀軌（tantra）。唐玄宗時代傳到中國而今日仍行於日本的密教儀軌，僅到第三部的瑜伽密法，印度的晚期密教，則發展到了第四部的無上瑜伽，此為西藏密教特色中的特色。

可是，佛教在印度流行，不足一千八百年，而亡於伊斯蘭教王朝的摧毀，在中國大陸流行了一千九百年，而亡於西元一九六六年的所謂無產階級文化大革命；西藏則流行佛法一千三百六十年，於西元一九五九年因達賴喇嘛流亡印度而壽終正寢！然而，在太平洋及大西洋之間的今日美國，兩億多的人口中，已有將近一百萬的佛教徒了。雖然尚是一個少數人所信仰的宗教，但是很多美國人可能不知道其他許多新興宗教的名字，但不知佛教名字的是很少的。所以，佛教在今後美國發展的潛在性是極其樂觀的。

美國佛教歷史的開始，是在一八九三年為了紀念哥倫布發現新大陸四百週年，而於芝加哥開了萬國博覽會，有人提議，也在那裡召開一次萬國宗教會議。當時接受邀請的日本佛教界，由禪宗的臨濟派、真言宗、天台宗、淨土真宗，各派一位代表，組成一個四位僧侶的代表團，到美國出席大會。大會的主持人之一的美國人 Paul Carus（西元一八五二—一九一九年），他的原籍是德國，一八八六年移民到美國，對於佛教，深感興趣，經過與日本禪宗的代表釋宗演（Shaku Soen，西元一八五九—一九一九年）的接談，他要求日本派一位通曉英語的僧侶，來美國弘法。結果，受派來常駐的第一個人便是釋宗演的弟子鈴木貞太郎（Suzuki Teitaro 即是鈴木大拙 Suzuki Daisetsu，西元一八七〇—一九六六年）於一八九七年來美，當時他僅二十七歲，而精通中、日、英等語文，並且已將《佛陀的綸音》（*The Gospel of Buddha*）譯成了日文。此後協助 Carus 達十一年之久，在 Carus 的全力支持下，出版定期刊物，翻譯經論，著作關於禪的佛教書籍，名聲日高，因他而知有佛教和禪的歐美人士，日益增多。一九五〇年以後，接受洛克斐勒基金會（Rockefeller Foundation）委託，在耶魯、哈佛、芝加哥、哥倫比亞、康乃爾、普林斯頓等諸大學，擔任「東方文化與佛教」的講座，而在哥倫比亞大學的任期最久，到一九五七年始結束。這是佛教由日本來美國，向學術界、向各大學推展的主力。

另外，在宗教信仰方面的佛教，來到美國，最先是跟著日本的移民，到達夏威夷的淨土真宗，他們是阿彌陀佛的信仰者，他們的對象是清一色的日本移民，他們也未想到要向美國人傳布佛法。到目前為止，以美國佛教徒的人數而言，淨土真宗仍可算是第一大的佛教組織，它有兩派，合計一百三十多座寺院，二百多位僧侶。而其信徒，依舊以日系的美國人為主。

向美國本土社會中傳播的日本佛教，還是禪宗。一九〇五年，釋宗演應美國富豪 Alexander Russell 的邀請，第二次來美，在舊金山（San Francisco）講授禪，當時他帶來一位在家弟子千崎如幻（Senzaki Nyogen，西元一八七八—一九五八年），在舊金山專門教禪，他的對象全是白人，設立「東漸禪窟」，一九三一年轉到加州南部，繼續教禪。和千崎如幻可資對比的，另有一位釋宗演的再傳弟子佐佐木指月（Sasaki Shigetsu，西元一八八二—一九四五年），於一九二二年到美國東部，在紐約市開創「第一禪堂」，專向白人教禪。

由此發展至今，美國已有一百二十多個禪中心（Zen Center）遍布各地，教師是日本人、美國人，甚至有韓國人，其中僅有少數是大規模的，多數是小規模的，有的甚至連固定的會所也沒有，而是輪流在各個會員的家中每晚坐禪數小時。

尚有一個人數相當多的佛教組織，也是來自日本，名為日蓮正宗（Nichiren Shoshu）的創價學會（Soka Gakkai），在一九七〇年統計，美國已有二十五萬的該會信徒，而多半是白人和黑人，到現在，據說已近四十萬人。它的來歷很有趣，是在二次大戰後，美國士兵於日本駐紮期間，娶了大約五萬個日本太太，這些日本太太，大多來自下層社會，多半是日蓮正宗的信徒。到了美國，她們保持原有信仰，她們的美國丈夫，她們的子女，甚至丈夫的父母和親戚，也成了這個教派的佛教徒。

中國佛教來到美國的歷史，相當短，雖在一九二九年三月，太虛大師（西元一八九〇——一九四七年）環遊世界，經過波士頓、紐約、華盛頓、芝加哥、舊金山、夏威夷等地，除在舊金山遇到千崎如幻，夏威夷遇到一位淨土真宗的開教師之外，並未接觸到佛教徒，也沒有留下做為弘法基礎的人員和地方。直到十多年前，始有三位比丘自香港去夏威夷，接著又有比丘分別自香港及臺灣等地，到了舊金山和紐約。到目前為止，中國的佛教道場在美國的，包括僧俗，已有二十六所，比丘及比丘尼的人數，尚不到三十人。在東岸的美國佛教會，在沈家楨居士的全力支持下，除了有計畫地翻譯大量的漢文經典成為英文之外，同時又在進行一座雄偉的莊嚴寺的籌建及弘法人才的培養。中美佛教會經常住有三十多位僧尼，其中絕大多數是美國白人，在宣化法師的住持攝化之下，也有多項的弘法計畫正在進行。

最後，要介紹西藏系的喇嘛教。從一九五九年西藏佛教發生教難之後，高級的喇嘛大多逃亡到了印度，後來又有從印度到了歐美各國，論在美國的歷史，比中國內地佛教之來美，還要遲一點。但是，日本的禪既能吸引美國人，西藏的密教，同樣也有吸引美國人的潛力，原因是同為東方宗教的神祕主義的經驗派系。因為從禪和密的修持，能夠在生理和心理方面，給人予實用或兌現的印象。所以喇嘛教向美國人中發展的速度，很可令人注目。

（一九七六年五月九日講於美國佛教會佛誕法會）

附錄三

錫蘭的佛教

錫蘭是印度大陸南端的一個島國，它的民族和文化，幾乎也是大都來自印度的移植。在佛教的發祥地，今天的印度，已經很少見到佛教信徒的情形下，錫蘭在佛教國家中的地理、氣候及文化上乃是和原印度佛教最為相近的一個區域。

錫蘭的佛教，出現在西元前三世紀的中葉，當時有位佛教史上的名王阿輸迦（Aśoka），漢譯為阿育王的人，統一了印度，並且努力於佛法的弘揚和向國外派遣傳播佛法的高僧，阿育王的王子摩哂陀（Mahinda）比丘，即是九位受遣高僧中的一位。他被派至今日的錫蘭，為錫蘭帶來了佛、法、僧三寶，很快地受到了當時錫蘭統治者天愛帝沙（Devanampiya Tissa）的皈信，迅速地展開了弘法的偉業。

當時，是以印度佛教的型態傳到錫蘭，也以印度當時阿育王朝中心地區通用的語文所持的三藏（Tipiṭaka）聖典，傳到了錫蘭，這便是近世佛教學界極為重視的巴利語（Pāli）聖典。至於緬甸及泰國等地的佛教，則是從錫蘭間接傳去的，正像韓國的、日本的、越南的佛教，是自印度、經過了中國，間接傳播的情形一樣。如說中國是大乘佛教的第二祖國，錫蘭便是小乘佛教的第二祖國。

自印度、經西域、到中國的是大乘佛教（Mahayana），站在自稱是大乘的立場，自古以來，即將錫蘭系統的佛教，貶稱為小乘佛教（Hinayana）。但在錫蘭系的佛教界，對此素為不喜，故在一九五〇年六月，於錫蘭召開第一次世界佛教徒友誼會中，便通過一項提案，以後不再稱呼他們為小乘，應以「上座部」（Theravāda）佛教稱呼他們，通常則被呼為南傳佛教或南方佛教，以區別於北傳的中國系的佛教。至於上座部的根據，是因佛滅之後一百乃至二百年間，佛教的派別競起，傳至錫蘭的一系，是屬於上座部的分別說系，故稱為上座部。

所謂上座，是指戒德隆高的比丘僧，所以，在錫蘭系的佛教地區，比丘僧是佛教中心，比丘們以戒律為中心，嚴格地度著出家修持的清淨生活，他們真的做到佛滅之後，比丘依戒為師、依律而住的佛陀遺訓。在持戒的先決條件之下，學習經論。他們的目的在於求取解脫（nibbāna），所以比丘要擺脫一切世俗事務的經營，終其一生堅守二百二十七條比丘戒，以「三衣一缽」為資身之物之外，不得另有長財的積蓄。專心一意，住於僧團（Saṃgha，僧伽），皈仰佛陀（Buddha），實踐佛陀遺下的教法（Dhamma）。這就是構成為佛教的佛、法、僧的三寶。三者鼎足而立，成為佛教，所以，他們除了三寶便沒有佛教，皈依三寶，才算皈依佛教。無論僧俗，對於三皈依文的獨唱及集會時的合唱，被視為表達信念的最好方法。

對於出家的僧人，在家的信徒是無條件地尊敬和供養，僧人在生活上的必需品，例如食物、衣料、居住等，均由在家信徒於不求酬報的方式下布施（dāna）奉獻而成為施主（dāyaka）。在出家人的方面，則以不為求取衣食的原則下，對於用物品的財施者的信徒們，將佛陀的教法，宣揚出來，稱為法施（Dhamma-dāna），法施的功德，遠大於財施，何況比丘僧還是專修梵行的人呢！所以值得俗人的恭敬和供養。因此，若說小乘佛教的比丘們，都是只求自利的話，乃是不對的，他們的受施和用法施，乃是基本的生活方式，在生活方式的基礎上，要守二百二十七條的比丘戒律（中國的《四分律》通稱為二百五十條），並且學習經論以充實智慧（paññā），從事冥想等的觀法以實踐禪定（jhāna），這樣地以戒、定、慧三學兼顧的原則，來求達成解脫的目的。

但是，到今天為止，錫蘭的佛教，已經過了好多次法難。西元十三世紀，南印度的秋羅人（Cholo）的統治者，侵入了錫蘭，也摧殘了佛教。西元十六世紀初，又有葡萄牙人侵入錫蘭之後，除了高原的一小塊叫作康耿（Kandy）地方，尚為錫蘭人的小王國之外，其餘沿海的平原，全部成了不容許有佛教存在的外國殖民區域。

因此，到了西元十八世紀之時，錫蘭已找不到原來的佛教聖典，為比丘傳戒的人也沒有了。故於一七五三年，當時的國王 Kirtisiri Rajasinha 派遣使者到暹羅請了傳戒的比丘，也請回了大批的聖典。

所以，今天的錫蘭佛教，乃是接受泰國以及緬甸的反哺而來，在僧侶的系統上，也就有了派別之分，大致如下：

（一）暹羅派（Siam-Nlkaya）：創始者是沙拉那伽羅（Saranankara），於一七五三年由泰國傳入。如今其下又分出四個小支派：1.阿斯羯利（Asgiri），2.曼爾瓦多（Malwatta），3.高德（Kotte），4.頻多羅（Bentara）。

（二）阿曼羅波羅派（Amarapura-Nikaya）：創始者是摩訶迦羅成（Maha-karawe Nanawimaltissa），於西元一八〇二年由緬甸傳入，其下分出五支：1.烏梵（Uva），2.那梵羅庵利耶（Nuwaraetiya），3.槃波羅比帝耶（Bambalapitiya），4.

婆格訶比帝耶（Bogahapitiya），5.格羅多羅（Kalutara）。

（三）藍曼匿派（Ramanna-Nikaya）：創始人是印度沙婆（Ambagahawatta-Indasabha），於一八六五年由緬甸傳入。其下則有三個支派：1.阿古勒沙（Akuressa），2.庵爾羯利瓦（Elgiriva），3.哥倫坡（Colombo）。

錫蘭這個島國的佛教，自西元十一世紀初頭以來，已經歷盡滄桑，於摩心陀五世（Mahinda V，西元九七一——一〇〇七年）之時，受到印度的秋羅人侵略，這是一個濕婆教的民族，故對佛教的名剎如大寺、無畏山寺、祇院林寺等，均大肆摧毀。

西元十三世紀，再度受到來自印度的秋羅族的侵擾。

西元十四世紀，穆斯林侵入錫蘭。

西元十六世紀初頭開始，基督教文化圈的歐洲殖民主義者，便相繼到了錫蘭。先是葡萄牙人登陸該島，至西元十六世紀末期，全島的大部，已入葡人的主權之內，運用各種方法，迫使佛教徒改信天主教。

進入西元十七世紀之後，荷蘭人也到了錫蘭，到了西元十八世紀終了，該島主權便移入荷蘭人的統治之下，這是基督教新教的殖民主義者，因而又迫島民改信基督教。

到了西元十九世紀的一八一五年，它的統治者又換成了英國人，同樣地壓迫島民信奉基督教。英國人相當狡猾，在表面雖許可信教自由，但在政策上是消滅佛教，教育上則以佛教為未開化的宗教，來向民眾宣化。結果，由於一位彌格陀瓦帝（Migettuwatte Gunananda）沙彌，出來公開向基督教挑戰，展開辯論，獲得全勝，佛教便再度受到島民的尊信，又加上一位靈智學會的創始人——美國的鄔克德上校（Henry Steel Olcott，西元一八三二—一九〇七年）到了錫蘭，皈依了佛教之後，大事弘揚。因為他是美國人，所以向政府追究，提出了改革的意見，設立佛教學校，發掘從事於巴利語等學術研究的學者。

到了一九四八年，錫蘭獲得了獨立，雖仍屬不列顛的國協之一，但已有了自己的政府。當它在長期的受到殖民主義者的壓迫之下，得到自主機會之時，復興佛教的工作，便成了他們的民族主義運動中的一個重要目標。

因此，目前的錫蘭，在其六萬五千六百多平方公里的面積之內，一千一百五十萬左右的全人口中，除了百分之七的穆斯林、百分之八的基督教，以及百分之二十的印度教徒之外，佛教徒占了百分之六十五。以人種的比率而言，百分之六十八是錫蘭的幸哈利人（Sinhalese），百分之二十三是來自南印度的泰米爾人

（Tamils）。信佛教的，多是幸哈利人；信印度教的，多是泰米爾人。

在錫蘭佛教史上的偉人，當然也有許多是值得介紹的。從錫蘭的古代歷史上說，它和印度的傳說多有關聯。錫蘭島的古代史書，最有名的便是《島史》（*Dipavamsa*）及《大史》（*Mahavamsa*）。古代的錫蘭，名為「銅掌島」（Tambapanni），或名「楞伽島」（Lanka）。在印度兩大史詩之一的《羅摩所行傳》（*Rāmāyana*）中，則把錫蘭描寫為羅剎居住的邊涯之地。考察現在錫蘭的民族，乃是來自印度孟加拉地方的一個王子韋祇耶（Vijaya），於西元前五世紀前半葉，帶了七百個人，向南方冒險，登陸該島，平定土著，建築城市，登上了王位。

從此約二百年後，佛教便傳到了錫蘭。天愛帝沙王皈依了摩哂陀長老，他的王族及人民，也進了佛法的教化之下，摩哂陀來時，尚帶了其他三位長老及一位沙彌，並且攜來了佛教的經律。國王皈依之後，便為長老們建了一座大寺（Mahavihara）。此在《大史》中，有這樣的一段記載：「此大難陀林，為如斯人，光大教場所，呼為光期林，王先為長老，速以火炬乾粘土，於泰薩遊園，造塔及營樓。樓塔以此故，而發黑色光。由此更巧造大菩提寺、青銅殿、籌食堂、食堂。眾多之寮舍、勝妙之蓮池、晝間處及夜間處等等亦設施。其人（長老）洗惡華池畔、寮舍名為善浴庵，島之燈明（長老）經行處，有寮呼為長經行。彼（長老）之達於頂果（阿羅漢果）等至定之處，因此而稱頂果寮。」

總之，《大史》之中，對於天愛帝沙王與摩哂陀長老之間的描述，雖富詩境的意趣，但亦可以從中看出當時的佛教，的確受到了錫蘭王的擁護，並且以此大寺為中心，發展了上座部分別說系的傳承，由此而更傳至緬甸和泰國。

後來又在大寺的南方，為供奉佛陀舍利而建了塔波圖（Thuparama）。又有摩哂陀長老的王妹僧伽密多（Sanghamitta）比丘尼，應錫蘭王之召請，從中印度摩揭陀國佛陀成道的地方，分切了菩提樹的南枝，移植到了該島，也成了該島的聖樹。據說，這是阿育王即位的第十八年的事。

天愛帝沙王後，代代國王無不熱心護持佛法，經過一百餘年，又出現了一位積極護法的國王篤達迦摩尼（Duṭṭhagāmaṇī，西元前一六一——一三七年），《大史》用了十一章的篇幅，來介紹此王的功業。據說他是打敗他的弟弟之後，始繼承王位，接著又征服了外敵，而使該島統治在他的一傘之下，大振王威，篤信佛教，於其王都附近，建了摩利查瓦帝寺（Marichavatti Vihara），奉獻僧團，又造青銅殿，舉行盛大的供養儀式，於七日間，行大布施。其次更造大塔，中設舍利室，奉安由索那答拉長老帶來的舍利。此王信仰往生兜率淨土，死後生於天界。

此後又經數十年，瓦塔迦摩尼阿巴耶王（Vattagamani Abhaya，西元前一世紀頃）即位，他建造了無畏山寺（Abhayagiri Vihara），獻給摩訶帝沙（Mahatissa）長老。就在他繼承王位五個月後，即遭到南印度泰米爾人的侵略，逃亡達十五年之久，再復王位之後，首先著手的便是興建了無畏山寺，又建大塔，附屬該寺。這個精舍及大塔的遺跡，近代經過發掘而加以保護之中。

即在此王之世，錫蘭佛教分裂成了兩派。據說是起因於受到國王皈依的無畏山寺的摩訶帝沙長老，受到了大寺派的排斥，所以無畏山寺便成了獨立的一派，而被稱為無畏山寺派，或稱法喜派（Dhammaruci），從前以來的大寺比丘們，則被呼為大寺派。

同時，此王亦為佛教文獻做了整理的要求，佛教聖典原來多以口頭傳誦傳持的，到了此王之世，便將全島的比丘們，集合於阿羅寺（Aru），為令教法久住，令將聖典作成了筆錄。此一結果，恐怕即是用巴利語，也可能便是現存《巴利語聖典》的根源。

錫蘭佛教在分裂成兩派之後，約在二百五十年的歲月之間，大體是從平靜之中度過。在諸王的保護之下，各自從事於教團的發展與繁榮。此期間，也出現了幾位名人。有位迦摩尼王（Gajabahu Gamani，西元一一三—一二五年），攻略了印度本土，擊敗了泰米爾人的國王，這在長年受到泰米爾人侵略的錫蘭人來說，自是極感光榮的事了。因此，為了慶祝那次勝利的慶典，已被錫蘭當作每年例行的宗教風俗，稱佩拉哈拉（Perraherra）。

值得注意的是，當在伏哈拉卡帝沙王（Voharaka Tissa，西元二〇五—二二七年）之際，無畏山寺被來自印度的大乘系的韋陀勒耶（Vetullya）住了進去，他一共帶來了六十位比丘，他的思想，不用說，乃與上座部的錫蘭佛教的正統思想相背的，故被大臣迦比羅（Kapira）所放逐，並將他們攜來的聖典燒卻。

然而，他們已在無畏山寺，宣揚過韋陀勒耶派的思想，他們便率同已受其影響的比丘們，脫離無畏山寺而住於南寺（Dakkhina Vihara），此為錫蘭佛教的第二次分派，成為南寺一派，後世稱為祇陀林寺派（Jetavana Vihara），又名海派（Sagaliya）。到了喬答巴耶王（Gotabahaya，西元二四四—二五七年）之際，為了肅清教團，除了大力修築塔寺之外，並且將韋陀勒耶派的六十位比丘逮捕了，押送到印度本土，粉碎了此派的門戶。可是，其中有位叫作僧友（Sanghamitta）的比丘，又在偷渡的方式下，再度到了錫蘭，成了錫蘭兩位王子的教師，故當他的學生摩訶息那（Mahasena，西元二六九—二九六年）繼承王位，僧友即以王的權力，對大寺派行施報復，禁止人民對於大寺的比丘們供養衣食，如此達九年之久，因此，大寺的比丘沒有了，寺塔荒蕪了。相反地，在無畏山寺這方面，一時達到隆盛的頂峰，成了島上第一宏偉的佛教中心。

可是，摩訶息那王終究又接受了邁迦瓦那巴耶（Meghavannabaya）的感化，回到了正統的佛教立場，殺了暴戾的僧友，重興大寺，而此一派已經無力與無畏山寺相頡頏了。此王又將祇陀林寺（南寺）建於大寺之內，供給南寺派的比丘居住，事實上，仍是南寺一派占了大寺，大寺派的比丘，已經失勢了。

由此看來，所謂大乘系統的韋陀勒耶等六十位比丘，在正統的錫蘭佛教方面看來，他們不過是一群惡法的外道，所以在錫蘭佛教史上，把僧友比丘寫成暴戾的惡人，事實上是否如此，頗足懷疑，正像印度佛教史上的大天比丘的事蹟一樣（參看拙著《印度佛教史》第四章第二節）。

此後，在相當長久的期間，錫蘭佛教均在無畏山寺派的繁榮景象之下，大寺派幾乎沒有活動可言。當摩訶息那王的兒子息利邁迦旺那王（SiriMeghavanna，西元二九四—三二四年）在位之世，從印度的羯陵伽地方迎來了佛牙，每年於無畏山寺舉行盛典，此一佛牙，今日供奉於康耿的佛牙寺。

當我國的法顯三藏西元第五世紀之際，訪問該島之時，也見到了無畏山寺繁榮的盛況，說在其都城之北有大塔，塔邊有一僧伽藍，名無畏山，住僧五千，並且記述了該寺佛殿的壯麗；又說在城中有佛牙精舍，以及佛牙精舍所行典禮的盛大。法顯三藏也記述了城南的摩訶毘可羅（大寺），住僧三千。

法顯遊印之後，大寺出了幾位了不得的註釋家，以佛音（Buddhaghosa）論師最為傑出。對於南方上座部所傳的三藏，完成了全部的註釋。其中的佛音，是用當時的錫蘭語。除了「小部經典」（Khuddaka-nikāya）的一部分，幾乎全用巴利語來作成了三藏的註釋書。這是進入西元第五世紀以後的大業。尚有不足的部分，未久之間，又出了一位護法（Dhammapāla），將之補足了。因此，在大寺派方面，學僧相次輩出，完備了正統派的聖典，並出了許多的綱要書及附註書。

當西元第七世紀前半葉，玄奘三藏訪問印度後，所寫的《大唐西域記》卷十一，也記述到了錫蘭的佛牙精舍及金像等。對於二大寺的記載，則說佛教到後二百餘年，分為二部：一是摩訶毘訶羅住部（大寺派），斥大乘而習小乘；二是阿跋邪祇釐住部（無畏山寺派），兼學二乘，弘演三藏。由此可以旁證，大寺派是保守著上座部的正統而不妥協的，無畏山寺派則兼學大、小二乘，容許方等部等的異部比丘共同居住；同時，對於世間的態度，也是開放的。

到了西元第八世紀中葉，不空三藏也訪問了錫蘭，而且受到了當時的錫蘭王西羅邁迦旺那（Silameghavanna，西元七二三—七六三年）的皈依，授了五部灌頂，據說還在該地得到了有關密教的諸種經論五百餘部，因而推定，在西元第八和第九世紀之頃，密教亦曾於錫蘭盛行。此一事實，從阿邁羅陀（Ameratta）城跡的發現中，當時在錫蘭文字的銅板上，刻有交插著梵語真言的一點上，也能確認了。

由這種種，可使我們知道，佛教傳到錫蘭之後，曾經有過各式各樣的內容和型態。不過，如今的錫蘭佛教，則由於《巴利語聖典》的流傳和運用，仍屬上座部正統派的大寺一系的流行。

到了西元十一世紀初頭，由於對岸印度的秋羅人侵入該島，掠奪了黃金佛像，摧毀了佛寺佛塔，統治錫蘭達數十年之久。等到錫蘭王韋祇耶巴霍一世（Vijayabahul，西元一〇四五—一〇九五年）起來趕走了秋羅人的統治，重興佛教之時，於原先的僧尼或遭殺害，或已逃往國外，以致無人傳持錫蘭的佛法的情形下，便向緬甸請來了長老比丘們，傳授戒法，重修三寺。

在西元十二世紀之世，錫蘭又出現一大景象，便是錫蘭史上最偉大的英主巴羅加摩巴霍王（Parakkam，西元一一四〇——一一七三年），大振王威，實行佛教教團的改革，召集各派長老舉行會議，由摩訶迦葉（Mahākassapa）擔任主席，以期達成三派合一的目的。但是太困難了，於是以其國王的權功，勒令大寺派的比丘之有惡評者，一律還俗，無畏山寺及祇陀林寺的比丘，則不論優劣一律令之還俗，給予相當的官職，以息他們的不平之氣。

因此，錫蘭佛教便走回了復古純正上座部的大寺派之一派獨占的局面。那位摩訶迦葉長老，在聖典的結集和對三藏註釋、編輯、整理也盡了力。同時，另有一位叫作舍利弗（Sāriputta）的長老，也是高德的比丘，擁有許多的弟子，以研究佛學馳名於世。

到了西元十六世紀之後，錫蘭成了歐洲殖民主義各國的案上之肉，錫蘭本身沒有文化，佛教如被消滅，錫蘭在民族的自信心上便會落空，所以，任便歐洲人的殖民政府如何地禁壓佛教，他們的舉國上下仍以復興佛教為念。當荷蘭人統治時代，由於薩拉那迦羅比丘（Bhikkhu Salanakara）的努力，佛教有了轉機，特別在契帝息利拉羯幸哈王（Kittisiri Rajasinha，西元一七四八——一七七八年）的策動下，從泰國請到了十位大德僧伽，於一七五六年到達，在此前後，曾有數度向泰國（當時的暹羅）請來了有德的長老。

當在英國人統治錫蘭的時代，也許是因緬甸亦為英國的殖民地之關係，所以改向緬甸延請大德長老來島弘法傳戒了。如今錫蘭的三大派系，即是在歐洲殖民主義者的統治下所形成。

現在的錫蘭，乃是佛教國家了，從基督教的殖民主義國家的統治下獨立以來，對於基督教的處置，雖無反壓迫的情形，卻有反對基督教習俗的表現。例如於一九六六年開始，便廢除了以星期日為假日的慣例，而是代之以佛教的聖日「帕耶」（Poya）日為例假日，即是以每月的新月、上弦月、滿月、下弦月的四天為例假日。因係依照月曆計算，無法求得每週都是七天，但他們為了表示佛教的神聖，即以此四天為公定的假日。

錫蘭現有寺院數字，約在六千左右，僧侶數字沒有正確的統計，大約在一萬六千至一萬八千人左右，他們分成兩種生活方式：一種是住寺的僧人，另一種是阿蘭若處住（Āraññanikāya）的僧人，在人數方面當以住寺者為壓倒性的多數。

他們的寺院，分有三類：

（一）毘訶羅（vihāra）：我們把它稱之為寺，或為塔寺，是寺院中的較大者。一般的毘訶羅，含有佛塔（thūpa）、菩提樹（bodhi）、佛殿（buddha-vihāra）、說法堂、圖書室及僧房（pansala）等好多的建築物。

（二）阿梵薩（avasa）：我們可以把它稱為小精舍，因它僅有僧房的建築物，容僧侶居住而不能做什麼集會活動的。

（三）比利維那（pirivena）：這是佛教的教育機構，佛學院的建築。有許多佛學院，是附設毘訶羅境內的，但也有獨立建築的。

毘訶羅的建築，有在村中，有在市鎮，從遠遠地看到白色的佛塔之處，即知那裡建有毘訶羅了。前面已說過，它是由佛塔、佛殿、菩提樹、僧房等的建築物所構成的。

佛殿內部的正面，供著很大的釋迦佛坐像，多數大寺院的佛殿正中央則為巨大的臥佛像，臥佛像的兩橫頭，又供坐像及立像各一尊，臥佛並非表示涅槃的佛，乃是開著雙眼的，據錫蘭人說，此三尊佛像，是象徵著佛陀冥想的三種姿態。佛殿中供人禮拜的地方很小，大多數寺院的佛殿中，僅能容下少數人禮拜，因為佛殿不是集眾的場所，集眾行事則在講堂（dhammasala）。此亦正如小乘經律中所見部派時代所傳佛世的情形相同。

佛塔的型式，幾乎一律是覆缽型，佛塔的四方，供有明燈及鮮花。

寺院中的菩提樹，大多是相當大的大樹，樹下也供明燈及鮮花。

無論僧俗，都以佛塔、菩提樹、佛殿的三者，為禮拜的對象，禮拜的次序，也是以佛塔為首，菩提樹為次，佛殿為最後。對於我們而言，似乎需要加以解釋，才能理解這個順序的原因。

這是順乎歷史發展的次第而來，佛涅槃後，在家的信者們，即將遺骨（舍利）建塔供養，到阿育王時，又將佛舍利分送世界各地，建塔奉安，做為紀念佛陀的唯一聖物。至於菩提樹，是因佛陀在此樹下成道，佛陀滅後，即以此樹象徵成道的佛陀，而受到崇拜。阿育王分送佛陀舍利至外國，代表佛法的向外地流傳，阿育王的女兒僧伽密多，便將菩提樹的切枝移植到了錫蘭，故在歷史上比起佛舍利的外傳，晚了一輩。再說佛殿中供奉的佛像，雖在《增一阿含經》等部派時代的經律之中，說到佛世已有佛像，然依史實的考察，到了阿育王時代之後一百五十年頃（西元前一百年），才有佛像出現（參看拙著《印度佛教史》第七章第三節）。所以，禮拜佛殿中的佛像，置於第三位了。

講堂是寺院中說法以及舉行儀式的場所，內部為廣闊的空間，正面為僧侶陞座說法的講壇，本來不供佛像，但在近年以來，也有在講堂的正面供了佛像的，形成一種佛殿與講堂，一物兩用的傾向。

僧房的構造，有接待室、客房、住持僧的寮房，以及大眾僧的房間，並有小佛像安置在各人的房間內。不用說僧房之中，也附有食堂（dāna-sala）、廚房、廁所等建築物了。

同時，在純粹佛教的佛寺中，附有神殿的建築物者也有不少。那是供奉著土著宗教及印度教和佛教混合而成的產物，即所謂佛教的護法神。僧侶們對這種神像，不禮拜不合掌，但為祈禱治病，而在神前誦經。這種情形，和中國的許多佛寺，也沒有什麼不同。

錫蘭僧人均披著褐色及黃褐色的下衣及上衣，名為糞掃衣（Paṃsukūla），另有一件大衣，通常是掛於肩上的，合起來即為三衣。

出家人方面，僅有男子的比丘及沙彌。比丘戒為二百二十七條；其中四條根本戒——不淫、不盜、不殺生、不妄語，是終生不能犯的，若犯其中之一，即使僅犯一次，即失比丘的資格，逐出僧團。沙彌的出家年齡，大多是在十歲左右，進入僧團，稟受沙彌十戒。這種情形，也和中國的相同。至於僧中的女性，本來錫蘭也曾有過比丘尼的傳承，但到後來絕跡之後，便無法傳授比丘尼戒了。

錫蘭寺院的日常生活，每天天明的六點鐘左右由沙彌開始鳴鼓，起床之後，先由淨人及當值的沙彌為大眾送飲紅茶，接著，沙彌的半數，持鉢外出托鉢（Piṇḍapāta），餘下的人，則清掃寺內環境，採集花卉，供於佛塔等處。他們的住持，整日間很難見他離開自己的房間，食物是從托鉢而來的大食堂中分取，他的房中附有洗浴的設備及便所。

到了早上八點之前，大眾已在食堂中吃過早飯，八點左右，大眾依順出家年次，列隊走出僧房，到佛塔及菩提樹前，用坐具敷地，低頭禮拜；再到佛殿，修持大約三十分鐘，讀誦總皈依文（Vandana）、佛陀的十號等各種的讚誦，他們通常所誦的，多係《三寶經》（*Ratna-sutta*）、《吉祥經》（*Mangala-sutta*）、《慈悲經》（*Karuṇā Metta-sutta*）等極短的小經，這三種均屬於小部所收者。

這樣的勤行完了，便到住持的佛堂簡單地誦經，然後向住持禮拜問訊。九點開始，沙彌們便由大學畢業的年青比丘，教讀巴利語及梵語等。十點半，比丘及沙彌三五成群地進行沐浴，然後再由半數的沙彌外出托缽。

午飯之後，再上一課，三點吃茶之後，即行休息。到傍晚，又行打掃一次環境。

比丘們若有信徒佛事等，也在午前外出，接受施主的午餐供養，而後返寺；假如無事，整日之間，在自己房內，也很少出來。

晚上六點半，沙彌們再度自僧房列隊，禮拜佛塔、菩提樹，並在佛殿勤行。

在家的錫蘭佛教徒們，和出家人之間的關係，是建立在財施與法施的基礎上，出家人的教化和信徒的生活，也均以此為重心而展開。

在家信徒的生活，以皈依佛、法、僧三寶及受持：1.不殺生、2.不偷盜、3.不邪淫、4.不妄語、5.不飲酒的五戒為基本的要求，並以此五戒的學處（Sikkhā-pada）為立身處世的人生必備的修養。當然，五戒是向比丘求受的。因為這是極重要的佛教生活，故在每天早上的電台廣播中，將三皈五戒文向全國播送。

但是，不像中國的信徒家中，大多供有佛菩薩像，他們的信徒家中，不供佛像，也沒有祖先的神位。因此信徒們在自己家中，不可能拜佛。

中國的在家佛教徒之中，有人受持八關齋戒，乃係在六齋日受持。錫蘭的信徒，是在佛日，亦即前面提到過的公定例假日（帕耶）。所謂八關齋戒，即是出家生活的分日受持，比平日所受的五戒多守三條：1.不非時食，2.不往觀聽歌舞伎樂及鬘飾香塗，3.不使用高廣大床。除了未持「不持金銀」之外，已和沙彌戒相同。這是鼓勵無法擺脫俗務的人們，也有機會體驗出家生活，以種出世之因。這在錫蘭，特別是滿月日的佛日，最為盛行。

在這例假的佛日，出家人不去外面托缽，而是由在家人一律穿了白色的衣服，於朝晨六點左右，帶了食物，來寺中供僧，同時也帶來了鮮花及燈油，以備供養佛塔等處。

受持八關齋戒的，大多是婦女及兒童，七點左右集於講堂，為之授戒。因為這是一日一夜受持的戒法，過了一日，自然捨戒，下次逢到佛日，必須再向比丘求授。傳授之後，即去禮拜佛塔、菩提樹及佛殿，並做鮮花、明燈的供養。十點左右，再從家裡帶了午餐，去寺中供僧。中午十二點，又從家中帶了鮮花等物來寺，至講堂聞法，由住持與一位十四歲的沙彌登壇，說法約一個小時。之後再去巡拜佛塔，並做供養。到了晚上，有的寺中舉行佛事，參詣的在家男女信徒，集於講堂者，常有數百人。說法之前，有以鼓聲伴奏的民族舞蹈二十分鐘，接著由十四歲的沙彌代表住持向信眾說法一小時，縱然八關齋戒之中規定，不往觀聽歌舞伎樂，像這樣由兩名青年表演的民族舞蹈，卻不禁止觀看，這可能是當地的習俗，與佛制無涉。

也有的寺院在佛日的晚上，於寺中及其他場所，開敷法座，或在廣場，聽比丘說法，許許多多人們，均用草蓆敷地，靜靜地聞法。從這點看來，上座部的佛教，並非自了漢，他們仍是活潑潑地活躍在人群之間。

有些寺院在佛日午前，為兒童們開設了佛日學校，特別在城鎮中的寺院非常普遍。從八點至十一點之間，由青年比丘及在家的青年女子擔任老師將孩子們分成數組，向他們讀誦佛教的寓言，教他們背誦經句。

做為一種宗教的佛教，不論在何處，總不能不和喪葬的儀式發生關係。錫蘭人的家中，雖不供祀祖先的神位，對於亡故的親友，仍做佛事超度，除了葬禮，尚有第七日、滿一個月、三個月、一週年，均要請好多的僧人來自宅誦經、說法、供養食物等。這樣的布施功德，主要是由活人受用而給先亡迴向。

錫蘭僧人特色之一，乃是阿蘭若處住的比丘生活，他們由數人乃至數十人，離開人煙集中的地方，在閑靜處所建一個僧舍共同生活，專念於自己的修行。像這樣的僧舍，今日的錫蘭，約有一百左右。建造簡陋而極清潔，就連通路也極乾淨。大多用岩石砌成，附有廚房、食堂，並且即以食堂兼作集會所，在僧房之外，另有布薩場（uposatha-ghara）、水浴處、鐘塔等。他們的水浴設備很簡單，無須浴池。各僧房所不備者，乃為經行處，設於房間的前面走廊之下，或者獨立地設置一個經行處。

他們住在森林中，幾乎不和世俗的社會接觸，嚴守戒律，精修勤持，夜以繼日地以求達到解脫的目的。因為這種生活，非常清苦，故在普通的人，無法忍受，今日在錫蘭全國，不過二百至三百人而已。

像這般精進苦修的人，大多不是自幼出家的，而是青年或中年期出家的，尤其是從世俗事業中退休之後，晚年出家的人較多，而且很多是年長的沙彌。對於巴利語及梵語有了高深訓練的人，是極少進入阿蘭若處的。他們的主要修持，是禮拜及禪觀，而以禪觀為中心。

他們每天出外托一次缽，但也一天兩餐，除了中餐也用朝餐。不過，對於信徒家的佛事及葬儀，和他們毫無關涉，有的長老比丘，甚至終身不出僧舍一步。

禪觀的方法，有不淨觀、土想觀、水想觀等。

他們不收聽電台的廣播，也不閱讀新聞報刊，唯有一心精勵於修持；他們不赴施主的法事供養，但卻極得信徒的尊敬，所以，自動去供養他們的施主，非常地多。甚至有的地方，由於希望布施的人太多了，要用分攤的方式來輪值送供，一年之中，能夠輪到一天送供養者，已覺相當不易了。他們無貪心，除了米、菜蔬、水果及日用品外，別無所需。

他們在修不淨觀時，用死人的骸骨為道具，故在僧房之前，置有骸骨。土想觀的道具是用皿器盛土，置於座前。水想觀則用青色的圓格為道具。

他們住於林中的僧舍，不為衣食等資身之物分心，卻要和他們內心的種種欲望戰鬥，各種的修持，乃為戰敗這些欲望以達到從欲望中得到解脫的方法，為了解脫，他們不能不精勤於戒律的嚴守和禪觀的修持。

為了培養繼起不斷的出家人才，錫蘭佛教對於僧人的教育相當重視。十歲左右入寺為沙彌的兒童，和一般國民的學校教育，幾乎是完全隔離而成為佛教教內特殊教育的對象，那便是接受佛學院，所謂比利維那（Pirivena）的教育，這是寺院附設和獨立的僧教育機構，程度是由小學或私塾階段而至高中為止，內容及其規模則有大小不等之別。主修的科目乃為巴利語、巴利語的經典讀誦、佛教教義、佛教歷史、稱為幸哈利（Sinhalese）的錫蘭語文法及文學、梵語文法、英語，尚有數學及理科等項目。以本寺及附近寺院的沙彌為對象。

至於這種佛學院的教師資格，也有高低不等，大多是住於本寺的比丘。教師資格的養成所，則為可倫坡市內，設於一座寺院中的佛學院，集中全國程度較高的僧青年加以教育，因其水準最高，故於數年之前，已經改編於兩所國立的大學，那便是維特待耶（Vidyodaya）大學及維特耶朗卡（Vidyalanka）大學。尚有一所國立的錫蘭大學，也是佛教關係大學。若要進入這三所大學，必須通過兩次全國性的統一考試。因此，在僧教育的佛學院方面，也不得不盡其全力，提高教育素質了。

由於無法使得全體僧青年進入大學，故在數年之前，錫蘭佛教界便在可倫坡市的伐伽羅羅摩寺（Vajrarama）成立了一所比丘訓練中心（Bhikkhu Training Center），但此仍是以優秀的沙彌為對象，且其僅能容納一百多人。故而另外在其古都，設了一所相當於大學程度的比丘大學（Bhikkhu University of Anuradhapura），可是此一學校迄未成為正式的大學。

（一九七一年九月二十日《慈航》季刊三十五號）

案：本文取材於日本著述中關於錫蘭佛教者一共六種資料，得到更多的資料後，將繼續寫下去，所以暫不註明出處。

智慧海 35

日韓佛教史略

A History of Japanese and Korean Buddhism

著者	聖嚴法師
出版	法鼓文化
總審訂	釋果毅
總監	釋果賢
總編輯	陳重光
編輯	詹忠謀、李書儀
封面設計	賴維明
內頁美編	胡琡珮
地址	臺北市北投區公館路186號5樓
電話	(02)2893-4646
傳真	(02)2896-0731
網址	http://www.ddc.com.tw
E-mail	market@ddc.com.tw
讀者服務專線	(02)2896-1600
初版一刷	1997年11月
四版一刷	2021年8月
建議售價	新臺幣320元
郵撥帳號	50013371
戶名	財團法人法鼓山文教基金會－法鼓文化
北美經銷處	紐約東初禪寺 Chan Meditation Center (New York, USA) Tel: (718)592-6593 E-mail: chancenter@gmail.com

法鼓文化

本書如有缺頁、破損、裝訂錯誤，請寄回本社調換。
版權所有，請勿翻印。

國家圖書館出版品預行編目資料

日韓佛教史略 / 聖嚴法師著. -- 四版. -- 臺北市：
法鼓文化, 2021. 08
面； 公分
ISBN 978-957-598-921-7（平裝）

1. 佛教史 2. 日本 3. 韓國

228.31 110009451